N
A S I E N
Vansee
Isfahan
Persepolis
Bandar Abbas
B I S C H E
B I N S E L
Abu Dhabi
Dubai
Muscat

DELIUS KLASING

Erik Peters

Oman–Island

Mit dem Motorrad
aus 1001 Nacht zur Mitternachtssonne

Delius Klasing Verlag

Bibliografische Information der Deutschen Nationalbibliothek
Die Deutsche Nationalbibliothek verzeichnet diese Publikation in der Deutschen Nationalbibliografie; detaillierte bibliografische Daten sind im Internet über http://dnb.d-nb.de abrufbar.

1. Auflage
ISBN 978-3-7688-5326-2

Lektorat: Klaus Bartelt, Ute Maack
Fotos: Erik Peters
Karte: Inch3, Bielefeld
Schutzumschlaggestaltung: Buchholz/Hinsch/Hensinger, Hamburg
Satz: Fotosatz Habeck, Hiddenhausen
Druck: CPI – Clausen & Bosse, Leck
Printed in Germany 2011

Delius Klasing Verlag, Siekerwall 21, D-33602 Bielefeld
Tel.: 0521/559-0, Fax: 0521/559-115
E-Mail: info@delius-klasing.de
www.delius-klasing.de

Inhalt

In zwanzig Jahren wirst du die Dinge, die du nicht getan hast,
mehr bedauern, als die Dinge, die du getan hast.
Lichte also den Anker und verlasse den sicheren Hafen.
Lass die Passatwinde deine Segel füllen.
Erkunde.
Träume.
Entdecke.

(Mark Twain 1835–1910)

»Peters, zum Chef!«

»Peters, zum Chef!« Als ich meine ungeliebte Kollegin diese drei Worte über den Flur schreien höre, bin ich mir sicher, eine deutliche Spur Häme und Schadenfreude in ihrer Stimme erkennen zu können. Ich muss die Augen verdrehen, weiß ich doch sofort, dass man mir an den Kragen will. Als ich das Büro meines Abteilungsleiters nach einem kurzen Anklopfen betrete und in dessen hochrotes Workaholic-Gesicht blicke, ist mir sofort klar, dass er gerade damit hadert, mir eine vermeintlich schlechte Nachricht mitteilen zu müssen. »Nehmen Sie bitte Platz«, werde ich aufgefordert und sacke in einen Sessel vor dem mit Arbeitsutensilien und Tablettenschachteln vollgepackten Schreibtisch. Nach dem üblichen Geplänkel kommt mein Gegenüber endlich zum Punkt: »Herr Peters, uns ist zu Ohren gekommen, dass Sie eine längere Reise planen. Dabei haben Sie uns doch bei Ihrer Einstellung versichert, dass Sie sich in den nächsten Jahren voll und ganz auf den Job konzentrieren wollen.« Ich komme gar nicht dazu, eine Antwort zu geben, denn mit einem »Jetzt rede ich!« wird mir das Wort abgegraben und der Versuch, mich zu rechtfertigen, im Keim erstickt. Ein sintflutartiger Redeschwall ergießt sich stattdessen über mich. Keine Basis für ein vernünftiges Gespräch in Sicht. Lediglich ein nicht enden wollendes Blabla und die beängstigende Information, dass zwei Wochen Urlaub am Stück doch völlig ausreichend seien.

Während ich gedankenverloren in das Gesicht meines Gesprächspartners blicke, habe ich plötzlich mein eigenes beim morgendlichen Kontrollblick in den Spiegel vor Augen, ein Gesicht, das mir allmählich immer fremder wird, da es vor dem Gang ins Büro leer und unglücklich wirkt. Tag für Tag die gleiche demütigende Prozedur: Ohrringe raus, die Krawatte zurechtgerückt und mit dem feinen Hemd sorgfältig die Tätowierungen versteckt. All das nur, um meinem »Ich-mach-diesen-Job-gerne«-Umfeld zu signalisieren, dass ich mich den Regeln des Arbeitslebens ergeben und mit der Unterschrift unter den lausigen Arbeitsvertrag meine Individualität begraben habe. Mir nichts, dir nichts drehte sich mein Leben nach dem zweiten Bildungsweg nur noch darum, von Wochenende zu Wochenende zu hecheln. Was hatte ich mir bloß dabei gedacht, Karriere machen zu wollen. Plötzlich fällt mir auf, dass ich die Schnauze gestrichen voll davon habe, etwas zu tun, was mir nicht im Ansatz Freude bereitet und worin ich mich zukünftig in keiner Form werde verwirklichen können. Warum sonst zähle ich morgens die Schritte zur Bürotür?

»Hören Sie mir überhaupt zu?«, vernehme ich die belehrende Stimme aus dem Off, während meine Welt sich immer schneller dreht. Meine Gedanken kreisen um so viele elementare Dinge und ich will nicht einsehen, dass man mich wegen meiner Leidenschaft fürs Reisen zum Sündenbock macht. Wut und Entschlossenheit kochen hoch. »Sie müssen sich schon entscheiden, wenn Sie in unserem Haus Erfolg haben wollen. Entweder reisen oder arbeiten – da gibt es keine Kompromisse«, verkündet Herr S. großspurig, wobei er pastorenhaft die Hände faltet. Sekunden scheinen wie eine Ewigkeit zu vergehen. Schweiß dringt aus allen Poren. Unendlich viele Fragen, die durch meinen Kopf jagen. Soll sich meine Zukunft ausgerechnet in diesem Moment entscheiden? Kann ich das Ganze nicht verschieben? Angst vor der Arbeitslosigkeit auf der einen Seite und andererseits Angst davor, noch in zig Jahren meine Träume vor mir und dem kleinen Schreibtisch, an dem ich sitze, herzuschieben, erschweren die Entscheidungsfindung.

»Schluss mit all dem Getue!«, sagt mir meine innere Stimme. Plötzlich bin ich wieder da. So klar wie selten zuvor. Der ungeduldige Blick meines Gegenübers verrät mir, dass er auf eine Antwort wartet. Knarzend schiebe ich den Sessel nach hinten und stehe auf. »Reisen!«, sage ich und beerdige damit alle Karriereaussichten. Das war's. Kurz und schmerzlos. Mein Fernweh hat über das Bedürfnis nach materieller Sicherheit gesiegt. Deutlich kann ich erkennen, dass mein Chef nicht mit dieser Reaktion gerechnet hat.

Der Rest ist nur Formsache und geht in Rekordzeit vonstatten. Als ich meinen PC zum letzten Mal herunterfahre und meine wenigen persönlichen Dinge aus der Schublade räume, bin ich erstaunt, wie gut ich mich trotz der ungewissen Zukunft plötzlich fühle. Immerhin habe ich gerade meinen Arbeitsplatz verloren. Ich nehme meinen Hut und verlasse das Firmengebäude. Für immer.

Island und der Oman – gegensätzlicher können zwei Länder sowohl in landschaftlicher als auch in kultureller Hinsicht kaum sein. Da sind zum einen der mystische Zauber von 1001 Nacht, goldener Wüstensand, sattgrüne Palmenhaine und der Geruch von Weihrauch in den engen Gassen der Basare. Geschichtsträchtige Orte mit majestätischen Festungen aus einer Zeit, als

Der Khanjar, ein Krummdolch, ist im Oman ein Statussymbol.

Gewürze zu den wertvollsten Handelsgütern zählten und der Seeweg von Europa nach Indien hart umkämpft war. Ein krasses Gegenstück dazu die Feuerinsel Island, hoch oben im sturmgepeitschten Nordatlantik gelegen. Vulkane, Gletscher und Geysire – wilde Urkräfte der Natur, die eindrucksvoll ihre Macht demonstrieren und einem das Gefühl vermitteln, Millionen Jahre zurück in die Schöpfungsgeschichte versetzt worden zu sein. Schon immer zogen mich die Reize beider Länder magisch in ihren Bann. Viele Bildbände und Reportagen habe ich verschlungen und mir immer wieder vorgenommen, selbst einmal auf den Spuren von Sindbad dem Seefahrer und Erik dem Wikinger zu wandeln.

Genau genommen war Island einer der Hauptgründe dafür, dass ich vor knapp zehn Jahren vom Chopper- zum Endurofahrer wurde. Ich kam gerade mit meiner Yamaha Virago aus den Pyrenäen zurück und musste einsehen, dass sie nicht unbedingt geeignet war, um mit ihr abseits der Wege zu fahren, geschweige denn große Abenteuer zu erleben. Irgendwann in jener Zeit kam mir in einem Buchladen das Mängelexemplar eines Island-Reiseführers in die Hände, den ich für ein paar Mark erwarb. Ich war sofort angetan von dem Land und nahm mir vor, sobald wie möglich dorthin zu reisen. Ich brauchte also ein neues Motorrad. Meine erste Enduro, eine Yamaha XTZ 660 Ténéré, komplettierte meine Motorradsammlung. Irgendwann jedoch, ich kann heute nicht mehr genau sagen, wann und warum, geriet das Land aus meinem Fokus. Es muss mir etwas dazwischengekommen sein. Vielleicht war es eine längere Rucksackreise, eine neue Freundin oder es waren sonstige Verschiebungen der Interessenlagen. Erst vor Kurzem, als der Oman eigentlich als mein nächstes Reiseziel feststand, fiel mir der Island-Reiseführer zufällig wieder in die Hände. »Das ist die Idee«, schoss es mir durch den Kopf. Warum nicht beide Länder auf einer Reise miteinander kombinieren? Zeit genug war ja nun da. Je länger ich darüber nachdachte, desto mehr begeisterte mich der Gedanke, Wüstensand und Gletschereis auf ein und derselben Tour erleben zu können. Sofort setzte ich mich vor den Leuchtglobus und begab mich gedanklich auf eine spannende Reise. Mit dem Daumen nahm ich Maß und überschlug die Entfernung – grob 25 000 Kilometer – eher mehr.

Noch am selben Abend kontaktierte ich meinen langjährigen Freund Carsten. Er hatte in der letzten Zeit mehrfach den Wunsch geäußert, einmal eine längere Motorradreise zu machen. Worte wie »unbedingt« und »jederzeit« waren dabei gefallen, an die ich mich jetzt erinnerte. »Ich hab einen Anschlag auf dich vor!«, meldete ich mich, als Carsten das Gespräch entgegennahm. »Hast du immer noch Lust, mit dem Motorrad auf Reisen zu gehen?«, kam ich schnell zum Punkt. »Wenn ja, wüsste ich gerne, wie flexibel deine Urlaubsplanung ist.« »Oje, was ist denn jetzt los?«, fragte er und ich erklärte ihm den Stand der Dinge. »Nun, was soll ich sagen? Freizubekommen war vermutlich noch nie so leicht wie zurzeit. Bei der momentanen Arbeitslage, inklusive Kurzarbeit, sind die bestimmt froh, wenn ein Lokführer unbezahlten Urlaub nimmt. Wann wolltest du denn starten?« »Bald. Wie wär's mit April?« »Das sind ja nur noch vier Monate!«, antwortete er und ich hörte dabei förmlich, wie er schlucken musste. »Okay, ich bin dabei!« Eine anfänglich noch ziemlich unausgegorene Idee, die auch meinen Freund Carsten schnell begeisterte, ging in eine kurze Planungsphase über.

Die Umsetzung einer längeren Reise, mit dem Motorrad oder welchem anderen Fortbewegungsmittel auch immer, ist längst kein so schwieriges Unterfangen, wie die meisten denken. Im Grunde gibt es nur zwei entscheidende Erfordernisse: Zeit und Geld. Im Idealfall möglichst viel von beidem. Die tatsächlich benötigte Menge Geld hängt einzig und allein davon ab, wie bequem man reisen möchte. Will man in weichen Hotelbetten schlafen oder gibt man sich mit dem Erdboden in Mutter Natur zufrieden? Geht man in teuren Restaurants speisen und lässt andere für sich kochen oder verpflegt man sich selbst und schleppt die Outdoorküche mit? Die Antwort auf diese beiden

Zeltplatzsuche am Gletscherrand.

elementaren Fragen entscheidet in erster Linie darüber, was neben den zu Hause anfallenden Fixkosten, wie Miete und Versicherungen, unterm Strich auf einen zukommt. Da wir beide, Carsten und ich, nicht ansatzweise über ein dickes Bankkonto verfügten, stand für uns von vornherein fest, dass sowohl ein Benzinkocher als auch das Zelt ins Reisegepäck gehören würden. Nur so wäre es möglich, im Schnitt mit weniger als 1000 Euro pro Monat über die Runden zu kommen.

Für Carsten galt es nun die zeitlichen Voraussetzungen zu schaffen. Die Bewilligung seines Antrags auf vier Monate unbezahlten Urlaub ging durch alle Instanzen der Personalabteilung seines Arbeitgebers, der Deutschen Bahn. Etwa drei Wochen dauerte es, bis er grünes Licht bekam. Unserer Reise stand somit nichts mehr im Wege. Jetzt fehlten uns nur noch die entsprechenden Motorräder. Hier entschieden wir uns für zwei gebrauchte Yamaha XTZ 750 Super Ténéré mit knapp 25 000 Kilometern auf dem Buckel, die wir für je knapp 1500 Euro im Internetauktionshaus gefunden hatten.

Die Zeit bis zur Abfahrt verging nun wie im Flug. Je näher der gesetzte Termin rückte, desto mehr Dinge fielen uns ein, die wir noch hätten besorgen oder erledigen können. Irgendwann sagt man am besten »Stopp« und verlässt sich ein bisschen auf seine Spontaneität und sein Improvisationstalent. Wenn ich eines weiß, dann ist es die Tatsache, dass es immer anders kommt, als man plant.

Am 1. April ist endlich der lang ersehnte Moment gekommen. An einem klaren, sonnigen Morgen mit Temperaturen um die 12 °C werde ich wach. Der erste Tag unserer Reise ist gleichzeitig einer der ersten des Jahres, an dem man sich lieber draußen als in der Wohnung aufhalten möchte. Punktgenau mit unserem Reisebeginn scheint das nasskalte Winterwetter Lebewohl zu sagen. Vorbei das Grau in Grau, das allmählich auch die Gedanken trübt. Nachdem ich noch einmal die Checkliste mit den wichtigsten Ausrüstungsgegenständen überflogen habe, verlasse ich meine Wohnung in der Kölner Südstadt und schließe die Tür hinter mir ab. Hoffentlich, so denke ich, wird es in den kommenden Monaten keinen Grund geben, der eine vorzeitige Rückkehr erzwingt. Meine Siebensachen sind schnell verstaut und fest verzurrt. Im Zustand einer gewissen Erregung lasse ich den Motor meiner Yamaha an und bahne mir schon kurz darauf den Weg durch den morgendlichen Berufsverkehr. Entlang des Rheins geht es zum Kölner Dom. Eine Handvoll Freunde hat sich angekündigt, um uns zu verabschieden. Nach einer Reihe von herzlichen Umarmungen und ebenso vielen guten Wünschen sitzen wir wieder im Sattel und fahren los.

Während wir uns, die farblosen Stadtviertel durchquerend, von der Innenstadt entfernen und der Dom im Rückspiegel immer kleiner wird, muss ich unentwegt an meine Freundin denken. Als wir uns am frühen Morgen das letzte Mal geküsst und umarmt haben, war ich zu aufgeregt und sie zu traurig, als dass wir den letzten gemeinsamen Moment hinreichend hätten genießen können. Obwohl ich voller Vorfreude auf die kommenden Abenteuer blicke, überkommt mich nun ein sentimentaler Schauer. Für mich ist die Trennung von ihr der einzig fahle Beigeschmack dieser Reise und ich weiß, dass ich sie in der vor mir liegenden Zeit jeden Tag aufs Neue vermissen werde. Ich muss mit den Tränen kämpfen, da auch ich plötzlich sehr traurig werde. Mit einer Drehbewegung der rechten Hand begegne ich diesem Gefühl und rausche am Ortsausgangsschild vorbei. Dann sind wir weg.

Unter Vermeidung von Autobahnen geht es durch die Eifel und den Hunsrück. Von dort weiter über als landschaftlich reizvoll ausgewiesene Landstraßen in die Schweiz. Wir fahren etwa 600 Kilometer in einem Rutsch. Es ist schon lange dunkel, als wir kurz vor Mitternacht völlig durchgefroren unser Ziel, eine kleine Berghütte zu Füßen des Morgenberghorns im Berner Oberland, erreichen. Diese Oase der Ruhe soll für die kommenden drei Tage als Quartier dienen. Wir wollen erst einmal abschalten, bevor es richtig losgeht, und uns an die neu erlangte Freiheit gewöhnen. Bei eisigen Temperaturen parken wir unsere Motorräder unterhalb der im Dunkeln verborgenen Unterkunft. Schnee knirscht unter unseren Füßen, als wir das Gepäck etwa 50 Meter den steilen Berg hinauftragen. Die Luft ist glasklar. Erste Schneebälle fliegen. Trotz großer Müdigkeit ist unsere Laune kaum zu übertreffen. Jetzt gilt es, schnell den Kohleofen zu befeuern und standesgemäß auf den ersten Abend unserer Reise anzustoßen.

Über die Alpen

Unter dem Gewicht einer zentnerschweren Bettdecke erwache ich in aller Herrgottsfrühe im Erdgeschoss des Chalets »Alpenperle«. Der gusseiserne Ofen ist über Nacht erloschen und die verbliebene Restwärme müht sich, die wohlige Temperatur in unserer Unterkunft aufrechtzuerhalten. Dichter Morgennebel, vermischt mit klarer Bergluft, füllt meine Lungen, als ich die Fenster öffne, um unsere Ausdünstungen nach draußen zu verbannen. Ein bleicher Schleier hat sich über die Berge des Berner Oberlandes gelegt. Abgesehen von ein paar Kuhglocken und dem Grollen kleinerer Lawinenabgänge hoch oben an den Bergflanken ist absolut nichts zu hören: kein Fernsehen, keine Nachbarn, kein Baustellenlärm, keine Autos, keine Straßenbahn. Nichts. Es ist fast mucksmäuschenstill. Ich könnte Bäume ausreißen an diesem wundervollen Morgen, obwohl es gestern doch recht spät geworden ist. Auf der Terrasse zeugen noch immer Grillreste, mit Senf besudelte Plastikteller, ein paar niedergebrannte Kerzenstummel und einige leere Bierflaschen davon, dass wir einen langen Abend nach unserem Geschmack verbracht haben.

Da die letzten Tage vor der Abfahrt wie erwartet sehr stressig waren, wollen wir es erst einmal ruhig angehen lassen. Außer ein paar kleineren Wartungsarbeiten an den Zweirädern und ein wenig ergänzender Streckenplanung haben wir uns nichts vorgenommen. Wir müssen unter anderem schauen, wie wir am besten über die Alpen kommen. Nachdem wir im Internet auf widersprüchliche Angaben gestoßen sind, erfahren wir von einem Bauern im Dorf, dass der Simplonpass derzeit die einzig befahrbare Alternative zu der mautpflichtigen Autobahn ist.

Ohne schweres Gepäck brechen wir in den folgenden Tagen

immer wieder zu kleineren Touren in die Umgebung auf. Leider muss ich dabei feststellen, dass der Vergaser meines Motorrades versucht, mir die Laune zu vermiesen. Mit ein paar aufeinanderfolgenden Zündaussetzern fängt es an und steigert sich binnen kürzester Zeit zu einem deutlichen Leistungsverlust im unteren Drehzahlbereich. Da wir gerade erst am Beginn unserer Reise stehen, darf ich mich nicht dazu verleiten lassen, diese Mängel als eine Laune des Motorrades auf die leichte Schulter zu nehmen. Als ich auf einer ansteigenden Geraden in Richtung Grindelwald große Schwierigkeiten habe, einen langsam fahrenden Bus zu überholen, sehe ich ein, dass etwas getan werden muss. Wenn ich jetzt schon mit technischen Problemen zu kämpfen habe, wie soll es dann erst werden, wenn wir die deutschsprachige Komfortzone verlassen haben?

In der Nähe von Interlaken suchen wir eine Motorradwerkstatt auf. Verzweifelt berichte ich dem Besitzer von dem Problem und bitte ihn, er möge doch ein paar Meter Probe fahren, da dies sicherlich mehr Aufschluss gäbe. »Für so Öppis hani kei Ziit«, bekomme ich als überraschende Antwort und habe dabei das Gefühl, als wolle er mich loswerden. Obwohl ich versichere, nicht mehr als zehn Minuten seiner Zeit in Anspruch zu nehmen und natürlich auch für seine Arbeit zu zahlen, verweigert er mir beharrlich jede Hilfe. Nichts zu machen. Auch mein Angebot, den Vergaser eigenhändig auszubauen, damit er ihn kurz durchcheckt, wird mit der Begründung abgelehnt, dass da ja jeder kommen könne. Wenn er einmal damit anfinge, das Schrauben neben seiner Werkstatt zuzulassen, würde dies Schule machen und ungebetene Kundschaft anlocken. »Wenn du gnueg Gäld debi hesch, chasch de Töff stoh loh und nögscht Wuche weder abhole«, so sein Vorschlag. Ich koche vor Wut und versuche, so gut es geht, meinen Ärger hinunterzuschlucken. Nächste Woche abholen? Was denkt der Penner sich? Da es in der näheren Umgebung nicht gerade ein Überangebot an Werkstätten gibt, appelliere ich letztmalig an seine Hilfsbereitschaft: »Was ist denn, wenn ich den Vergaser morgen früh vorbeibringe?«, so mein letzter Vorschlag. Doch auch dieser wird mit einer abwinkenden Handbewegung quittiert. »So, i muess jetzt witer schaffe«, sagt er und knallt vor unseren Augen die Werkstatttür zu. Ich kann es nicht fassen. Mit dem Befund, dass er ein Arschloch sei und besser auf dem Fischmarkt als Geruch arbeiten solle, verabschiede ich mich.

Wieder bei unserer Unterkunft angekommen, mache ich mich sogleich daran, dem Problem mit dem Schraubenschlüssel zu Leibe zu rücken. Doch so sehr ich mich auch bemühe, ich kann keinen eindeutigen Fehler finden. Ohne jeden Erkenntnisgewinn baue ich die entsprechenden Teile wieder sorgfältig zusammen und beschließe, auf mein Glück zu vertrauen. Es bleiben jedoch diese bohrenden Zweifel, die zu Beginn einer solchen Reise fast unerträglich sind.

Nach drei Tagen erholsamer Alpenidylle brechen wir in Richtung Italien auf. Dort erhoffen wir uns sommerliche Temperaturen und freuen uns auf Vino Bianco, Dolce Vita und Frutti di Mare – kurz: das, was einem spontan so einfällt, wenn man nach einem langen schmuddeligen Winter an Italien denkt. Ein eisiger Wind bläst mir ins offene Visier und die Sonnenstrahlen des nahenden Frühlings tun sich schwer damit, für ein angenehmes Motorradwetter zu sorgen. Trotz einstelliger Temperaturen nehmen wir die Strecke gut gelaunt in Angriff. Dies ist unser Tag, unser Morgen, und es ist, als würde die ganze Welt uns neidvoll dabei zuschauen, wie wir in Richtung Süden rollen. Ich fühle mich verdammt gut dabei, dass wir gerade erst am Anfang eines großen Abenteuers stehen und mich das Feeling des Unterwegsseins noch etliche Wochen begleiten wird. Die festgelegten Strukturen und das auf Funktionieren fokussierte Alltagsleben werden nun durch etwas ersetzt, was der ersehnten Freiheit und Spontaneität schon sehr nahekommt. Die täglichen Aufgaben sind nun andere. Alles, was ich in den nächsten Monaten zum Leben brauche, ist in zwei seitlich am Motorrad angebrachten Metallkoffern und einer Gepäckrolle aus wasserdichtem Kunststoff untergebracht. Den größten Teil des Raums nehmen Zelt, Schlafsack und Isomatte ein sowie ein paar Ersatzteile und ein Haufen Werkzeug. Die wenigen Sachen, die ich persönlich benötige, wie Klamotten, ein paar Bücher, Landkarten, ein wenig Schnickschnack und ein kleiner Glücksbringer, würden locker in zwei Aldi-Tüten passen. Die Dinge, die wirklich wichtig sind, Pass und Geld, trage ich am Mann. Befreiend fühlt es sich an, sich auf das wirklich Notwendigste beschränken zu müssen.

Vorbei am Thuner-See, geht es bei stahlblauem Himmel in Richtung Kandersteg. Dort werden wir die Motorräder auf einen Zug der Bern-Lötschberg-Simplon-Bahn verladen, die uns innerhalb von 15 Minuten nach Goppenstein führt. Zum Glück beschwert sich keiner, als wir uns mit den Motorrädern an der gut zwei Kilometer langen Autoschlange vorbei nach oben zur Verladestation mogeln. Der Verladevorgang funktioniert routiniert und reibungslos und schon nach wenigen Minuten fährt der Zug auf der Südseite des Lötschberges wieder aus dem Fels hinaus.

Auf dem Simplonpass, dem angeblich schönsten Alpenübergang, überqueren wir die Walliser Alpen. Durch mehrere zur Seite offene Galerien, die einen Panoramablick auf die gewaltige Bergwelt freigeben, geht es steil bergauf in eine märchenhafte Winterlandschaft. Sind anfänglich nur vereinzelte Schneereste sichtbar, so türmt sich das Weiß binnen weniger Minuten zu drei Meter hohen Wänden links und rechts der Straße auf. Nach mehreren Kehren haben wir die höchste Stelle – 2005 Meter über Normalnull – erreicht.

In einem kleinen Lokal auf der Passhöhe machen wir Rast und genießen die spektakuläre Fernsicht auf das verschneite Bergmassiv. Trotz Sonnenbrille schmerzt das gleißende Licht fast schon in den Augen. Eine dünne, arielweiße Neuschneedecke hat sich in der letzten Nacht auf die verschmutzten Schneereste des Winters gelegt. Vereinzelte Tannen klammern sich an die steilen Berge, die sich etwas weiter oben wie ein gezackter Saum vor dem blauen Himmel abzeichnen.

Durch die enge Gondoschlucht geht es wieder hinab, in Richtung Italien. Große Wassermassen, die den geschmolzenen Schnee mit lautem Getöse talwärts befördern, begleiten uns vom höchsten Punkt an bis weit hinab an den Lago Maggiore. Als wären die Jahreszeiten binnen kürzester Zeit ineinander übergegangen, sitzen wir schon wenige Stunden nach Aufbruch im T-Shirt in einem typisch italienischen Café. Das Wetter meint es gut mit uns und der erste Sonnenbrand des Jahres macht sich auf unseren Nasenspitzen breit. Ein Hauch des Frühlings ist in der Luft zu spüren. Ein Tourauftakt nach Maß, so stellen wir begeistert fest und genießen die entspannte, aber zugleich sehr betriebsame Lebensweise der Norditaliener.

Zwei Tage später erreichen wir das Meer. Wieder hat mein Motorrad mit Problemen zu kämpfen. Ich könnte wahnsinnig werden bei dem Gedanken, schon hier in Italien kapitulieren zu müssen. Was um alles in der Welt soll ich tun, frage ich mich wieder und wieder. Um mir nicht weiter den Kopf zu zerbrechen, entschließe ich mich zu einem telefonischen Hilferuf, von dem ich mir eine Ferndiagnose erhoffe. »Sag bloß, die Karre ist schon hinüber?«, so die Reaktion meines Schrauberkumpels Thorsten aus Köln. »Danke übrigens, dass du mich an einem Sonntag so früh aus dem Bett geklingelt hast.« Nachdem ich das Problem in aller Ausführlichkeit geschildert habe, antwortet er spontan: »Der Vergaser zieht falsch Luft. Irgendwo scheint eine undichte Stelle zu sein. Die kannst du finden, wenn du Bremsenreiniger auf den laufenden Motor und den Vergaser sprühst. Wenn dann die Drehzahl steigt, weißt du, wo das Leck ist.«

Nach weniger als 100 Tageskilometern beschließen wir, frühzeitig einen Campingplatz aufzusuchen. Ich will so schnell wie möglich mit besagter Methode das Leck aufspüren. Sollte das nicht klappen, werde ich wohl eine Werkstatt in Genua oder Florenz ansteuern müssen. Dass ich zu Beginn der Reise so oft den Schraubenschlüssel in die Hand nehmen muss, hätte ich mir selbst in den schwärzesten Träumen nicht ausgemalt.

Frustriert beginne ich mit meiner akribischen Inspektion. Schraube um Schraube nehme ich mir vor. Nach etwa fünf Minuten sagt Carsten, der auf der gegenüberliegenden Seite des Motors hockt, ganz beiläufig: »Sag mal, hast du vergessen, den Luftfilterkasten festzuschrauben?«

»Nee, wieso?«

»Na, weil das Ding völlig lose ist. Schau hier, der Kasten lässt sich ohne Probleme hin und her bewegen.« Für eine Sekunde schimmert Hoffnung in mir auf. Im Handumdrehen ist die verschlissene Schlauchschelle durch ein Teil aus unserem Krimskrams-Sortiment ersetzt, die dem altersharten Gummi des Luftfilterkastens wieder den nötigen Halt verschafft. Um endgültige Gewissheit zu haben, breche ich zu einer Probefahrt in die nahen Berge auf. Von Anfang an spüre ich, dass der Fehler behoben ist. Endlich läuft der Motor wieder so, wie es sich gehört, und es ist eine Freude, ihm dabei zuzuhören. Mit reichlich Lambrusco aus einem kleinen Supermarkt kehre ich zurück. Dieser Abend soll gefeiert werden.

Der nächste Tag führt uns ins Herzstück Italiens – in die Toskana. Auf der Suche nach den schönsten und typischsten Landschaften wird man meiner Meinung nach in der Gegend um Val d'Orica am schnellsten fündig. Der Frühling entfaltet seine ganze Kraft und die junge Saat der Wiesen leuchtet in saftigen Farben. Die Sonne lässt je nach Stand die frisch beackerten Felder in zartem Grün bis hin zu leuchtendem Gelb und erdigem Braun erscheinen. Über die welligen Hügel schlängeln sich lange Zypressenalleen. Pastellfarbene Backsteinhäuser und romantische Gehöfte wirken, als hätte man sie als Kulisse für einen Film aufgebaut und irgendwann vergessen, sie wieder abzubauen. Wenn eine Landschaft für Vivaldis Violinkonzert »Die vier Jahreszeiten« die Bilder liefern müsste, so gäbe es für den Frühling keine bessere Wahl als die Toskana. Es sind Bilder mit viel Poesie, die mich ständig dazu zwingen, anzuhalten, um sie abzulichten. Wir achten nicht darauf, einen bestimmten Weg zu wählen, sondern lassen uns treiben. Einzig der innere Kompass zeigt uns, wo es langgeht. Mal fahren wir in nördlicher Richtung und kurz darauf schlagen wir wieder einen südlichen Kurs ein, nur weil schöne Landstraßen oder Feldwege ein verborgenes Geheimnis vermuten lassen.

Wir machen mehr Pausen als üblich. In beinahe jeder Ortschaft, durch die wir kommen, finden sich einladende Trattorias und Cafés, in denen eher die Qualität des Essens als die Einrichtung im Vordergrund steht. Mit frischen Zutaten und viel Herzblut wird wahre Esskultur zelebriert. Wir verlieren die Zeit aus den Augen und quatschen uns fest. Ein Ciabatta hier, ein Espresso dort, bis uns das Verlangen, Motorrad zu fahren, wieder weiterziehen lässt. Gerne sitzen wir auch einfach nur auf den Treppenstufen der Piazza del Comune, dem Herzstück eines jeden Ortes, wo man ständig Zeuge typisch italienischer Alltagsszenen wird.

Wie in einem Theater werden sie einem von den Einheimischen kostenlos dargeboten: Dreirädrige Piaggio Kult-Transporter und Vespa-Roller knattern durch das Gewirr der engen Gassen und vor vielen Fenstern trocknet verwaschene Baumwollunterwäsche langsam in der Sonne. Ältere Damen unterhalten sich laut und gestenreich von einem Balkon zum anderen über die Straße hinweg, während am Verkehrsknotenpunkt des Dorfes zwei Carabinieri stehen, die nicht den Eindruck erwecken, als sei es ihre primäre Aufgabe, für Ordnung zu sorgen. Mit gut sitzenden schwarzen Uniformen und modischen Sonnenbrillen scheinen die Ordnungshüter ihre Bestimmung eher darin zu sehen, der Damenwelt zu imponieren. Nirgends habe ich jemals zuvor Polizisten gesehen, die so auffällig hinter jedem Rock herglotzen und mit eindeutigen Gesten zu verstehen geben, dass sie paarungswillig sind. Generell geht es sehr emotionsgeladen zu. Doch hier im Süden Europas scheint man es zu mögen, auf diese Weise miteinander zu kommunizieren. Wer in Deutschland mal über einem italienischen Café gewohnt hat, der weiß, wovon ich rede.

Ein Reisetag, wie ich ihn mir entspannter nicht vorstellen kann, neigt sich dem Ende zu. Von einem kleinen Feldweg kommend, finden wir nahe dem Dorf San Quirico d'Orcia einen angemessenen Platz, um diesen großartigen Tag zu beenden. Den freundlichen Gruß eines Landwirts, dem das Areal zu gehören scheint, deuten wir als Erlaubnis, das Nachtlager zu errichten. Wir heben dankend den Daumen, als er mit seinem alten Trecker in Richtung seines unweit gelegenen Hofes ruckelt. Auf einer schräg abfallenden Wiese, auf der in exakten Abständen etwa 100 Zypressen so gerade gewachsen stehen, als hätten sie eine Norm zu erfüllen, schlagen wir die Zelte auf. Es handelt sich um die berühmte Baumgruppe »Santa Maria«, eines der meist fotografierten Motive der Toskana, das jeder – wenn auch unbewusst – schon einmal gesehen hat. Doch wir wissen zu diesem Zeitpunkt noch nicht, dass unsere Zelte neben solch berühmten Bäumen stehen. Für uns ist der Ort einfach nur schön. Typisch toskanisch eben. Mit einer Flasche Chianti und etwas Brot sitzen wir vor unseren Zelten und beobachten das fast kitschig anmutende Farbenspiel der Sonne, kurz bevor sie untergeht. Ganz offensichtlich teilen nicht alle unsere Freude darüber, einen so grandiosen Lagerplatz gefunden zu haben. Immer neue Fotografen tauchen auf, bis auf dem freien Feld unter uns an die zehn Mann mit fluchend erhobenen Fäusten umherlaufen, um einen Blickwinkel zu suchen, von dem aus unsere Zelte nicht den Bildaufbau stören.

Am folgenden Tag erreichen wir die Hafenstadt Ancona. Wir sind überrascht, wie günstig die Überfahrt in der Vorsaison doch ist. Gerade einmal 40 Euro soll das Ticket für die 800 Kilometer lange Strecke in die griechische Hafenstadt Igoumenitsa kosten. Ein Angebot, das wir ohne zu zögern annehmen. Als einzige Motorradfahrer rollen wir kurz darauf in den stählernen Bauch des Schiffes. Auch wenn die Fährgesellschaft »Minoan Lines« im Testbericht des ADAC für das östliche Mittelmeer mit »sehr gut« abgeschnitten hat, würden wir sie deutlich schlechter benoten. Auf die Frage, wie und womit wir die Motorräder vor eventuellem Seegang sichern sollen, werden Schultern gezuckt und wir mit glasigen Augen angestarrt. So gut es geht, fixieren wir die beiden Yamahas mit ein paar dünnen Schnüren an irgendwelchen fragilen Rohrleitungen. Weiß der Teufel, was passieren würde, sollte Poseidon kräftig aus den Backen blasen und die Ladung ins Ungleichgewicht bringen.

Da wir mit der sogenannten »Deckpassage« keinen Anspruch auf horizontale Erholung gebucht haben, begeben wir uns mit all dem Gepäck unterm Arm auf die Suche nach einem halbwegs bequemen Schlupfwinkel an Bord des Schiffes. Ein stark tätowierter Barkeeper verrät uns, dass es, wenn auch nicht erlaubt, am wenigsten auffallen würde, wenn wir in der Borddisco Quartier bezögen. Wir folgen seinem Rat und ziehen uns zurück. Noch bevor das erste Tanzbein geschwungen wird, haben wir uns hinter einer Reihe von Sofas und Geldspielautomaten versteckt und die Schlafsäcke ausgebreitet. Fernseher und Lichtorgel haben wir schnell ausgestöpselt und die frei gewordenen Steckdosen mit unseren Ladekabeln für Handy, Kamera etc. belegt. Offen gestanden hätten wir an diesem Abend nichts dagegen gehabt, die hormongesteuerten Kämpfe junger südländischer Männer um die weibliche Aufmerksamkeit zu beobachten. Da in der Vorsaison jedoch fast ausschließlich Rentner an Bord sind, ist die Stimmung entsprechend gedrückt. Wir beenden den Abend bei Wein mit kräftiger Blume und sind froh, dass nur hin und wieder Personen auftauchen, die sich darüber wundern, dass die Fernseher nicht funktionieren.

Zaziki »Made in Germany«

Nach einer gut 15-stündigen Überfahrt kommen wir um die Mittagszeit im Fährhafen von Igoumenitsa, im Norden Griechenlands, an. Übersteuerte Lautsprecher verkünden beim Einlaufen in den Hafen die Durchsage, dass das Autodeck erst nach erfolgreichem Andockmanöver geöffnet wird. Gewisse Parallelen zur Luftfahrt sind erkennbar, denn auch hier widersetzt sich ein Großteil der Passagiere sämtlichen Anweisungen. Als wir zu unseren Motorrädern kommen, hockt bereits hinter fast jedem Steuer ein Fahrer, der mit dem Gaspedal spielt. In der dichten Abgasglocke unter Deck verzurren wir unser Gepäck. Anstatt uns an der undisziplinierten Drängelei zu beteiligen, warten wir ab, bis die Autos das Schiff verlassen haben. Über rutschige Metallplatten erreichen auch wir wieder festen Boden.

Igoumenitsa ist keine Stadt, mit der uns Liebe auf den ersten Blick verbindet. Eher ein Ort, an den es einen nur dann verschlägt, wenn man mit einer der Fähren abfährt oder ankommt. Verladestationen, Banken und unansehnliche Reklametafeln prägen das Bild und man schätzt sich glücklich, dass man dem Tumult schon nach wenigen Hundert Metern hinter dem Hafen wieder hinauf ins Gebirge entschwinden kann.

Wir hatten erwartet, dass es mit jedem Kilometer in südlicher Richtung grüner, vor allem aber wärmer werden würde. Bei T-Shirt-tauglichen Temperaturen, so unser zuversichtliches Bild von Griechenland im Frühjahr, könnten wir das dicke Thermofutter erstmals aus der Jacke knöpfen. Diese Erwartungen werden jedoch herbe enttäuscht. Der Frühling hat noch nicht einmal ansatzweise damit begonnen, den Winter zu verdrängen. Mit Griechenland bringt man ja in erster Linie die mehr als 3000 Inseln des Mittelmeers in Verbindung, nicht aber die nördlichen Berglandschaften. Statt von blühenden Blumen gesäumt, sind die ersten Kilometer farblich wenig abwechslungsreich und meine Finger eisig kalt, obwohl die Sonne scheint. Würde nicht eine Vielzahl von Anhöhen und Kurven den Fahrspaß erhöhen, so wären die ersten 100 Motorradkilometer im Land eher eine unangenehme Pflicht als das erhoffte Vergnügen.

Ganz anders sieht es aus, als wir am späten Nachmittag nahe der albanischen Grenze die Vikos-Schlucht erreichen. Ein landschaftliches Highlight der absoluten Extraklasse, verborgen vor all den in Scharen auftretenden Bustouristen. Als ich während der Reisevorbereitung erstmalig von der Schlucht las, verband ich zunächst keine besonderen Erwartungen mit dem Ort. Allein die Angabe, dass es sich laut Eintrag ins »Guinnessbuch der Rekorde« um die tiefste Schlucht der Welt handelt (hierbei ist das Verhältnis der Breite zur Tiefe ausschlaggebend), ließ mich aufhorchen.

Kurz vor der Stadt Ioannina biegen wir auf die Bundesstraße 20 ab, der wir knapp acht Kilometer in nördlicher Richtung folgen. An einem leicht zu übersehenden Abzweig verlassen wir die gut ausgebaute Straße wieder und nehmen einen kleinen, stetig ansteigenden Weg in Richtung der Schlucht. Die schneebedeckten Höhenlagen des Pindos-Gebirges vor Augen, fahren wir die letzten Kilometer durch eine surreal wirkende Schieferplattenlandschaft, die den Anschein erweckt, als sei sie in einem zeitraubenden Prozess Lage für Lage aufeinandergeschichtet worden. An den wie Geisterstädte wirkenden Orten Vitsa und Monodendri geht es vorbei, bis der Weg vor einem dicken Felsbrocken endet. Weit und breit ist kein Mensch zu sehen. Den Umstand, dass generell sehr wenige Touristen den Weg in diese Schlucht finden, kann ich mir nur damit erklären, dass der Ort zu weit von den Urlaubszentren entfernt liegt, als dass es sich lohnen würde, eine Tagestour dorthin anzubieten.

Wir stellen unsere Motorräder ab und folgen einem kleinen Pfad, der nach wenigen Metern an einer spektakulären Aussichtsplattform endet. Völlig ungesichert fällt eine steile Felswand 1000 Meter hinab in schwindelerregende Tiefe. Entlang des Felsens ist ein schmaler Pfad angelegt, dem ich so weit folge, bis mir die Sache zu unsicher wird. Viele der aus dem Boden gebrochenen Steinplatten sind durch rutschige Bretter ersetzt worden. Angetan von dem unglaublichen Blick in die Tiefe ist mir gar nicht bewusst, wie nahe ich mich am Abgrund befinde.

Als etwa einen halben Meter neben mir die Wand steil nach unten abfällt, werde ich mit einer massiven Höhenangst konfrontiert, die ich seit Jahren erfolgreich ignorieren konnte und die mir ab heute des Öfteren ordentlich zusetzen wird. Alles dreht sich, dann folgt eine Panikattacke, die es in sich hat. Ich muss mich setzen. Sofort! Der beängstigende Gedanke daran, was passieren würde, wenn ich einen unbedachten Schritt zur Seite mache oder ausrutsche, verursacht schließlich eine massive Lähmung. Carsten, der mit Fotoapparat in die andere Richtung gegangen ist, würde vermutlich noch nicht einmal einen Schrei von mir hören, wenn es mich erwischen sollte. Mit geschlossenen Augen sitze ich mehrere Minuten da und kralle meine Hände am Boden fest. Erst als sich Puls und Atmung nach einer Weile wieder beruhigt haben, trete ich nass geschwitzt den Rückzug an. Gut, dass zu diesem Zeitpunkt keine anderen Touristen anwesend sind, denn es muss schon ziemlich albern aussehen, als ich den kompletten Weg zurück auf sicheres Terrain auf allen vieren krieche.

In Metsovo, einem kleinen verschlafenen Nest mit vielen Kopfsteinpflastergassen, machen wir eine längere Pause. Beschaulich plätschert das Leben der Bergbewohner dahin. Wir sehen niemanden, der es eilig hat. Die Zeit scheint stillzustehen. Man bekommt ein Gefühl dafür, wie das Leben vor gut 100 Jahren gewesen sein muss. Viel scheint sich seitdem nicht verändert zu haben. Neben den zahlreichen Kafenions, den schnörkellos eingerichteten Kaffeestuben, gibt es Dutzende von hölzernen Bänken im Ortskern. Die Menschen scheinen Zeit zu haben und so finden die vielen Sitzgelegenheiten regen Zuspruch – vor allem bei den älteren Bewohnern des Dorfes. Sie sitzen zusammen, halten sich an ihren liebevoll geschnitzten Spazierstöcken fest, lassen die Zeit vergehen und philosophieren vermutlich über Dorfangelegenheiten oder andere Kernpunkte des Lebens.

Da es recht kalt ist, ziehen wir uns in eines der Kafenions zurück, um bei einem Heißgetränk ein wenig aufzutauen. Der Innenraum dieser stets gut besuchten Treffpunkte ist nüchtern möbliert und durch kaltes Neonlicht erhellt. Ein gutes Dutzend Männer spielt Tavli, eine griechische Variante des Backgammons, und ein paar weitere sitzen stumm da und lassen eine Art Rosenkranz durch die Finger gleiten. Wie schon in Italien, machen wir die Erfahrung, dass man entweder keinen vernünftigen Kaffee bekommt oder, was am wahrscheinlichsten ist, wir zu blöd sind, eine richtige Bestellung aufzugeben. Ich werde mir die jeweiligen Begriffe für das, was ich unter einem »normalen« Kaffee verstehe, wohl nie merken können. Nach langen Erklärungsversuchen erhalten wir ein Glas heißes Wasser und ein Tütchen Instantkaffee. Ein Ouzo rundet die Bestellung ab.

Mit den schneebedeckten Höhenlagen von über 2600 Metern vor Augen folgen wir den Hinweisschildern in Richtung Thessaloniki. Es ist ein besonderer Tag für die Menschen der Region, denn mit großem Brimborium wird die neu gebaute Autobahn 2 eröffnet. Sie soll die beiden Küstenregionen auf der Ost-West-Route miteinander verbinden und die kleinen Ortschaften entlasten, um ein schnelleres Vorwärtskommen in den Höhenlagen Nordgriechenlands sicherzustellen. Einer nach dem anderen werden die geduldig wartenden Autofahrer an den Zufahrten auf den jungfräulichen Asphalt entlassen. Was für ein Glück, freuen wir uns, denn die restlichen Kilometer über die alten Passstraßen werden wir somit sicherlich ungestört und ohne großes Verkehrsaufkommen genießen können. Allerdings haben wir die Rechnung ohne den Wirt gemacht, die übrigen Verkehrsteilnehmer waren offenbar einfach nur schlau genug, den Wetterbericht zu lesen. Hätten wir das auch getan, dann wüssten wir, dass es an diesem Tag von Vorteil ist, den vor uns liegenden Katarapass zu umfahren.

Immer steiler geht es hinauf in die Berge. Immer steifer werden unsere Finger und immer wärmer die Gedanken. Wer hätte gedacht, dass wir so weit südlich noch derart frösteln würden. Dass ich Carsten vor der Abfahrt noch verspottet habe, nur weil er Heizgriffe für unsere »Wüstentour« an seinen Lenker montierte, nehme ich hiermit öffentlich zurück. Mehr noch – ich gebe sogar zu, dass ich es bereue, nicht ebenfalls in die praktischen Dinger investiert zu haben. Später, so wird es sich noch herausstellen, würde ich mehr als einmal dankbar dafür sein, selbst welche zu haben.

Es wird immer ungemütlicher. Als wir auf Höhenlagen von knapp 1700 Metern in die ersten Schneeverwehungen geraten und Touristen mit Skiern neben der Straße langlaufen, verstehen wir die Welt nicht mehr. Gleich mehrere Sessellifte sind in Betrieb, unter denen sich Kinder mit Pudelmützen eine Schneeballschlacht liefern. Rein gar nichts erinnert mehr an den Frühling, der laut Kalender herrschen soll. Wie konnten wir die Temperaturen zu dieser Jahreszeit nur dermaßen unterschätzen? Ich hätte ja mit allem gerechnet, aber mit Schnee in Griechenland? Vielleicht wäre ein gründlicher Blick auf die topografischen Angaben der Karte doch sinnvoll gewesen. Bei genauerem Hinsehen hätten auch wir festgestellt, dass es im Pindos-Gebirge gleich mehrere Skigebiete gibt und die Region zu den schneereichsten im Mittelmeerraum gehört. Mit den als Stützen seitlich ausgestreckten Beinen kämpfen wir uns meterweise voran. Bei einer Pinkelpause auf der Passhöhe stampfen wir bibbernd von einem Fuß auf den anderen und fummeln verzweifelt am Hosenstall herum. Folgendes Gespräch kommt zustande:

»Kalt, oder?«

»Saukalt! Mann, ist das ätzend!«

Ungefähr eine Minute vergeht …

»Und, schon fündig geworden?«

»Vergiss es – keine Chance.«

Nachdem wir wieder auf den Motorrädern sitzen, schliddern wir im Schneckentempo auf Höhen unterhalb der Schneefallgrenze hinab. Unweit der Ortschaft Trigona, kurz bevor die Straße die Berge dauerhaft hinter sich lässt, finden wir einen Lagerplatz in einem kleinen Waldstück, in dem ausreichend Holz für ein Feuer herumliegt. Erst als meterhohe Flammen unser Lager in ein flackerndes Licht tauchen und wir eine erlösende Schweißbildung auf der Stirn verspüren, bauen wir unsere Zelte auf.

Die Sonne scheint am kommenden Morgen auf die Außenhaut der Zelte. Wir sind dankbar für die Wärme, die sie uns bringt. Als das Thermometer wieder über die 10-°C-Marke geklettert ist, quälen wir uns aus den Schlafsäcken und machen uns mit einem Liter heißem Kaffee in den Bäuchen wieder auf den Weg. Nach wenigen Kilometern erreichen wir die rot und grau schattierten Sandsteintürme von Meteora mit ihren darauf thronenden Klosteranlagen. Wie große Backenzähne sieht man sie schon von Weitem rund 400 Meter hoch in den Himmel ragen. Aus Angst vor türkischer Verfolgung errichteten Mönche im 12. Jahrhundert das erste dieser Klöster, die sich wie Adlerhorste an die hohen Felsen klammern. Irgendwann brachen die Gläubigen den Kontakt zur Außenwelt ab. Der Zugang war nur noch über primitive Leitern und Seile möglich. Ähnlich wie in dem James-Bond-Klassiker »In tödlicher Mission«, in dem sich Roger Moore in einem Korb an der Außenwand des Meteora-Klosters abseilen lässt, gelangten auch vor Hunderten von Jahren die Vorräte nach oben. Heute ist der Besuch nicht mehr so beschwerlich wie noch vor etwa 50 Jahren. Eine asphaltierte Straße schlängelt sich den Berg hinauf und bringt alljährlich Hunderttausende Touristen zu der Sehenswürdigkeit.

Keine 24 Stunden, nachdem wir die schneebedeckten Berge überquert haben, liegen wir mit unseren weißen Körpern in Badehosen am Strand. In Asprovalta, einem mittelgroßen Touristenort zwischen Thessaloniki und der Grenze zur Türkei, haben wir hinter einer heruntergekommenen »Best Western«-Hotelanlage ein Fleckchen gefunden, wo wir nur einen Steinwurf vom Ufer entfernt die Zelte aufschlagen können. Zugegeben, baden setzt eine gewisse Abhärtung voraus, doch immerhin genießen wir bei etwa 23 °C in der Sonne den bislang wärmsten Tag unserer Reise. Würden wir in ein paar Monaten kommen, so lägen am selben Ort sicherlich Tausende von eingecremten Menschen auf ihren Handtüchern in der Sonne, um sich ihre Urlaubsbräune abzuholen.

Da die Hoteliers noch damit beschäftigt sind, ihre Unterkünfte in Schuss zu bringen, schert sich keiner um uns. Wir verbringen einen herrlichen Nachmittag am Meer. Zu späterer Stunde mache ich mich mit dem Motorrad noch einmal auf den Weg, da uns der Sinn nach einem Abendbrot mit typisch griechischen Leckereien steht. Doch so angestrengt ich in dem Urlaubsort auch nach Einkaufsmöglichkeiten suche, außer den beiden deutschen Discountern Aldi und Lidl lässt sich nichts finden. Mit Zaziki »Made in Germany«, Mischbrot, Thüringer Bratwürsten und Bier der Marke »Berg König« kehre ich zurück. Ein Prosit auf die Globalisierung.

Das Tor zum Orient

Byzanz, Konstantinopel und Istanbul – klangvolle Namen, die auf eine lange und ereignisreiche Geschichte zurückweisen. Istanbul ist gewaltig! Eine Stadt, die niemals schläft. Problemlos kann man sie in einem Atemzug mit Weltmetropolen wie New York, Paris, London oder Moskau nennen. Nirgendwo sonst prallen Abend- und Morgenland mit solcher Wucht aufeinander wie in der Stadt, die sich als einzige auf der Welt über zwei Kontinente erstreckt.

Bei einem letzten Tankstopp vor der Stadtgrenze instruiere ich Carsten, mir dicht auf den Fersen zu bleiben, da uns der rücksichtslose Verkehr sonst schnell voneinander trennen würde. Kurz darauf verschlingen uns auch schon die Hochhausschluchten der schmucklosen Arbeitervorstädte. Über mehrspurige Schnellstraßen quälen wir uns in Richtung Stadtmitte. Obwohl die Entfernung bis ins Zentrum zwischenzeitlich noch mit stolzen 46 Kilometern angegeben ist, haben wir bereits seit weit über einer Stunde das Gefühl, mittendrin zu sein. Das Verkehrsaufkommen ist gigantisch und scheint mit jedem Kilometer an Chaos und Dichte zuzunehmen. Nach offiziellen Angaben leben 12,7 Millionen Menschen in Istanbul, einer der größten Städte der Welt. Inoffizielle Statistiken gehen sogar von einer noch deutlich höheren Zahl aus, da jährlich 350 000 Neuankömmlinge aus den wirtschaftlich schwachen Regionen Anatoliens die Einwohnerzahl nach oben schnellen lassen. Obwohl über 2500 Jahre alt, ist Istanbul eine überdurchschnittlich junge Stadt: Über 60 Prozent der Einwohner sind jünger als 30 Jahre.

Fast den ganzen Tag dauert es, bis wir endlich Taksim, den modernen und pulsierenden Stadtteil im Herzen Istanbuls, erreichen. Schnell stellt sich heraus, dass wir kaum ein ungünstigeres Wochenende hätten wählen können, um nach einer Unterkunft zu suchen. Es ist Ostern und die hoffnungslos überbuchte Stadt platzt aus allen Nähten. Städtetouristen und Kurzurlauber konkurrieren mit uns bei der hektischen Suche nach einer letzten freien Bleibe. Eine mühselige Jagd durch die engen Gassen und das komplizierte Einbahnstraßennetz beginnt. Ein ums andere Mal müssen wir mit unseren Karren warten, bis Kurzparker ihre Autos umgeparkt oder Lieferanten ihre Ware abgeladen haben und uns den Weg frei machen, da wir mit den schwer bepackten Motorrädern auf den steilen Straßen wenig wendig sind. Sämtliche Unterkünfte, die ich mir im Vorfeld notiert habe, erweisen sich als bereits ausgebucht. Wir klappern alles ab, was auch nur ansatzweise den Eindruck erweckt, Betten anzubieten. Eine Absage folgt der nächsten. Auch im nahe gelegenen Altstadtviertel, wo wir die Suche fortsetzen, haben wir keinen Erfolg. Als auch meine halbherzigen Bestechungsversuche der Rezeptionisten fehlschlagen, setzen wir uns mit dem Gedanken auseinander, die Stadt wieder zu verlassen. Nach meiner glücklosen Suche macht Carsten den Vorschlag, es selbst einmal zu versuchen. Da er mir bislang nur hinterhergefahren ist und sich eher passiv an der Suche beteiligt hat, stachle ich ihn an: »Freibier, wenn du erfolgreich bist.« Nie im Leben, so denke ich, hat er mehr Erfolg. Was soll ich sagen, unser erster Abend in Istanbul geht auf meinen Deckel. Nur wenige Sekunden, nachdem er ein kleines Restaurant gegenüber der Hagia Sofia betreten hat, ist die Suche endlich beendet. Wie auch immer er es gemacht hat, ich bin überglücklich.

Wir stellen unsere Motorräder auf einem bewachten Parkplatz neben dem Gebäude ab und bringen auf Empfehlung des Parkplatzwächters alles aufs Zimmer, was nicht niet- und nagelfest ist. Es würde in der Stadt, wie er behauptet, sehr viel gestohlen. Nach den vergangenen Nächten im Zelt und der Körperpflege im Meer freuen wir uns wie verrückt auf eine heiße Dusche und ein vernünftiges Bett. Doch wir haben uns zu früh gefreut, denn unsere Unterkunft stellt sich als ein schäbiges, ungeheiztes Loch mit einer Nasszelle heraus, die so dreckig ist, als habe man darin einen Ölwechsel vorgenommen. Die Gewissheit, nichts anderes mehr zu finden, reicht aus, um eine Buchung vorzunehmen. Nach einer Weile überwinde ich mich trotz alledem, unter die Brause zu gehen. Als ich den Wasserhahn aufdrehe, bleibt dieser zunächst trocken. Erst nach einem unheimlichen Poltern hinter den schimmligen Wänden würgen die Leitungen rostrotes Wasser hervor. Im Anschluss an die ungewöhnliche Dusche bin ich mir nicht sicher, ob ich ungeduscht nicht doch sauberer geblieben wäre.

Als hervorragender Ausgangspunkt für eine Stadterkundung stellt sich der Platz vor der Neuen Moschee heraus, der nur wenige Gehminuten von unserer Unterkunft entfernt gelegen ist. Von kaum einem anderen Ort aus lassen sich die bekanntesten Sehenswürdigkeiten besser erreichen und nirgends schlägt er lauter, der treibende Puls der Stadt. Man kann wunderbar auf einer der vielen Treppenstufen sitzen und das quirlige Leben auf sich wirken lassen. Wohin man auch schaut, es gibt unzählige Dinge zu beobachten. Tausende umherflatternde Tauben haben eine Reihe ganz besonders pfiffiger Dienstleister auf den Plan gerufen – die Maiskornverkäufer. Deren Geschäftsidee, Taubenfutter an Touristen zu verkaufen, die einen Schnappschuss fürs Familienalbum machen wollen, ist so einfach wie genial. Ein halbes Dutzend von ihnen hat mit Klapptischen auf dem Platz Stellung bezogen. Für umgerechnet 50 Cent bieten sie kleine Schälchen mit ein paar Körnern Mais darin an. Der Absatz ist reißend, denn mit dem Futter lassen sich sowohl Kinder als auch Tauben für das perfekte Foto anlocken. Richtig interessant wird es aber erst dann, wenn das letzte Maiskorn auf den Boden gefallen ist und die Tauben sich mit lautem Gurren daraufstürzen. In diesem Moment taucht nämlich ein ruppiger Greis mit dichtem grauem Bart auf, der Kinder und Vögel mit einem Reisigbesen verscheucht. Ruhig fegt er die Körner wieder zusammen und bringt sie zurück zu den Geschäftemachern, die sie wieder zum Verkauf anbieten.

Noch chaotischer geht es auf der Galatabrücke zu. Dort drängeln sich Hunderte Angler um die besten Plätze. Schulter an Schulter stehend, halten sie ihre Nylonschnüre, die einen schimmernden Vorhang bilden, ins Marmarameer hinab. Uns ist es ein Rätsel, dass bei dem Gewirr kein heilloses Durcheinander entsteht. Ständig kommen neue Angler hinzu. Jeder findet einen Platz, wo er Köder, Haken und Schnüre auspacken kann. Die Fangquote ist erstaunlich. Es vergeht fast kein Moment, in dem nicht ein zappelnder Fisch aus dem Wasser gezogen wird und in einem der vielen weißen Joghurt-Eimer bei seinen Artgenossen landet. Balik, so das türkische Wort für Fisch, bestimmt auch das gastronomische Angebot im näheren Umkreis der Brücke. Eine Vielzahl gemütlicher Restaurants, in denen die Ware fangfrisch auf die Teller wandert, hat am Ufer Tische und Stühle aufgestellt. Die Auswahl auf den Speisekarten lässt keine Wünsche offen und es duftet verführerisch. Neben Muscheln, Austern und Krustengetier landen etliche Edelfischsorten auf den Tellern.

Dass wir keine Angel dabeihaben und auch nicht das Geld für ein gutes Restaurant aufbringen wollen, heißt aber nicht, dass wir auf frischen Fisch verzichten müssen. An den Anlegern neben der Brücke wird die typischste Delikatesse der Stadt angeboten: leckere Makrelen-Döner, die direkt von den Booten herunter verkauft werden. Mit sicherem Gleichgewicht wenden die Köche auf den schwindelerregend schaukelnden Kähnen Fischfilets, die über rauchender Holzkohle garen. In frischen Baguettes und mit Salat und Zwiebeln garniert, werden sie in ein Stück Zeitung gepackt. Ein wenig Zitronensaft und frische Petersilie darüber, und schon wandert der viel verkaufte Snack über die Reling, wo eine wartende Hand im passenden Moment zugreift.

Auf dem Platz laufen zwei Fahnenverkäufer umher, die rotweiße Landesflaggen in allen nur erdenklichen Größen anbieten. Auch dieses Geschäft läuft gut, da die Türken mit den Fahnen ihren großen Nationalstolz untermauern. Ich würde wetten, dass die Türkei in Sachen Flaggen pro Kopf sogar noch die USA hinter sich lässt. An jedem öffentlichen Gebäude, auf allen Plätzen, auf T-Shirts und in jedem Restaurant hängt der »Mondstern«, wie die Nationalflagge auch genannt wird.

Istanbul, so sagen viele, habe man nicht gesehen, ohne den Großen Basar, den Kapalı Çarşı, besucht zu haben. Unter dem bemalten Kuppeldach, auf einer Fläche, so groß wie etwa 50 Fußballfelder, haben sich mehr als 4000 Händler niedergelassen. Einige von ihnen blicken auf eine traditionsreiche Geschichte zurück, die bereits vor 600 Jahren begann, als der Basar gegründet wurde. Wir gehen unter in einem Strom von Touristen und Einheimischen, der sich langsam durch einen der Zugänge schiebt. Wie in einem Ameisenhaufen geht es im Inneren zu. Zwischen all den Kaufwütigen und Staunenden eilen Teejungen durch das Labyrinth aus Gassen und Durchgängen und bedienen die Händler mit schwarzem Mokka oder bernsteinfarbenem Tee. In einem großen Bogen werden die Nationalgetränke in kleine Gläser auf silbernen Untertassen gefüllt, bevor die Jungen abkassieren und von der Menschenmenge verschluckt werden.

Wir kommen an Wechselstuben, traditionellen Teehäusern und einer Vielzahl gemütlicher Restaurants vorbei. In der Hauptsache werden Gold, Silber, Teppiche, Gewürze, aber auch Handyzubehör, Kühlschrankmagnete und batteriebetriebener Schnickschnack verhökert. Überall bimmelt, tutet und blinkt es. Geld wird gezählt und die Kundschaft mit Nachdruck von den Vorzügen der jeweiligen Produkte überzeugt. Wehe, man macht den Fehler und schaut den Händlern zu lange in die Augen oder reagiert auf einen ihrer Zurufe. Dann ist es beinahe unmöglich, den Basar wieder zu verlassen, ohne Geld ausgegeben zu haben.

Doch die Zeiten haben sich auch hier geändert, denn beim Feilschen sind heute längst nicht mehr solche Nachlässe zu erzielen, wie man sie sich auf der Suche nach einem Schnäppchen erhofft. Fast überall werden mittlerweile Festpreise verlangt, die problemlos mit Kreditkarte bezahlt werden können. Auf Wunsch geht die Ware daraufhin per UPS mit Express-Versand rund um den Globus auf Reisen. Keiner hat ein Problem damit, gefälschte Produkte anzubieten. Dank höherer Gewinnmargen stehen die Plagiate teurer Designerkleidung, Sonnenbrillen und Uhren hoch im Kurs. Wir kommen an einem Händler vorbei, der mit einem Schild »Genuine Fake Watches« für seine »original nachgemachten Uhren« wirbt. Natürlich ist ein Besuch des Basars noch immer ein tolles Erlebnis, doch der Charme des orientalischen Handelns ist längst der Schnäppchenmentalität westlicher Touristen zum Opfer gefallen und in China produzierte Massenware verdrängt mehr und mehr die Gewürzhändler und die Teestuben.

Um sich einen Eindruck von der Größe Istanbuls zu machen, empfiehlt es sich, die Stadt von einem der Boote aus zu betrachten, die die Menschen über den Bosporus vom europäischen Teil in den asiatischen befördern. Schon für wenige Cent bekommt man ein aufregendes Erlebnis geboten. Begleitet von einem laut tuckernden Dieselmotor und dem Gekreisch der Möwen kommt »Große-weite-Welt-Atmosphäre« auf, während Minarette und die Kuppeln der drei großen Moscheen an einem vorüberziehen. Ein Monster von einer Stadt liegt vor uns, das sich kilometerweit in beide Richtungen ausbreitet. Auch bei guter Fernsicht ist es nicht möglich, die Stadtränder auszumachen, die irgendwo in der Ferne mit dem Horizont verschmelzen.

Nach drei Tagen – wir sind mit dem Orientvirus bereits gründlich infiziert – steht der Aufbruch ins Landesinnere an. Ich weiß nicht, ob man es in der Türkei noch treffender denn als eine »unchristliche Zeit« bezeichnen kann, es ist jedenfalls noch verdammt früh, als der Muezzin unseren Schlaf mit einem durch Rückkopplungen verzerrten Schrei beendet, der schon an den Schmerzbereich grenzt. Wie in den über 3000 anderen Moscheen Istanbuls kommt auch hier der Ruf, der die Gläubigen aufs Gebet einstimmt, längst aus der Konserve. Es dauert eine Weile, bis wir

In Istanbuls Restaurants sucht man sich sein Essen fangfrisch aus.

in der Stimmung sind, unser Chaos zu ordnen und in den Packtaschen und Koffern verschwinden zu lassen. Zwei Stunden später ist alles wieder an seinem dafür vorgesehenen Platz verstaut und wir können aufbrechen. Asien wartet auf uns.

Unsere Route hat sich etwas geändert. Den eigentlichen Plan, entlang der Schwarzmeerküste weiterzureisen, haben wir in dem Moment ad acta gelegt, als wir in einem kleinen Restaurant zufällig den Wetterbericht im Fernsehen gesehen haben. Prognostizierte 4 °C und dunkle Regenwolken-Symbole in der Vorhersage für den Rest der Woche waren Grund genug für uns, das Wetterglück nun im Süden zu suchen. Wir verlassen Istanbul in Richtung der »Yenikapi Ferry Docks«, die am Ufer der nahen Altstadt gelegen sind. An Bord einer Autofähre überqueren wir das Marmarameer. Die etwa zweistündige Fahrt durch die aufgewühlte See in Richtung Yalova ist eine willkommene Abwechselung zu dem Stop and Go des kollabierenden Großstadtverkehrs – zumal wir so einen ganzen Tag sparen und unser

Nervenkostüm schonen können. In südlicher Richtung geht es weiter über wenig befahrene Regionalstraßen. Unser Ziel ist es, in etwa zwei Tagen Pamukkale zu erreichen. Zwar gestaltet sich das Vorwärtskommen auf den buckeligen Pisten durch das Uludağ-Gebirge recht mühsam, dafür werden wir abseits der viel befahrenen Nord-Süd-Verbindung mit einem grandiosen Stück türkischer Natur belohnt.

Ich kann nicht genau beschreiben, wie ich mir die Landschaft im Inneren der Türkei vorgestellt habe. Vermutlich eher steinig und karg. Vielleicht so, wie einige Regionen im Süden Spaniens oder Portugals. Meine Erwartungen werden weit übertroffen, und das, obwohl uns zunehmend schlechteres Wetter einen Strich durch die Rechnung zu machen versucht. Dichte Laub- und Nadelwälder wechseln sich auf den kommenden Kilometern mit weiten grünen Wiesen und tiefen Tälern ab. Ohne die überall sichtbaren religiösen Bauwerke und Symbole wie den sehr präsenten Mondstern würde ich niemals auf die Idee kommen, in Kleinasien unterwegs zu sein. Immer wieder wird der Blick von prunkvollen Moscheen angezogen, die wie kostbare Juwelen in der Landschaft stehen. Auf Hochglanz polierte Kuppeldächer und detailverliebte Minarette deuten schon von Weitem auf die gen Mekka ausgerichteten Gotteshäuser hin.

Seit wir Istanbul hinter uns gelassen haben, sitzt uns ein Tiefdruckgebiet im Nacken, das sich einfach nicht abschütteln lässt. Selbst die Einheimischen, mit denen wir ins Gespräch kommen, klagen über den rekordverdächtigen Kälteeinbruch und behaupten, nur selten zu dieser Jahreszeit ein solches Dreckswetter erlebt zu haben. Meine Hände sind steif gefroren und in meinen Klamotten ist es so ungemütlich, dass ich nicht weiß, was mich mehr stört – die Kälte oder die Nässe. Schon seit zwei Tagen kriecht ein eisiger Wind in unsere durchnässte Kluft und weckt in uns den Wunsch, die Nächte in einem warmen Bett anstatt im klammen Schlafsack zu verbringen. Doch noch sind wir zu gut gelaunt, um uns den Spaß verderben zu lassen.

Pamukkale erwartet uns am nächsten Morgen genau so, wie wir es nicht erwartet haben. Auf jedem Foto, das zum Pflichtinventar bundesdeutscher Dönerbuden zählt, strahlt die Sonne von einem wolkenlosen Himmel und Touristenscharen mit teilentblößten Leibern belagern eine aufgeräumte Kulisse, die nach Urlaub schreit. Als wir jedoch am Besucherzentrum ankommen, trüben schwarze Wolken das weitläufige Areal, es ist arschkalt und schüttet mit deprimierender Konstanz. Wer kann schon von sich behaupten, Pamukkale bei 7 °C und verhangenem Himmel gesehen zu haben? Anstatt sonnenhungriger Besucher treibt lediglich eine Handvoll Touristen ihr Unwesen, die gekleidet sind, als wollten sie auf den Weihnachtsmarkt. Das berühmte Weiß der Kalksinterterrassen, nach dem sogar ein besonders reiner Farbton benannt wurde, wirkt vor Saisonbeginn eher gelb und braun. Keine Spur von dem glasklaren Wasser, das sich über die Bilderbuch-Kaskaden ergießt. Lediglich ein traurig-trübes Rinnsal fließt über die Kalkablagerungen hinab ins Tal. Nachdem wir uns genauer umgesehen haben, wissen wir auch, warum das so ist. Ein großer Teil der Anlage wird künstlich bewässert. Wir kommen mit einem mitteilsamen Landschaftsgärtner ins Gespräch, der uns sogar den Haupthahn zeigt, den er, wie er uns erklärt, in wenigen Wochen aufdrehen müsse, damit der umgeleitete Bach wieder seinen ursprünglichen Weg nehmen könne. Auch die Becken, die für die Touristen zugänglich sind, wurden von Menschenhand geschaffen. Damit die natürlichen Terrassen weiterhin unter dem Schutz des UNESCO-Weltkulturerbes stehen können, wurden sie aus Hohlblocksteinen gemauert und lieblos verputzt. Der extrem hohe Kalkgehalt von etwa zwei Gramm pro Liter sorgte dann binnen kurzer Zeit dafür, dass die Mauer unter einem stetig anwachsenden Kalkpanzer verschwindet. Hauptsache, der Urlauber bekommt nicht das Gefühl, verarscht zu werden, und es sieht perfekt aus.

Von der Hoffnung beseelt, dass das Wetter an der Südküste endlich besser sein wird, nehmen wir die verbleibenden Kilometer in Angriff. Irgendwann erreichen wir eine letzte Bergkette, die es zu überqueren gilt. Auf der anderen Seite angekommen, reißt die schwarze Wolkendecke erstmals wieder auf. Wie ein Vorhang schieben sich die Gewittermassen zur Seite und der Blick ist frei auf das vor uns liegende Meer. Der Himmel ist plötzlich so blau, dass selbst die Caprifischer vor Neid erblassen würden. Obwohl wir völlig durchgefroren sind und uns das Regenwasser mittlerweile in den Stiefeln steht, durchfährt uns bei dem Anblick ein erlösender Schauer der Behaglichkeit. Am frühen Abend erreichen wir den beliebten Touristenort Fethiye, der als einer der schönsten der Türkei gehandelt wird. In unmittelbarer Nähe zu dem schneeweißen Bilderbuchstrand Ölydeniz bauen wir unsere Zelte in einem Kiefernwäldchen auf. Wir bleiben einen Tag und eine Nacht.

Immer das türkisfarbene Meer zu unserer Rechten, geht es am folgenden Tag ohne Thermofutter in den Jacken weiter, bis wir nach wenigen Stunden die antike Stadt Olympos erreichen. Lange habe ich mich auf diesen Augenblick gefreut. Es sind nicht die Ruinen der einstigen lykischen Handelsstadt, die uns anlocken, sondern das von Backpackern aus aller Welt hoch gelobte Baumhausdorf. Durch Zufall bin ich im Internet auf diesen Ort gestoßen, der mir in einem internationalen Forum für Rucksackreisende von einem Japaner empfohlen wurde. Von Kumluca kommend, verlassen wir die D 400 wieder, jene Straße, die sich entlang der gesamten Südküste bis weiter in Richtung Osten erstreckt, und biegen in einen kleinen, unscheinbaren Weg ab. Im weiteren Verlauf geht dieser in eine unbefestigte Piste über, die entlang eines Bachlaufs durch ein Naturschutzgebiet führt. In einer sich zum Meer hin öffnenden Schlucht endet sie in einem verwunschenen Waldstück.

Genau an diesem Ort entstanden in den letzten 15 Jahren die sogenannten »Tree Houses« – individuelle Hütten, die aus Treibholz, Brettern, Seilen und sonstigen Baumaterialien in die knorrigen Bäume gezimmert wurden. Als eine Mischung aus

Westernstadt und Piratennest würde ich das beschreiben, was einen wohltuenden Kontrast zu den völlig überlaufenen Touristenhochburgen Antalya & Co. in der Nähe darstellt. Abseits von All-you-can-eat-Verpflegung und bunten Armbändchen für die Hotelzugehörigkeit bekommen wir Südseeatmosphäre an einem vier Kilometer langen Traumstrand geboten.

Für umgerechnet 15 Euro beziehen wir bei »Bayrams Tree Houses« die schönste der mittlerweile drei Anlagen: eine kleine Holzhütte inmitten eines blühenden Zitronenhains. Der intensive Zitrus- und Tannenduft, gepaart mit der relaxten Atmosphäre und dem Meer, veranlasst uns zu der spontanen Entscheidung, länger als nur eine Nacht zu bleiben. Wir entspannen ein paar Tage in der Hängematte und sitzen abends mit Reisenden aus Australien, den USA und Argentinien sowie türkischen Hippies, von denen ich nicht wusste, dass es sie überhaupt gibt, am Lagerfeuer. Wir rauchen Wasserpfeife, trinken Efes Bier und Raki. Wir lungern, hängen und dösen herum.

Schnell stellen wir beide fest, wie sehr uns das Reiseleben doch behagt. Kaum drei Wochen sind wir nun unterwegs und schon wird uns beiden bewusst, dass die Zeit um ein Vielfaches gemächlicher dahinschreitet als sonst. Ein Zeitraum, der unter normalen Umständen wie im Flug vergeht, kommt uns jetzt so vor wie eine halbe Ewigkeit. Die vielen Sinnesimpulse, die wir täglich bekommen, und vor allem die Unterbrechung der Alltagsroutine haben die Zeitwahrnehmung völlig verändert. Wie oft frage ich mich sonst zu Hause, wo all die Tage und Wochen geblieben sind. Große Bereiche des Lebens scheinen zeitweise nur aus Montagen zu bestehen, während man die Samstage sucht. Hier und jetzt habe ich nicht mehr das Gefühl, als flöge das Kostbarste im Leben ungenutzt an mir vorüber. Es sind diese einfachen und banalen Tätigkeiten, wie etwa Feuerholz suchen, Kettenpflege und Kochen, die neben Motorradfahren zur Tagesaufgabe geworden sind. Die einfache Lebensweise ist eine Wohltat und die ständige Erreichbarkeit ist in weite Ferne gerückt. Hektik und Ungeduld werden belanglos, wenn die Zeit viel langsamer vergeht. Mit Genugtuung erfahre ich, dass ich mich an den entspannten Lebensrhythmus angepasst habe und der Alltag immer weiter von mir fortgleitet.

Viel Zeit verbringen wir auch damit, die Überreste der antiken lykischen Stadt Olympos zu erkunden, von der aus einst ein reger Handel betrieben wurde. Die turbulente Vergangenheit, in der sich Etrusker, Römer, Syrer und Griechen bei ihren verlustreichen Eroberungen die Klinke in die Hand gaben, ist der Grund, dass es hier, wie in den meisten anderen Teilen der Türkei, wesentlich mehr potenzielle Ausgrabungsstellen gibt als an irgendeinem anderen Ort auf der Welt. Artefakte, die anderswo im Mittelpunkt großer Museen stehen würden, liegen hier buchstäblich in der Gegend herum. Mitten im Wald braucht man nur mit dem Fuß den Boden ein wenig aufzuwühlen, um auf erstaunlich gut erhaltene Mosaike und Marmorböden zu stoßen. Gleich mehrere alte Tempelruinen werden im Würgegriff der unerbittlich wuchernden Baumwurzeln schneller zerstört, als es der Geschichtsschreibung lieb sein kann. Es gibt in der Türkei nicht ansatzweise genügend Archäologen und Historiker, um all die Hinterlassenschaften einstiger Hochkulturen vor dem weiteren Verfall zu bewahren.

Neben den Ruinen ist das »ewige Feuer der Chimäre« eine weitere sehenswerte Attraktion. Jeden Abend, wenn es dunkel wird, werden von dem Baumhausdorf Touren mit Minibussen in die nahen Berge veranstaltet, die man aber auch, wie wir, nach einem etwa 90-minütigen Marsch erreichen kann. Am Geruch von faulen Eiern kann man erkennen, dass Erdgas aus den Felsritzen strömt, das in vielen kleinen züngelnden Flammen verbrennt. Der Legende nach soll es sich dabei um die »Chimäre«, ein Feuer speiendes Mischwesen aus der griechischen Mythologie, handeln, das hier der Sage nach getötet wurde und seitdem in der Tiefe des Berges wohnt.

Entspannt und mit dezenten Bräunungslinien von den Flipflops auf den Füßen, brechen wir nach drei Tagen wieder in Richtung Osten auf. Ein paar Hundert Kilometer windet sich unsere Straße an der traumhaften Küste entlang und bietet einen einzigartigen Ausblick aufs offene Meer und in malerische Buchten. Eigentlich wäre es eine perfekte Strecke, die durch nett anzusehende Fischerdörfer verläuft, wenn wir nicht ab und an die großen Touristenzentren der türkischen Riviera durchqueren müssten. Dort, wo im Sommer täglich Hunderte Charterflieger in den blauen Himmel steigen, wurde von den Betonstrategen großes Unheil am Landschaftsbild angerichtet. Nur wenige der hübschen alten Häuser sind übrig geblieben. Stattdessen reiht sich ein Silo für anspruchslose Massenunterbringung an den nächsten, denen man mit bonbonfarbenen Anstrichen das Abstoßende nehmen zu wollen scheint.

Aber nicht nur die Gebäude mit touristischem Potenzial entbehren jeder Schönheit. Was die Nutzung von Wohnraum anbelangt, so sind Türken generell eher pragmatisch veranlagt. Warum also viel Theater um die Gestaltung des Außenbereichs machen. Häuser mit liebevoll gestalteten Vorgärten sucht man vergeblich, Gartencenter gibt es nicht und über Geranienkästen vor den Fenstern oder gar Wettbewerbe wie »Unser Dorf soll schöner werden« würde ein Türke sowieso nur müde lächeln. Geranien kann man nun mal nicht essen und ein Dorf kann ja auch dadurch schöner werden, dass man vor beinahe jedes Fenster eine rot-weiße Flagge hängt.

Wenn irgendwo zusätzlicher Platz zur Verfügung steht, dann wird dieser eben für praktische und sinnvolle Dinge genutzt. Vorgärten, so überhaupt vorhanden, dienen in der Regel als Freiluft-Abstellkammer. Seien es nun alte Kühlschränke oder abgefahrene Autoreifen – alles, was man nicht entsorgt, da es ja vielleicht irgendwann noch einmal nützlich sein könnte, findet vor dem Haus seinen neuen Platz – an jener Stelle, deren Gestaltung hierzulande viele ihre halbe Freizeit widmen. Da Rasenpflege unter den hiesigen klimatischen Bedingungen ohnehin nur reine Verschwendung wäre, wird der Boden lieber zum Anbau von Kartoffeln oder Erdbeeren genutzt. An der Südküste, wo die roten Früchte eine Art nationale Droge zu sein scheinen, erstrecken sich direkt an der Autobahn riesige Anbaufelder.

Die Küstenstraße geht in einigen großen Orten in mehrspurige Schnellstraßen über und schneidet etliche der Unterkünfte von den Stränden ab. Die Leitplanken wurden daher abmontiert und die Menschen überqueren gedankenlos die Fahrbahn. Wie selbstverständlich bewegen sie sich auf dem zum Gehweg umfunktionierten Seitenstreifen. Selbst Kleinkinder spielen nur wenige Meter neben den vorbeidonnernden Lkws Fußball oder Murmeln. Auch wir geben Gas und lassen die hässlichen Betonbauten hinter uns.

Bei Mersin, der Hafenstadt am östlichen Mittelmeer, verlassen wir die Küstenstraße wieder. Über gut ausgebaute Schnellstraßen geht es ins anatolische Hochland. Schnell sind die ersten 1000 Höhenmeter erreicht und noch immer verläuft die E 90 wie ein glattes schwarzes Band sachte hinauf in Richtung Berge. Anders als man es aus Westeuropa kennt, werden Gebirgszüge selten auf Serpentinen überquert, sondern meist sind es geradlinig verlaufende Rampen, die dafür umso steiler die natürlichen Hindernisse überwinden. Auf zahlreichen Brücken überqueren wir tiefe Schluchten und brettern durch einen langen Tunnel nach dem anderen. Weniger als eine Stunde später erinnert nichts mehr daran, dass wir eben noch an den Ferienorten am Meer geschwitzt haben. Eine leicht gewellte Steppenlandschaft breitet sich vor uns aus. Nur noch selten findet sich ein einzelner Baum oder Strauch in der schier endlosen zentralanatolischen Hochebene. Wir bleiben noch etwa 50 Kilometer auf der D 750, dann biegen wir bei Pozantı auf eine wenig befahrene Straße in Richtung Norden ab. Gut und gerne 4000 Kilometer auf einer konstanten Höhe zwischen 1500 und 2500 Metern liegen nun vor uns. Bei sinkenden Temperaturen knöpfen wir wieder die Innenfutter in unsere Jacken und Carsten schaltet seine Griffheizung ein.

Die ländlichen Regionen Zentral- und Ostanatoliens unterscheiden sich grundlegend von dem modernen und westlich ausgerichteten Istanbul. Anders als in der Metropole am Bosporus, wird den traditionellen Werten und dem Glauben eine spürbar zentralere Bedeutung beigemessen. Während es in einigen Teilen Istanbuls eher die Ausnahme ist, eine Frau mit Kopftuch zu sehen, ist es im konservativen Anatolien undenkbar, dass eine Frau sich mit engen Jeans und Oberteilen kleidet, die in erster Linie das Dekolleté betonen sollen. Besonders auffallend und gleichzeitig befremdlich für westliches Empfinden ist auch der Umgang der Geschlechter miteinander. Nicht nur der Austausch von Zärtlichkeiten in der Öffentlichkeit ist ein absolutes Tabu. Schon ein etwas zu langes Anblicken einer Frau kann schnell als große Respektlosigkeit verstanden werden und zu gewaltigen Problemen führen. Wir sehen ohnehin ungewöhnlich wenige Frauen. Supermärkte, die wir betreten, um uns mit Proviant einzudecken, gehören zu den wenigen Orten, wo wir bei unseren Stopps überhaupt Kontakt zum anderen Geschlecht haben. Oftmals kommt es mir so vor, als hätten die Frauen, die zumeist an der Kasse arbeiten, Angst davor, den Augenkontakt zu suchen. Die Begegnungen sind sonderbar und ungewohnt verkrampft. Anfänglich fühlen wir uns verunsichert und übertreiben es mit unserem Bestreben, nichts falsch zu machen. Wir betreten die Supermärkte, schnell wird unser Einkauf abgerechnet und schon sind wir wieder durch die Tür.

Auch bei älteren Ehepartnern würde ich den Umgang miteinander nicht gerade als liebevoll beschreiben. In den abgelegenen Regionen begegnen uns mehrfach Paare, die von der Feldarbeit heimkehren. Anstatt in eine Unterhaltung vertieft zu sein oder gar die Hände zu halten, geht die Frau einige Meter vorweg und schleppt schweres Werkzeug oder Holzbündel, während der hinter ihr gehende Mann den Rosenkranz betet und allenfalls die Verantwortung trägt. Auf einem langen Feldweg sehe ich einen Mann auf einem Esel reiten. Sein Blick schweift zufrieden durch die Landschaft, während seine Frau, die direkt neben ihm geht, einen riesigen Ballen Heu schleppen muss und dabei nicht den glücklichsten Eindruck macht.

Wohlgemerkt handelt es sich hierbei nicht um Einzelfälle. In Anatolien ist es noch immer üblich, dass Frauen ihre Männer mit »Efendi«, mein Herr, ansprechen und dabei ehrfurchtsvoll zu Boden schauen. Man lebt seit Jahrhunderten nach klar vorgegebenen Regeln und die Familie nimmt die zentrale Rolle ein. Schon den Kleinsten wird beigebracht, dass die Familie über allem steht. Selbst das Leben eines Singles kann schon als Provokation verstanden werden, da es sich nicht, dem traditionellen Verständnis folgend, im Kollektiv der Familie abspielt. Sie ist das Herzstück der Gesellschaft und sorgt mit beispielloser Solidarität für den Einzelnen. Ein Grund, warum man in Anatolien so gut wie keine Bettler sieht.

Doch das Gemeinschaftsgefüge hat nicht nur Vorzüge. Die Rollen und Pflichten der einzelnen Familienmitglieder sind ungleich stärker festgelegt als in der westlichen Welt und abweichendes Verhalten wird selten toleriert. Aus Sicht vieler Frauen ist die Familie eher eine Kontrollinstanz. Ein Organ, in dem der Vater das Gesetz spricht, als dessen Wächter die Brüder fungieren. In der Zeit, in der wir in Anatolien unterwegs sind, überschattet ein trauriges Ereignis, das sehr bezeichnend scheint, die Region. In dem kleinen Dorf Bilgeköy, nahe der syrischen Grenze, wurden 44 Teilnehmer einer Hochzeitsfeier erschossen oder kamen durch Handgranaten ums Leben, nur weil ein Mann aus der Familie der Täter zuvor als Bräutigam abgelehnt wurde. Die Beschmutzung der Familienehre wurde als Tatmotiv angegeben.

Anatolien ist wirtschaftlich nicht sonderlich stark aufgestellt. Die wenigen Menschen, die bei stetig steigender Arbeitslosenquote das Glück haben, eigenes Geld zu verdienen, müssen oftmals auch den Rest der Großfamilie durchbringen. Bei einem monatlichen Durchschnittseinkommen von 400 Euro eines Landwirts oder Lkw-Fahrers fragt man sich, wie die Menschen ohne staatliche

Hilfen über die Runden kommen. Man sieht verhältnismäßig viele Bauern, die anstatt Traktoren wieder Esel bei der Arbeit einsetzen. Dieser Rückschritt ist in der Türkei mittlerweile überall zu beobachten. Grund dafür ist aber keineswegs ein ausgeprägtes Umweltbewusstsein, sondern es sind die steigenden Kraftstoffpreise. Sie zwingen immer mehr Landwirte dazu, ihre Felder mit Eseln zu beackern. Man muss dazu wissen, dass die Türken weltweit die höchsten Preise für Benzin und Diesel zahlen und ein Liter Super knapp an der Zwei-Euro-Marke kratzt, also gut 60 Cent mehr als in Deutschland kostet. Binnen eines Jahres schoss die Nachfrage nach den Vierbeinern in ungeahnte Höhen. Der Eselpreis vervielfachte sich. Kostete ein Esel laut Angaben des türkischen Landwirtschaftsamtes zu Beginn des Vorjahres noch durchschnittlich 26 Euro auf den Märkten, so explodierte der Preis innerhalb weniger Monate auf über 180 Euro.

Als in frühgeschichtlicher Zeit die anatolische Hochebene zwischen Schwarzem Meer und Taurusgebirge noch von Vulkanen beherrscht wurde, begann der Entstehungsprozess einer ganz besonders bizarren Landschaftsform. Eine dicke Asche- und Lavaschicht überzog die Erde in der Region des heutigen Kappadokiens. Wind und Wasser machten sich fortan ans Werk und erschufen im Laufe von Millionen von Jahren die hohen Säulen und Kegel. Vermutlich in der frühen Bronzezeit kam der Mensch und entdeckte, mit welcher Leichtigkeit sich das weiche Gestein mit den neuartigen Werkzeugen seiner Zeit bearbeiten ließ. Die ersten Höhlen wurden tief in den Berg geschlagen. Sie boten Schutz vor der strengen Winterkälte und im heißen Sommer waren die Temperaturen im Inneren der Erde angenehm kühl. Den Höhepunkt der Siedlungsgeschichte erlebte Kappadokien im 4. Jahrhundert, als frühe Christen, verfolgt von den einfallenden Arabern, ideale Zufluchtsmöglichkeiten fanden. In einer Tiefe von bis zu 100 Metern unter der Erdoberfläche entstanden auf bis zu zwölf Stockwerken gigantische Siedlungen, in denen zeitweise 30 000 Menschen lebten – kleine Menschen, wie wir selbst feststellen, als wir dieses architektonische Meisterwerk mit eingezogenem und teilweise angestoßenem Kopf erkunden. Noch heute kann man die Höhlenkirchen betreten, in denen die damaligen Bewohner ihre Religion ausübten.

Lange Zeit lässt nichts darauf schließen, dass uns in Kappadokien ein außergewöhnlich bizarres Naturspektakel erwartet. Wir fahren durch eine Landschaft, die sich kaum von der typischen Weite Anatoliens unterscheidet. Zunächst denke ich noch, wir hätten uns verfahren, da ich nichts entdecken kann, was ich als ungewöhnlich bezeichnen würde. Dies ändert sich jedoch schlagartig, als wir den Rand des Naturparks erreichen. Erste Steinformationen werden sichtbar, die anfangs nur aus ein paar Findlingen bestehen, dann aber wie immer größer werdende, versteinerte Pilze aus dem Boden wachsen. Wir fahren um eine letzte Kurve und plötzlich liegt die ganze Schönheit unseres Etappenziels zu unseren Füßen. Wir sind überwältigt von dem Anblick, der sich uns bietet. An einer günstigen Stelle müssen wir anhalten, um den Moment aufsaugen zu können. Eine märchenhafte Traumwelt aus Stein, wie auf einem anderen Planeten. Die mineralstoffreichen Felsen leuchten in den verschiedensten Farben. Aluminium- und Eisenvorkommen sorgen für die tiefrote bis rosa Färbung und Sulfat lässt die Landschaft an anderer Stelle ockerfarben und gelblich schimmern. Überall ragen die »Feenkamine«, wie die phallusartigen Gesteinstürme in der türkischen Sprache genannt werden, empor. Die Bezeichnung »Feenkamine« entstand übrigens vor einigen Hundert Jahren, als Kreuzritter ins Land kamen und aus den sonderbaren Steinsäulen Rauch aufsteigen sahen. Das konnten sie sich nur dadurch erklären, dass sie Fabelwesen annahmen, die unter der Erde ihre Feuer entzündeten.

Man muss schon sehr genau hinschauen, um die Ortschaft Göreme, das Zentrum des Nationalparks, überhaupt zu entdecken. Ein Großteil der Wohnungen ist nach wie vor in den Höhlen gelegen. Der Rest setzt sich aus niedrigen Häusern zusammen, die sich im Farbton kaum wahrnehmbar von den umgebenden Gesteinsformationen unterscheiden. Für türkische Verhältnisse wurde so sorgsam gebaut, dass man meinen könnte, die UNESCO habe die Bauaufsicht geführt.

Noch legt der Massentourismus eine Pause ein und es herrscht eine besinnliche Ruhe, bevor mit Beginn der Sommerferien die Urlauber über den kleinen Ort herfallen werden. Die Auswahl an reizvollen Unterkünften ist daher groß und die Übernachtungspreise zu unserer Freude überraschend gering. Wir kommen nach einer nur kurzen Suche im »Cappadocia Dora Motel« unter. Da es für zwei gemeinsam reisende Männer ein wenig zu romantisch wäre, in einer mit Fellen ausgelegten Höhle das Nachtlager zu teilen, und wir verhindern möchten, dass man im Dorf über uns redet, entscheiden wir uns für ein schlichtes Doppelzimmer. Vielleicht wollen wir aber auch einfach nur sparen.

Während die Sonne am nächsten Morgen über die Berge gekrochen kommt, sitzen wir bereits auf der Dachterrasse des Hotels und genießen bei einem üppigen Frühstück die phänomenale Aussicht. Die Felsen erstrahlen in warmem Licht und noch lassen sich nur wenige Menschen auf den Straßen blicken. Ein knappes Dutzend Heißluftballons steigt von einer nahe gelegenen Wiese in den klaren Himmel. Noch ist es so still, dass man das Fauchen der Gasbrenner und die Gespräche der langsam über uns Dahinschwebenden verstehen kann. Auch wir hätten große Lust, die Natur aus der Vogelperspektive zu bewundern. Da wir uns aber weder 250 Euro für eine 60-minütige Fahrt leisten können noch heiß darauf sind, anschließend mit Champagner anzustoßen, brechen wir mit unseren treuen motorisierten Eseln auf. Unsere Seitenkoffer haben wir derweil abgebaut und die komplette Ausrüstung im Hotelzimmer deponiert. Mit rund 40 Kilo weniger Gewicht unterwegs zu sein, multipliziert den Spaßfaktor um ein Vielfaches. Obwohl unsere Motorräder von Natur aus mit 226 Kilo keine Leichtgewichte sind, ist ein deutlicher Unterschied im Fahrverhalten zu spüren.

Noch sind keine Fußgänger in dem beliebten Wandergebiet

unterwegs und wir haben das weitläufig verzweigte Wegenetz für uns allein. Ohne jemanden zu stören, durchkämmen wir die Rote Schlucht und fahren tief hinein ins Weiße Tal. Rot blühende Oleanderbüsche stehen im farblichen Kontrast zum kräftigen Gelb und Weiß der Raps- und Kartoffelfelder. Wir lassen es krachen und fahren für unsere Verhältnisse ungewohnt nah am Limit.

Pünktlich zum Sonnenuntergang kehren wir zu unserem Hotel zurück. Die Tatsache, dass von nun an jedes Bier das letzte sein könnte, da uns in den vor uns liegenden Ländern eine längere Abstinenz bevorsteht, verstärkt den Wunsch, die Kneipenqualität genauestens zu inspizieren. Das, was Göreme an kleinen Tavernen und Bars zu bieten hat, macht einen vielversprechenden Eindruck. Kurz nachdem der Muezzin sich unüberhörbar zu Wort gemeldet hat, scheint das Leben zum Erliegen gekommen zu sein. Im Licht der Straßenlaternen begegnen uns nur ein paar streunende Hunde, ein Bauer auf einem klappernden Eselskarren und zwei japanische Touristen mit einem Reiseführer in der Hand. Nach einem traditionellen Festschmaus, einer Art pikantem Gulasch mit diversen Gemüsesorten, Knoblauch und Gewürzen, das in einem geschlossenen, mit einem Hämmerchen zu öffnenden Tonkrug serviert wird, machen wir Station in der »Flintstones Bar«, einer sympathischen Höhlenkneipe, deren Namen man nicht treffender hätte wählen können. Im schummrigen Licht flackernder Öllampen lauschen wir orientalischer Musik, die sich mit westlichen Alternative-Klängen vermischt. Nach dem Genuss einiger Efes Biere und einer Wasserpfeife lassen wir den Abend ausklingen und schwanken zurück ins Hotel.

Habe ich eigentlich Angst vor Hunden? Ich weiß nicht, ob ich mir diese Frage jemals gestellt habe. Vermutlich hätte ich sie bis zu genau dem Moment mit »Nein« beantwortet, in dem wir im kurdischen Hinterland die erste Bekanntschaft mit den Kangals machen – einer Hunderasse, deren Vertreter auf den Hinterläufen stehend locker einen Menschen überragen können und die in Anatolien dazu eingesetzt wird, Viehherden gegen Bären und Wölfe zu verteidigen. Kurz: Hunde, die nicht allzu viele Generationen vom Wolf trennen.

Als ich an einem Berghang anhalte, um einen Schäfer auf die Speicherkarte meiner Kamera zu bannen, der sich, gefolgt von seiner Schafherde, flink entlang eines Schneebrettes bewegt, kommt Carsten mit Vollgas an mir vorbeigedonnert. Wie besessen betätigt er die Hupe und ruft mir etwas Unverständliches zu, von dem ich nur »Fahr! Fahr! Fahr!« verstehe. »Mein Gott«, denke ich, »was um alles in der Welt ist denn in den gefahren?« Ein Blick in den Rückspiegel beantwortet mir diese Frage. Auf vier Pfoten kommt das drohende Unheil auf mich zugeprescht. Die Weisheit beherzigend, dass böse Hunde nicht bellen, muss es sich hier um ein wirklich hochgefährliches Exemplar handeln. Mit gebleckten Zähnen kommt der Köter auf mich zugerast. Außer den Krallen, die laut über den Asphalt schaben, gibt er keinen Mucks von sich. Scheinbar werde ich als Eindringling betrachtet, den es zu stellen gilt. Mit hektischen Handgriffen bringe ich das Motorrad zum Laufen und gebe Gas. Gerade noch rechtzeitig schaffe ich es aus der Gefahrenzone. Ein paar Meter rennt das riesige Vieh neben mir her und peilt, ob es meine Wade zu fassen bekommt. Erst mit größer werdendem Abstand verliert es das Interesse an mir und kehrt wieder um. Diese Lektion habe ich gelernt und frage mich, wie ein Radfahrer dieselbe Situation wohl handhaben würde.

Ja, das wilde Kurdistan ist kein ungefährliches Pflaster. Davon wusste immerhin schon Karl May zu erzählen, ohne dass er jemals dort gewesen war. Wäre er nämlich dort gewesen, so hätte er sicherlich auch von einer weiteren Gefahr berichtet, vor der mich ein Freund noch am Tag der Abfahrt auf der Domplatte warnte: »Nimm dich vor den Steine werfenden Kindern in Kurdistan in Acht.« Ich tat die Information mit einem gleichgültigen »Ja, ja, mach ich!« ab, da ich sie als landestypische Besonderheit ohne Gefahrenpotenzial einstufte. Etwa so wie die Ladyboys in

Bangkok oder die Klippenspringer in Acapulco. Ich hätte seinen Worten mehr Bedeutung beimessen sollen, denn sie sind schlagartig wieder präsent, als ein hühnereigroßer Stein nur knapp meinen offenen Helm verfehlt. Aus dem Augenwinkel kann ich noch ein paar Rotzlöffel erkennen, die zu neuen Steinen greifen und auch Carsten unter Beschuss nehmen.

Während uns die Kinder in den übrigen Teilen der Türkei bislang alle freundlich zuwinkten und das typische »Hello Mister!« zur Begrüßung riefen, so ändert sich dies im kurdischen Teil des Landes grundlegend. Mehrfach werden wir attackiert. Ich frage mich, ob es eine gute Idee wäre, einen der Jungen mit einem beherzten Griff am Ohr zu den Eltern zu führen. Doch da die Kinder bei ihren Steinwürfen oftmals von Erwachsenen beobachtet wurden und selbst diese darüber lachten, anstatt einzuschreiten, glaube ich nicht, dass den Schuldigen verdientermaßen der Arsch versohlt würde. Ich frage mich, was es mit diesen Attacken auf sich hat. Ist es eine Form von Fremdenfeindlichkeit? Kann man uns nicht von den verhassten türkischen Soldaten unterscheiden? Wäre es ein Einzelfall, dann würde ich die Steinwürfe als gefährlichen »Dummejungenstreich« abtun. So aber fahre ich mit gemischten Gefühlen durch diesen eigentlich so schönen Teil der Türkei, den die Kurden als den ihren betrachten.

Das massive Truppenaufgebot des türkischen Militärs ist ein Anblick, an den man sich im Osten des Landes erst einmal gewöhnen muss. Etwa 300 000 Soldaten – das entspricht gut der Hälfte der türkischen Armee – sind dauerhaft in dem Krisengebiet stationiert, um ein Erstarken der Rebellengruppen der Arbeiterpartei Kurdistans (PKK) zu verhindern. Die unter anderem von der Europäischen Union als »terroristische Vereinigung« eingestufte Untergrundbewegung versucht seit Jahrzehnten, mit Waffengewalt die politische Autonomie kurdisch besiedelter Gebiete zu erkämpfen. Ständig begegnen wir Einheiten der türkischen Armee, die Stärke demonstrieren. Mit automatischen Waffen und gesicherten Sandsackstellungen für etwaige Schusswechsel hier, gepanzerten Patrouillen und Straßensperren dort.

Auch wir werden mehrfach von ihnen angehalten. Doch immer, wenn wir unsere deutschen Pässe zeigen oder sagen, aus welchem Land wir kommen, wird aus der strengen Kontrolle eine freundliche Einladung zum Tee. Anstatt uns wie eine potenzielle Gefahr zu behandeln, fordern uns die Respekt einflößenden Infanteristen auf, mit ihnen zwischen Sandsäcken und Munitionskisten Chai zu schlürfen – das frisch aufgebrühte Nationalgetränk. Einige der Soldaten sind in Deutschland geboren und leisten hier ihren Wehrdienst ab. Einer von ihnen fragt uns, ob wir Schokolade dabeihätten. »Schokolade?«, frage ich ihn irritiert, »wieso Schokolade?« Er habe an unseren Nummernschildern erkannt, dass wir aus Köln kommen, klärt er uns auf. »Was hat das mit Schokolade zu tun?«, möchte ich wissen, worauf er antwortet, dass er in Frankfurt geboren sei und vor ein paar Jahren seine Tante in Köln besucht habe. Das Schokoladenmuseum habe ihn völlig fasziniert und er dachte, dass Kölner überdurchschnittlich viel Schokolade essen.

Wir reden lange auf Deutsch über Gott und die Welt und lachen sehr viel dabei. Ab und an springen die Soldaten auf und gehen in Habtachtstellung, während hochrangige Offiziere den Verschlag betreten. Scheinbar nur, um uns erfreut die Hand zu schütteln. Wir genießen diese ungewöhnlichen Begegnungen sehr, obwohl wir um den ernsten Hintergrund ihrer Stationierung Bescheid wissen. Nach ein paar Fotos, auf denen wir Arm in Arm mit ein paar Soldaten vor einem Schützenpanzer oder einem Artilleriegeschütz posieren, geht die Reise weiter. Nur wenige Kilometer später werden wir erneut gestoppt. Diesmal haben die jungen Soldaten bereits ein Grinsen auf den Lippen, anstatt des sonst versteinert ernsten Gesichtsausdrucks. Scheinbar hat es über Funk die Runde gemacht, dass wir uns gerne auf einen Tee einladen lassen. Wir sind eine willkommene Abwechslung zum eintönigen Wachdienst, den sie schieben müssen.

»Chai?«, ruft uns ein älterer Offizier von einer Sandsackfestung aus zu. Wir schauen ihn an und heben den Daumen. So geht es den ganzen Tag. Irgendwann lehnen wir die freundlichen Einladungen jedoch auch ab, weil wir wirklich keinen Tee mehr sehen können.

Wir erreichen am späten Nachmittag des nächsten Tages das westliche Ufer des auf rund 1720 Metern Höhe gelegenen Vansees. Von der Stadt Tatvan aus wollen wir parallel zu der etwa 150 Kilometer langen Südküste des Sees fahren. Nachdem wir zwischenzeitlich den 2234 Meter hohen Kuskunkiran-Pass, mit spektakulären Ausblicken auf die schneebedeckte Bergwelt, überquert haben, teilt Carsten mir bei einem Halt mit, dass mit seinem Motorrad etwas nicht stimmt. Ungewöhnlich viele Fehlzündungen und ein deutlicher Leistungsverlust mit jedem weiteren Höhenmeter lassen auf ein Vergaserproblem schließen. Wir stimmen überein, uns bei der nächsten sich bietenden Gelegenheit einen Lagerplatz zu suchen, obwohl wir an diesem Tag noch ewig weiterfahren könnten. Zu gigantisch sind die Ausblicke.

Kurz hinter der Ortschaft Gevaş fällt uns eine große Wiese oberhalb des Seeufers auf, die sich uns als Lagerplatz geradezu aufdrängt. Nur mit Mühe und Not kann Carsten mir den Weg dorthin folgen. Neben einem frisch bepflanzten Acker machen wir uns ein Bild über das Ausmaß des Schadens. Wir breiten eine große Baumarktplane aus und legen nach und nach alle abmontierten Teile sowie das Werkzeug darauf. Schnell sind Tank, Sitzbank und Verkleidung abmontiert. Unsere Hoffnung, dass es sich auch diesmal nur um einen losen Luftfilterkasten handelt, wird leider nicht bestätigt. Nachdem wir den Vergaser geöffnet haben, steht schnell fest, dass es komplizierter ist: eine defekte Vergasermembrane, ein wirklich ernsthaftes Problem. Gleich mehrere Risse und Löcher haben das fragile Kunststoffteil durchsetzt und unbrauchbar gemacht.

Wie es auf Reisen immer so ist, hat man natürlich nie das

Teil dabei, das kaputtgegangen ist. Selbst wenn man 99 Prozent aller nur erdenklichen Ersatzteile dabeihätte, so zumindest sieht es Murphys Gesetz vor, macht garantiert das Teil Scherereien, das eigentlich nicht kaputtgehen kann und für das man keinen Ersatz dabeihat. Hinzu kommt, dass solche Defekte immer außerhalb der Reichweite gut ausgerüsteter Werkstätten auftreten. Es ist echt wie verhext. Nach langem Reflektieren aller Zweiradinformationen, die ich irgendwann einmal gespeichert habe, stoße ich in den verstaubten Ecken meines Hirns auf einen vielversprechenden Hinweis: Angeblich, so erinnere ich mich, soll man das Problem mit verstärkten Kondomen und Fahrradflickzeug in den Griff bekommen können. So weit, so gut, Flickzeug haben wir dabei. Doch wo um alles in der Welt soll man im erzkonservativen Osten der Türkei verstärkte Kondome auftreiben? Allein der pantomimische Erklärungsversuch würde, wenn man an die falsche Person geriete, vermutlich in einem Desaster enden. Selbst wenn wir die Membrane – womit auch immer – flicken könnten, bei mehr als 20 000 Kilometern, die noch vor uns liegen, wäre dies keine zufriedenstellende Lösung. Doch was sollen wir nun tun? Professionelle Hilfe in Anspruch nehmen oder doch einen Improvisationsversuch wagen?

Wir entscheiden uns für Ersteres und wählen die Notrufnummer des ADAC. Kein Empfang. Wir fahren also mit meinem Motorrad in den nächstgelegenen Ort und versuchen es erneut. Nach mehreren sehr umständlichen Telefonaten mit der Geschäftsstelle in Istanbul kann man uns lediglich die Adresse eines Daihatsu-Autohauses in der nahe gelegenen Stadt Van nennen. Am folgenden Morgen packen wir alles wieder zusammen und brechen auf. Nur mit Mühe und Not gelingt es Carsten, auf dem Weg dorthin sein Krad bei Laune zu halten.

Die Provinzhauptstadt Van am Ufer des nach ihr benannten Sees entbehrt wirklich jeglicher Schönheit. Zweifellos gehört sie zu den trostlosesten Orten, die wir auf der bisherigen Reise überhaupt gesehen haben. Mal abgesehen von dem etwa fünf

Kilometer entfernten See und der angepriesenen Werkstatt hat sie wirklich rein gar nichts zu bieten, was einen längeren Aufenthalt rechtfertigen würde. In dem Moment, in dem wir das Ortsschild passieren, freue ich mich schon darauf, die Stadt wieder zu verlassen. Je schneller, desto besser. Schon komisch, dass einen das Pech immer nur an trostlose Orte verschlägt – oder hat irgendjemand schon mal von einer Panne an der Copacabana oder auf Sylt gehört?

Fast schon hektisch macht sich der Geschäftsführer der Daihatsu-Autovertretung auf die Suche nach einem Angestellten, der zumindest das Grundschulniveau der englischen Sprache beherrscht. Tatsächlich ist Englisch hier kaum verbreitet – doch niemanden zu treffen, der Deutsch versteht, ist für die Türkei schon höchst unüblich. Dabei wurden wir doch in den letzten Tagen immer wieder von einem bunten Potpourri bekannter deutscher Dialekte gegrüßt. »Servus«, »Morsche« oder »Moin, Moin« – die vielen in Deutschland lebenden Türken, die auf Verwandtschaftsbesuch oder nach vielen Arbeitsjahren wieder in ihre Heimat zurückgekehrt sind, machten den Gebrauch der wenigen mühsam gepaukten türkischen Vokabeln überflüssig. Unter Zuhilfenahme einer kleinen Bleistiftskizze und einiger Geräusche, die Carsten verblüffend gut imitieren kann, gelingt es uns dennoch, dem Geschäftsführer und seinen Angestellten das Problem zu schildern. Dank flinker Finger ist die Membrane schnell wieder ausgebaut und sämtliche Mitarbeiter sowie ein paar nach und nach eintrudelnde Kunden wollen sich an der Lösungsfindung beteiligen. Diese zieht sich jedoch in die Länge. Ein Tee nach dem anderen wird uns serviert, während die Belegschaft endlose Telefonate führt. Die Zeit vergeht und nach mehreren Stunden und einigen Litern Tee im Bauch glaube ich zu wissen, dass das Sprichwort »Abwarten und Tee trinken« in dieser Werkstatt seinen Ursprung hat.

Scheinbar, so interpretieren wir die Erklärungsversuche des Werkstattleiters, liegt ein entsprechendes Teil irgendwo außerhalb der Stadt auf Lager. Begleitet wird seine Aussage von einer weit ausholenden Geste, die darauf schließen lässt, dass es sich nicht gerade um die Nachbarschaft handelt. Man müsse es nur noch holen … Da wir keinen Tee mehr sehen können, den Mechanikern jedoch blind vertrauen, verschieben wir die endgültige Lösung des Problems auf den kommenden Tag. Zusammen mit einem Laufburschen des Autohauses, der ansonsten scheinbar ausnahmslos für die Teeversorgung zuständig ist, machen wir uns auf die Suche nach einem Hotel. In einer annehmbaren Unterkunft, an der es nichts zu beanstanden gibt, beenden wir den Tag.

Als wir am nächsten Morgen in die Werkstatt kommen, stehen annähernd 15 Personen hitzig diskutierend um die Motorräder herum. Wie sich herausstellt, sind sie nicht ohne Grund verschiedener Meinung. Bei dem gelieferten Teil handelt es sich nicht um eine Membrane für eine Yamaha XTZ 750 Super Ténéré, sondern um eine für die Suzuki VS 1400 Intruder, eine Karre mit fast doppelt so viel Hubraum. Um es mit Worten auszudrücken, die auch Nichtmotorradfahrer verstehen: Das Teil passt hinten und vorne nicht. Doch der Werkstattchef versteht es, uns mit gelassener Miene und wenigen Worten vom Gegenteil zu überzeugen. »Was nicht passt, wird passend gemacht«, scheint das Motto zu sein, nach dem hier gearbeitet wird. Mittels Feile, Nagelschere und Sekundenkleber, sprich: den Utensilien, die eine Frau für ihre Fingernägel verwendet, gelingt ihm doch tatsächlich der Einbau. Ein Provisorium wird kurzerhand zur Dauerlösung. Am frühen Abend, als das Motorengenie nach einer längeren Probefahrt den Zustand für gut befunden hat, gibt er grünes Licht für die Weiterfahrt. Noch ahnen wir nicht, dass dies der Auftakt einer lang anhaltenden Pechsträhne ist, die sich im Folgenden wie ein roter Faden durch einen großen Teil der Reise ziehen und unsere Freundschaft immer wieder an ihre Belastungsgrenze führen wird.

So dankbar wir allen auch sind, wir wollen definitiv noch heute die Stadt in Richtung iranische Grenze verlassen. Es gibt einfach keinen Grund, noch länger zu bleiben. Wir haben uns für den südlichen Grenzübergang zwischen Yüksekova und Sero entschieden. Dort soll laut Reiseführer die Abfertigung um einiges schneller über die Bühne gehen als am weiter nördlich gelegenen Übergang. Etwa 50 Kilometer hinter der Stadt legen wir an einem kleinen Fluss einen letzten Übernachtungsstopp ein, bauen unsere Zelte auf und sammeln Holz für ein kleines Lagerfeuer.

Wir blicken zurück auf eine grandiose Zeit in einem ebenso grandiosen Land. Ein Land mit Ecken und Kanten, keine Frage. Dafür aber voll aufrichtiger Freundlichkeit. Wir haben die Türkei mittlerweile der Länge und der Breite nach durchquert und dabei unzählige bleibende Eindrücke gewonnen. Wir lernten bemerkenswerte Menschen kennen, haben gefroren, geschwitzt, geflucht und viel gelacht. Die vergangenen Tage haben uns eindrucksvoll bewiesen, dass unsere türkischen Mitbürger in Deutschland völlig zu Recht so stolz auf ihr Heimatland sind. Was uns an Gastfreundschaft und Hilfsbereitschaft entgegengebracht wurde, lässt sich kaum in Worte fassen. Zukünftig werde ich mich nicht mehr genervt in die Wohnung zurückziehen, wenn sich die Kölner Straßen aufgrund eines türkischen Fußballerfolges in ein rot-weißes Fahnenmeer verwandeln. Im Gegenteil.

Welcome to Iran

Kein anderes Land hat vor Beginn der Reise solch unterschiedliche Reaktionen in meinem Bekanntenkreis ausgelöst wie der Iran. Diejenigen, die schon viel in der Welt herumgekommen sind, sangen wahre Lobeshymnen auf das alte Persien und prophezeiten mir eine Gastfreundschaft, die in dieser Form auf dem ganzen Globus ihresgleichen suche. Die überwiegende Mehrzahl meiner Bekannten und Freunde konnte mit dem Land jedoch nur sehr wenig bis gar nichts anfangen und um genau zu sein, gelang es den meisten noch nicht einmal, den Iran und den benachbarten Irak auseinanderzuhalten. Der Berichterstattung unserer Medien sei Dank, ist das Bild, das wir von diesem Land in unseren Köpfen tragen, von Krieg, Terror und hasserfüllten Extremisten geprägt. Zwar sollte sich die eigene Meinung stets auf persönliche Erfahrungen stützen, doch in diesem Fall muss ich zugeben, dass sie nicht ganz frei von Bedenken und Vorurteilen ist.

Wir betreten den Iran im äußersten Nordwesten des Landes, in der Provinz West-Aserbaidschan. Mit einem warmen, ja fast schon weiblich sanften Händedruck werden wir willkommen geheißen. »Welcome to Iran«, so der junge Grenzbeamte, der seinen Worten mit einer leichten Verbeugung noch mehr Bedeutung verleiht. Auch seine Kameraden, die mitbekommen haben, dass wir aus Deutschland kommen, freuen sich sichtlich, uns die Hand zu geben. Einer von ihnen verbindet bei seiner Begrüßung, über das ganze Gesicht strahlend, die Zeigefinger der linken und rechten Hand wie beim Fingerhakeln miteinander und betont, dass Iraner und Deutsche Brüder seien – eine Geste, mit der uns die Bewohner des Landes noch zigmal auf dieser Reise ihre Verbundenheit ausdrücken werden. Ich bin gerührt von dem herzlichen Empfang. Ein Schurkenstaat soll das also sein, geht es mir durch den Kopf, der »Vorposten der Tyrannei« oder gar die »Achse des Bösen« , wenn man den Metaphern Glauben schenkt, die zu den Altlasten der ungeliebten Bush-Administration gezählt werden dürfen.

Nach einem kurzen Blick in unsere Pässe werden wir von zwei Uniformträgern ins Verwaltungsgebäude begleitet. Unter einem mächtigen Wandteppich, der in kunstvoll geknüpfter Detailarbeit das Porträt des Revolutionsführers Ajatollah Khomeini zeigt, sitzt ein schmächtiger älterer Herr. Höflich bietet er uns einen Tee an und macht sich sogleich daran, unsere Carnets, die internationalen Zolldokumente für die Einfuhr der Fahrzeuge, mit den nötigen Stempeln zu versehen. Lediglich eine halbe Stunde nimmt die Abwicklung nebst einem flüchtigen Blick in unsere Koffer in Anspruch. Ein Hochgefühl kommt auf, als wir endlich in dieses so umstrittene Land einreisen dürfen.

Es gilt nun ein paar organisatorische Dinge zu klären. Zunächst brauchen wir Geld. Da Kreditkarten im Iran völlig wertlos und Geldautomaten ausschließlich den Einheimischen vorbehalten sind, müssen wir eine ausreichende Menge Bargeld tauschen. Es bietet sich an, die Dienste der Geldwechsler in Anspruch zu nehmen. Wie an fast allen Grenzen der Welt, muss man nicht lange nach den schlitzohrigen Geschäftemachern Ausschau halten. Ein gutes Dutzend von ihnen stürzt sich sogleich auf uns. Bei unseren Verhandlungen erweist es sich als äußerst hilfreich, dass ich mir zuvor die aktuellen Wechselkurse aller relevanten Währungen dieser Reise auf einen Zettel notiert habe, der neben ein paar Fotos meiner Freundin auf der Innenwand meiner Seitenkoffer klebt. Dank dieser Information gelingt es den Geldwechslern nicht, uns mit einer zufällig nach vorne gerutschten Kommastelle übers Ohr zu hauen. Pro Hundertdollarschein bekommen wir ein pralles Bündel iranischer Rial ausgehändigt, das kaum in unsere Hosentaschen passt.

In den kommenden Tagen sollen wir die einzigartige Erfahrung machen, dass unser getauschtes Geld einfach nicht weniger wird. Wir können es anfangs nicht fassen, dass wir pro Tag nur einen Bruchteil dessen ausgeben, was wir eigentlich veranschlagt hatten. Nach den exorbitanten Spritpreisen in der Türkei, wo ein Liter Superbenzin so teuer wie nirgendwo sonst auf der Welt ist und gut 30 Prozent über den Preisen in Deutschland liegt, kann man das Tanken im Iran als eine wahre Wohltat bezeichnen. Mit umgerechnet 7 Cent pro Liter ist der Kraftstoff so günstig wie sonst kaum irgendwo. Obwohl Benzin rationiert ist und man als Ausländer, der keine Tankkarte besitzt, offiziell den vierfachen Preis zahlen muss, bekommt der Geldbeutel kaum etwas davon mit, wenn man den Tank bis zur Oberkante füllt.

Aber nicht genug, dass der Kraftstoff so billig ist. Mehrfach kommt es sogar vor, dass wildfremde Menschen uns zum Tanken einladen möchten. Etwas Vergleichbares habe ich noch nie erlebt. Man wird ja ab und an schon mal zu einem Kaffee eingeladen, mit ein wenig Glück vielleicht zu einer Mahlzeit – aber zum Tanken? Einmal gehen wir zum Kassenhäuschen einer Tankstelle, um unsere Rechnung zu begleichen, doch der Tankwart winkt ab und sagt ohne große Emotionen, man habe bereits für uns bezahlt. Dabei deutet er auf einen Mann, der an einer der anderen Zapfsäulen auf der gegenüberliegenden Seite steht. Der winkt uns lachend zu, hebt den Daumen und steigt in sein Auto. Dann fährt er davon. Einfach so.

Heftiger Seitenwind aus den nahen Bergen drückt mit aller Macht auf uns, als wir entlang des Urmiasees in Richtung Süden rollen. Nur mit Ach und Krach gelingt es uns, die Spur zu halten. Immer wieder werden wir von gewaltigen Böen erfasst, die uns kräftig durchschütteln und gefährlich nahe an die vorbeidonnernden Lkws drängen. Schlimmer als der starke Wind ist jedoch die schlagartig neue, verheerende Verkehrssituation. Was die Verkehrsdisziplin und Fahrweise der Iraner betrifft, so gehen mir an dieser Stelle die negativen Superlative aus. Ich habe schon in vielen Ländern über das jeweilige Verhalten der Autofahrer gestaunt. So empfand ich früher die Fahrweise der Franzosen oder Italiener als schlimm. Eine Steigerung fand ich in Mexiko und den vorläufigen Höhepunkt in China. Doch der hiesige Verkehr, so man ihn denn überhaupt als solchen bezeichnen kann, ist mit nichts Bisherigem zu vergleichen und unterliegt uns gänzlich unbekannten Gesetzmäßigkeiten. Man könnte das, was einen auf iranischen Straßen erwartet, eher als kriegsähnliche Zustände beschreiben. Überholt wird überall und ständig – selbst wenn ein Lkw entgegenkommt, geht man Risiken ein, die Todessehnsucht vermuten lassen. Auf Schnellstraßen und Autobahnen scheint es zudem völlig normal zu sein, dass der Standstreifen vom Gegenverkehr genutzt wird oder sogar Schäfer ihre Herden darübertreiben.

Am schlimmsten sind jedoch die Kreisverkehre. Sie setzen allem, was ich bisher gesehen habe, die Krone auf. Als wir uns in der grenznahen Stadt Urmia dem ersten dieser Verkehrsknotenpunkte nähern, fühlen wir uns zunächst völlig überfordert und wir sind fassungslos, als wir das scheinbar unüberwindliche Hindernis betrachten. Immer neue Busse, Autos, Karren, Lastwagen, Motorräder, Hunde, Fahrräder und Fußgänger kommen von allen Seiten hinzugeströmt und nicht einer der Verkehrsteilnehmer verhält sich so, wie es die Logik eines Kreisverkehrs gebieten würde. Selbst in einem voll besetzten Autoscooter geht es disziplinierter zu. Rechts und links werden wir blind überholt, rücksichtslos abgedrängelt und geschnitten. Kreuz und quer, vor und zurück – es bedarf einiger Extrarunden, bis wir dem heillosen Durcheinander nass geschwitzt, aber unfallfrei entkommen können.

Um sich einigermaßen anzupassen, so stellt man schnell fest, ist man am besten beraten, ebenfalls sämtliche Regeln zu missachten. Konzentriert setzen wir die Fahrt fort und sind ständig auf der Hut vor der Unberechenbarkeit der anderen. Immer wieder kommen wir an verrosteten Autowracks oder umgekippten Lkws im Straßengraben vorbei. Angesichts dieser Bilder betrachtet man es einfach nur als logische Konsequenz, dass der

Iran – proportional zur Bevölkerung gesehen – die meisten Verkehrstoten der Welt zu beklagen hat.

Am zweiten Tag im Land kommen wir irgendwo im Norden, nahe der Stadt Saqqez, an einer Unfallstelle vorbei, deren Anblick ich mir lieber erspart hätte. Ein alter Pkw ist kurz vor einem Dorf aus unerfindlichen Gründen frontal mit einem Lieferwagen zusammengekracht. Durch die Wucht des Aufpralls liegen überall Glassplitter und Trümmerteile herum. Vier mit Sturmgewehren bewaffnete Militärpolizisten haben den Unfallort gesichert und lotsen die wenigen Autos in Schrittgeschwindigkeit an den zwei völlig zerstörten Wracks vorbei. Am Straßenrand haben sich mehrere Schaulustige versammelt, die die Köpfe schütteln oder fassungslos die Hände vor den Mund halten. Ein Mann sitzt im Gras, streckt verzweifelt die Arme gen Himmel und schreit unaufhörlich zu Allah. Schwer vorstellbar, dass die Fahrer der beiden Fahrzeuge eben noch sorglos auf dieser Straße unterwegs waren und ein einziger Fehler, ein kurzer Augenblick, zwei Leben beendete.

Wir rollen weniger als zwei Meter neben den Fahrzeugen vorbei. Eine unheimliche Mischung aus dem Geruch von Öl, Kühlflüssigkeit und dem metallischen Aroma von Blut liegt in der Luft. Unglücklicherweise werfe ich einen Blick in das, was einmal ein Fahrzeug war. Inmitten der völlig deformierten Fahrgastzelle sehe ich dem Tod in sein finsteres Gesicht. Mit einer Zeitung haben die Ersthelfer versucht, die Würde der Verunglückten vor neugierigen Blicken zu schützen. Vergebens. Durch das Gewicht des aufgesogenen Blutes ist das Papier neben die Schulter gerutscht, auf der in unnatürlichem Winkel der Kopf des Toten ruht. Aus einem gespaltenen Schädel starren mich für einen kurzen Moment zwei leere Augen an. Ein kalter Schauder läuft mir über den Rücken und mein Magen dreht sich um.

In den folgenden Stunden vergeht mir der unbeschwerte Genuss am Motorradfahren. Der Anblick lässt mich nicht mehr los. Angestrengt und ängstlich konzentriere ich mich an diesem Tag darauf, keinerlei Fahrfehler zu machen. Ich gehe kein

Risiko mehr ein – kein unnötiges Überholen, keine schnellen Kurvendurchfahrten und vor allem ein übertrieben vorsichtiger Umgang mit dem Gasgriff. Die offensive Fahrweise der anderen Verkehrsteilnehmer lässt keinen Spielraum mehr, um die Fahrt genießen zu können. Immer wieder treiben finstere Gedanken ihr Unwesen in meinem Kopf. Ich bin froh, als der Tag endet und ich das Motorrad abstellen kann.

Wie schon im Osten der Türkei, kommen wir auch im Iran immer wieder mit der Polizei oder dem Militär in Kontakt. Wir lernen schnell, dass uns bei deren Kontrollen allein das Wort »Almania« eine Art Sonderstatus beschert und wir nicht weiter kontrolliert werden. Es sind aufregende Kilometer, die wir im Norden des Irans zurücklegen. Noch ist es ungemütlich kalt und die Natur geht dementsprechend sparsam mit ihren Reizen um. Es wird wohl noch ein Weilchen dauern, bis die Blüte beginnt, die diesem fruchtbaren Teil des Landes einen bunten Anstrich verpassen wird. Obwohl wir bereits Anfang Mai haben, bewegen sich die Temperaturen im einstelligen Bereich. Seit mehreren Tagen hängen zudem diesige Nebelschleier tief in den Tälern, die keine überwältigende Fernsicht zulassen.

Trotz aller Schönheit der Natur: Der größte Schatz des Irans ist die Gastfreundschaft der Menschen. Das Interesse an Fremden ist riesig. Egal, wo wir anhalten, sei es zum Tanken, Essen oder Einkaufen, die Einheimischen suchen überall freundlich und in keiner Weise aufdringlich den Kontakt zu uns. Ob mit Polizisten, Mullahs, Studenten, Künstlern oder der einfachen Landbevölkerung – neben dem üblichen Small Talk (wohin wir fahren und woher wir kommen) entwickeln sich faszinierende Gespräche mit Tiefgang, die von einem hohen Bildungsstand zeugen. Überall finden sich Leute, die der englischen Sprache mächtig sind. Immer wieder fällt der Satz: »Almania very good.«

Natürlich war mir klar, dass einem die Berichterstattung deutscher Medien ein verschobenes Bild vom Iran vermittelt

– das eines zugegebenermaßen zweifelhaften Regimes, mit viel politischer Brisanz und selten fröhlichen Gesichtern. Doch dieses Bild deckt sich überhaupt nicht mit dem, was wir nun erleben. Allen gängigen Vorstellungen zum Trotz erleben wir den Iran als ein absolut sicheres Reiseland. Keine Spur von religiösem Fanatismus, kein Misstrauen gegenüber uns »ungläubigen« Fremden und weit und breit sind keine Fahnen verbrennenden Extremisten in Sicht, wie man sie im Fernsehen besonders dann häufig sieht, wenn Militärinterventionen gerechtfertigt werden sollen. Stattdessen werden wir mit einer offenherzigen Gastfreundschaft konfrontiert, die mir in dieser Form noch nirgends auf der Welt begegnet ist.

Den Iran zu bereisen heißt, ein unvorstellbar freundliches und friedliches Volk kennenzulernen und die negativen Vorurteile ein für alle Mal über Bord zu werfen. Dabei ist mir durchaus bewusst, dass das Land auch Schattenseiten hat. Ein Jammer, dass ein paar wenige Herrschende das Ansehen eines ganzen Volkes so beschädigen können.

Im üppig grünen Kangavartal, auf Höhe der Ortschaft Habibabad, lässt ein von der tief stehenden Sonne angestrahltes Bergplateau am frühen Abend einen tollen Lagerplatz vermuten. Wir biegen von der Hauptstraße ab und fahren durch ein kleines Dorf, bevor wir nach ein paar Hundert Metern über einen steilen Feldweg den auserwählten Hang erklimmen. Stehend umfahre ich dabei mehrere tiefe Schlaglöcher, bis ich mir einen deutlichen Vorsprung vor Carsten erarbeitet habe. Erster! Aus Spaß reiße ich die Arme zu einer Siegergeste hoch. Als ich im Rückspiegel jedoch sehe, wie weit mein Freund hinter mir liegt, wird mir klar, dass ihm sein Motorrad wieder Probleme bereiten muss. Als er mit Ach und Krach neben mir angekommen ist, würgt er den Motor ab und zieht seine Handschuhe aus. In hohem Bogen wirft er sie weg. Auch sein Helm fliegt auf den Acker. Mit kollabierender Stimme macht er seinem Unmut Luft. »So eine Scheiße hier! Ich hab die Schnauze voll! Weißt du was, ich setz mich in den nächsten Flieger und flieg heim.« Er hockt sich auf den Boden und schlägt sich die Hände vors Gesicht.

Ich bin geschockt von seiner heftigen Reaktion. Um das Gesagte zu verdauen, muss auch ich mich setzen. Eine quälend lange Weile vergeht, ohne dass auch nur ein einziges Wort gesprochen wird. »Was du eben gesagt hast, kann ja wohl nicht dein Ernst sein!«, breche ich das Schweigen. Doch bevor ich weiterreden kann, fällt er mir ins Wort. »Mann, du glaubst gar nicht, wie beschissen ich mich fühle! Ich bin wirklich kurz davor, aufzugeben. Scheiß doch auf das Motorrad hier. Von mir aus lass ich das Ding hier stehen.«

Innerlich koche ich vor Wut und spüre, wie mein Blutdruck steigt. Dann platzt mir der Kragen. »Jetzt halt verdammt noch mal die Klappe! Du willst nach Hause fliegen, ja? Einfach abhauen, nur weil nicht alles glattläuft? Weil das Teil defekt ist, das du vor der Abfahrt nicht kontrollieren wolltest. Dich jetzt einfach so verpissen? Ja, das willst du?« Er hebt seinen Blick und schaut mich überrascht an, so als wolle er mich bitten, leiser zu sein. »Nee, mein Freund! Vergiss es. Du kannst doch nicht aufgeben wollen, nur weil der Vergaser Probleme macht. Vielleicht ist diesmal ja die andere Membrane hinüber oder das eingeklebte Ding ist wieder lose. Vielleicht fährst du auch nur scheiße – was weiß ich? An irgendwas muss es ja liegen. Vom Rumjammern wird es jedenfalls nicht besser. Eins sag ich dir: Wir haben die Reise zusammen begonnen und wir werden sie auch zusammen beenden. Ende der Durchsage.«

Da stehen wir beide also am Fuße eines unbekannten Berges, in einem unbekannten Land, haben ein unbekanntes Problem und uns fällt nichts Besseres ein, als uns gegenseitig anzuschnauzen. Es ist einer der Momente auf Reisen, in dem man mir nichts, dir nichts vergessen hat, dass man sich doch eigentlich gerade einen Traum erfüllt. Manchmal kann es erschreckend schnell gehen und das lang ersehnte Gefühl von Freiheit und Abenteuer macht dem einer beklemmenden Abhängigkeit von Technik, Behörden oder dem Geldbeutel Platz. Ein Defekt wie dieser, der in der mit Ersatzteilen gut versorgten Heimat im Handumdrehen zu beheben wäre, wird hier plötzlich zu einem gewaltigen Problem. Wir werfen uns böse Wörter an den Kopf und zum ersten Mal seit Abfahrt kommt mir der unwillkommene Gedanke, dass unser Reisetraum auch platzen könnte.

Wir haben gerade das Werkzeug auf dem Boden ausgebreitet und wollen damit beginnen, den Tank abzubauen, als wir ein motorisiertes Zweirad sehen, das von weiter oben den Berg hinab auf uns zu gebrettert kommt. Ausgerechnet jetzt, da wir beide so sehr mit uns selbst beschäftigt sind, werden wir gestört. Offen gestanden würde es mich jetzt überfordern, freundlich zu einer fremden Person zu sein. Gastfreundschaft hin oder her – es gibt einfach Momente, da hat man das Bedürfnis, alleine zu sein. Das ist zwar traurig, entspricht aber leider nun mal den Tatsachen.

»Hello, hello!«, hören wir die Stimme schon von Weitem. Gefolgt von einem lang gezogenen Jubelschrei, der dem eines Indianers gleicht. Direkt neben uns hält ein strahlender junger Mann mit löchriger Hose und zerzausten Haaren an. Mit einem Ruck lädt er ein großes Bündel voller Grünzeug von seinem Lenker und steigt vom Motorrad ab. Staunend geht er um unsere Maschinen herum und begutachtet die in die Jahre gekommene Technik. Wortkarg und wenig freundlich antworten wir knapp auf seine Fragen und hoffen insgeheim, dass er weiterfährt.

Doch je länger wir uns gegenüberstehen und ich in sein strahlendes Gesicht blicke, desto mehr schäme ich mich für unser arrogantes Verhalten. Seine aufrechte Art und sein amüsanter englischer Akzent, der klingt, als habe er seine Sprachkenntnisse ausschließlich dem Hören von Rap-Songs zu verdanken, tragen zu einem Stimmungsaufschwung bei. Als wir Hadi, so stellt er sich vor, erklären, dass wir eine Panne haben und auf dem Feld die Nacht verbringen wollen, ist er entsetzt. »No, no, no!«, beharrt er, wobei sich sein ausgestreckter Zeigefinger wie ein Metronom hin- und herbewegt. »You sleep in my house«, sagt er, was mehr nach einer Aufforderung als nach einer Einladung klingt. Carsten und ich schauen uns kurz an und nicken uns zu. »Okay«, sage ich und bin froh darüber, dass wir über unseren eigenen Schatten gesprungen sind und nicht mehr so denken, wie wir es in Deutschland täten.

Fix packen wir unsere Sachen wieder zusammen und machen uns startklar. Die Lösung des technischen Problems verschiebt sich somit auf morgen. Unser Gastgeber lädt wieder das Bündel auf seinen Lenker und fährt hinab in Richtung Dorf. Wir folgen ihm, wobei Carsten zaghaft den Weg hinunterrollt. Mehrfach dreht Hadi sich um, so, als wollte er sich vergewissern, dass wir ihm auch folgen. Vor einem großen Gehöft in etwa einem Kilometer Entfernung stellt er sein Motorrad ab, öffnet ein schweres Tor und verschwindet für einen kurzen Augenblick im Inneren des Hauses – vermutlich um seine Familie von dem Besuch zu unterrichten.

Als Hadi zurückkehrt, ist er sichtlich stolz darauf, uns als seine Gäste zu begrüßen. Nur auf Socken betreten wir den spartanisch eingerichteten Wohnbereich und nehmen auf einem moosig weichen Perserteppich Platz, der etwas zu groß für den Raum geraten ist und an den Ecken etwa zehn Zentimeter übersteht. Die beiden Frauen des Hauses, seine Mutter und seine jüngere Schwester, sind damit beschäftigt, das Essen zuzubereiten, und begegnen uns eher zurückhaltend. Die Nachricht von unserer Anwesenheit scheint sich dafür wie ein Lauffeuer im Dorf verbreitet zu haben. Nach und nach tauchen weitere männliche Familienmitglieder und Freunde auf, die uns unbedingt begrüßen möchten. Mit ein wenig Englisch sowie der Zuhilfenahme von Händen und Füßen, der international verständlichsten aller Sprachen, berichten wir unseren wissbegierigen Gastgebern von unserer Reise, unseren bisherigen Eindrücken und unserem doch so ungleichen Heimatland.

Es kostet zunächst einiges an Überwindung und setzt viel Einfallsreichtum voraus, mit nur wenigen Gesten komplexe Zusammenhänge zu erklären. Doch es ist erstaunlich, wie gut dies immer wieder funktioniert und wie viel Spaß es beiden Seiten schließlich bereitet. Wie bei einem Pantomimespiel, bei dem man Begriffe erraten muss, sitzen wir uns gegenüber. Zudem packen wir Landkarten aus und ich zeige Fotos von Köln, von der Familie und von Freunden, die ich für solche Zwecke in einem winzigen Fotobuch mit mir führe.

Wir lernen auch, den Chai so zu trinken, wie es die Perser schon seit Ewigkeiten tun. Anders als in der Türkei, wird der Tee hier ohne Löffel zum Umrühren gereicht. Der Zucker wird, so zeigt es uns Hadi, nicht in dem Tee aufgelöst, sondern man steckt sich die groben Zuckerbrocken zwischen die Schneidezähne. So wird der Tee Schluck für Schluck gesüßt. Nachteil dabei ist jedoch, dass ungeübte Teetrinker, wie wir es sind, mit jedem Schluck ein ganzes Stück Zucker zu sich nehmen. Vielleicht ist das auch der Grund dafür, dass wir in den folgenden Tagen das Gefühl haben, unsere Hosen würden enger.

Nach einer Weile wird uns ein nicht enden wollendes Menü serviert. Die Einflüsse aus Arabien, Indien und China, die die iranische Küche so vielfältig machen, sind unverkennbar. Hühnchenfleisch mit Kardamomsoße, dünn geschnittenes gegrilltes Lammfleisch mit Safranreis und einer Granatapfel-Walnuss-Soße. Dazu ein wahrer Berg frischer Kräuter, gehackte Zwiebeln, Rosinen und Zitronen als natürliche Geschmacksverstärker. Mit schmierigen Fingern und Fetzen frischen Brotes schaufeln wir das köstliche Essen in uns hinein und nehmen irgendwann tief enttäuscht zur Kenntnis, dass eine zunehmende Sättigung einsetzt. Zu später Stunde, als sich alle Gäste wieder verabschiedet haben, sinken wir auf dem dicken Teppich in ein Meer aus Kissen und schlafen zufrieden ein. Dass dieser Tag so schön enden würde, hätte ich vor ein paar Stunden noch für absolut unmöglich gehalten.

Schon früh am anderen Morgen bereiten wir den Aufbruch vor. Carstens Motorrad läuft zumindest anfangs wieder so gut, als sei nichts gewesen. Wir halten es für eine glückliche Fügung des Schicksals und verzichten darauf, wieder den halben Motor auseinanderzunehmen. Obwohl die Feldarbeit auf Hadi wartet, hat er sich die schickste Garderobe für ein Abschiedsfoto übergestreift. Er im Anzug und wir in unseren dreckigen Motorradklamotten, so stehen wir Arm in Arm im Kräutergarten, während die Mutter mit der Handykamera ein Foto nach dem anderen knipst. Wir bekommen noch ein großes Proviantpaket mit verschiedenstem Gebäck in die Hand gedrückt und nachdem sie uns das Versprechen abgenommen haben, uns positiv an sie zu erinnern, verabschieden wir uns. Alle – auch die Frauen – stehen winkend vorm Haus und schauen uns nach, als wir wieder auf die Hauptstraße fahren.

Die überwältigende Gastfreundschaft macht mir ein weiteres Mal deutlich, welche Defizite wir in unserer oberflächlichen Ellbogengesellschaft doch haben. Man fragt sich unweigerlich, wann wir es wohl verlernt haben, so unvoreingenommen und offenherzig auf fremde Menschen zuzugehen. Völlig ohne Hintergedanken und ohne auf den eigenen Vorteil bedacht zu sein. Ich denke lange darüber nach, wie man zwei iranischen Reisenden wohl bei uns in Deutschland begegnen würde. Zugegebenermaßen kenne ich die Antwort und sie macht mich nachdenklich.

Nachmittags erreichen wir im fruchtbaren Herzen des Landes die auf 1500 Metern Höhe gelegene Stadt Isfahan. Eine faszinierende Stadt, über der ein Zauber aus 1001 Nacht zu schweben scheint. Nur mit Ach und Krach kann Carsten mir in das quirlige Zentrum der Zwei-Millionen-Metropole folgen. Aufgrund der strategisch guten Lage entscheiden wir uns für das im Reiseführer hochgelobte »Persia Hotel«, das zu finden ausnahmsweise schnell vonstattengeht. Für umgerechnet zehn Euro pro Nacht beziehen wir ein wirklich annehmbares Doppelzimmer in einem mehrstöckigen Haus, das von einem charmanten alten Herrn bewirtschaftet wird. Da unsere Klamotten nun seit Europa nicht mehr gewaschen wurden und einen säuerlichen Einheitsduft verströmen, ist es eine feine Sache, dass im Übernachtungspreis auch noch ein Wäscheservice inbegriffen ist.

Nur wenige Gehminuten von unserem Hotel entfernt liegt das Herzstück der Stadt, der Meidan-e Imam – ein monumentaler Platz, 560 Meter lang und 160 Meter breit. Nicht zu Unrecht wird er als einer der schönsten Plätze der Welt bezeichnet. Besonderer Blickfang ist die einst Königsmoschee genannte Masdjed-e Imam Moschee. Die Kuppeln des Gebäudes wurden in wahrer Sisyphusarbeit mit einer halben Million glasierter Keramikkacheln verziert, die in den unterschiedlichsten Blau- und Türkistönen das Licht der tief stehenden Sonne spiegeln. Überall blühen Rosenbüsche und zwei riesige Springbrunnen schießen Wasserfontänen in die Höhe.

Am heutigen Freitag, dem muslimischen Ruhetag, sitzen nachwuchsstarke Großfamilien auf den Rasenflächen und machen ein Picknick. Andere unternehmen in einer der vielen schwarzroten Pferdekutschen eine Rundfahrt um den Platz oder lassen sich von Fotografen ablichten, die das Foto sofort über einen Drucker ausdrucken, der an eine Autobatterie angeschlossen ist. Entspannt und fröhlich geht es zu. Seinen ganz besonderen Reiz entfaltet der Platz jedoch erst kurz nach Sonnenuntergang. Die Gotteshäuser werden nun von Flutlicht angestrahlt und leuchten in besonders grellen Farben. Im Wasser der großen Brunnen spiegeln sich die prächtigen Minarette und Kuppeln und man kommt in den Genuss, das Farbenspiel doppelt genießen zu können. Nach und nach werden die Picknick-Utensilien wieder eingeräumt und die Familien begeben sich auf den Weg nach Hause. Dafür strömen neue Menschen herbei und im Nu verwandelt sich der Ort in einen riesigen Treffpunkt der jungen Generation.

Das Verhalten der Jugendlichen ist im Grunde genommen genauso wie andernorts auf der Welt auch. Es wird verstohlen Blickkontakt gesucht. Jungen lachen, Mädchen kichern. Über kleine Handylautsprecher sind verzerrte westliche Popsongs zu hören, zu denen getanzt wird. Jungen und Mädchen getrennt. Obwohl die Iranerinnen, was die Wahl der Kleidung anbelangt, in der Öffentlichkeit sehr stark eingeschränkt sind, sehen wir überraschend viele junge Frauen, die anstatt des rabenschwarzen Tschadors figurbetonte Mäntel tragen. Wenn sie auf offener Straße nur wenig zeigen dürfen, so muss das Wenige schon perfekt sein. Rot lackierte Fingernägel, sorgsam gezupfte Augenbrauen, Make-up und westliche Frisurentrends kommen hier und da unter dem aufreizend weit nach hinten gerutschten Kopftuch zum Vorschein.

Das Gesetz schreibt zwar vor, dass Mädchen ab ihrem neunten Geburtstag, von dem an sie als heiratsfähig gelten, ihr Haar bedecken müssen und lediglich der Haaransatz zu sehen sein darf, doch dies ist für viele eine Sache der Interpretation. Das Risiko, bei Zuwiderhandlung mit 75 Stockschlägen bestraft zu werden, gehen viele ein. Auch wenn die Jugendlichen fürchten müssen, dass ihnen ihr unzüchtiges Verhalten in der Öffentlichkeit zum Verhängnis werden könnte, sind bei genauem Hinsehen dezente Flirts zu erkennen. Fast schon zufällig wirkende Berührungen sind der Versuch, kaum wahrnehmbare Zärtlichkeiten auszutauschen. Es sind die kleinen, täglich stattfinden Kämpfe der Jugend (immerhin sind über zwei Drittel der Bevölkerung jünger als 25 Jahre) gegen das Mullah-Regime. Ein Verhalten, das ich bei Jugendlichen in unserer Heimat als ausgesprochen nervig oder blamabel empfinde, sehe ich hier mit ganz anderen Augen. Jeder Quadratzentimeter Haut, den die Frauen zusätzlich zeigen, jeder einzelne Flirt und jede Berührung in der Öffentlichkeit bedeuten im Iran ein persönlich errungenes Stück Freiheit.

Als westliche Touristen, die das Rentenalter noch nicht erreicht haben, wecken wir schnell das Interesse der vielen Jugendlichen. Wir werden nach unserer Herkunft befragt und müssen zu allen nur erdenklichen Themen Rede und Antwort stehen. Musik, Reisen sowie die Rechte und Pflichten in Deutschland. Obwohl wir es eigentlich vermeiden wollten, gehen die Gespräche schnell in Richtung Politik und Religion. Überraschend viele junge Leute, die im Halbkreis um uns stehen, machen keinen Hehl aus ihrer Unzufriedenheit mit Präsident Ahmadinedschad. Wenn sie könnten, würden einige von ihnen gerne das Land verlassen, um im westlichen Ausland zu studieren oder eine Ausbildung zu machen. Ohne Job und Geld, so sagen sie uns, fehle einfach die Perspektive in der Islamischen Republik.

Mit der Ideologie der Mullahs, so scheint es, haben sich viele arrangiert und wie man die Religionswächter austrickst, ist offenbar hinlänglich bekannt. Für einige scheint es sogar zum guten Ton zu gehören, einmal mit ihnen aneinanderzugeraten. Wo Jobs und Geld fehlten, sei auch die Religion nun mal kein Allheilmittel, sagt man uns. Wie soll man eine Regierung wählen, die trotz steigender Einnahmen auf dem Öl- und Gasmarkt vor allem durch wirtschaftliches Unverständnis glänzt. Den Menschen im Land geht es von Jahr zu Jahr schlechter. Eine Inflationsrate von über 30 Prozent und eine Arbeitslosenquote, die ebenso rasant steigt wie die Preise für Lebensmittel und Konsumgüter, lassen auf die Dauer selbst die konservativsten Anhänger von der Regierung abrücken.

Mit der aufgehenden Sonne kehren wir am nächsten Morgen zum Platz zurück. Wir haben uns vorgenommen, einige Fotos zu machen und das geschäftige Treiben des benachbarten Basars zu beobachten. In einem scheinbar endlosen Netzwerk von Gängen geht der Imam-Platz in einen der größten Basare der Welt über. Im schummrigen Licht der Lampen hat sich dort eine große Zahl unterschiedlichster Händler, Künstler und Handwerker niedergelassen. Obwohl die Öllampen, die einst die Gänge erhellten, heute größtenteils durch Glühbirnen und Energiesparlampen ersetzt sind, hat der Basar nichts von seinem ursprünglichen Reiz eingebüßt. Seit Jahrhunderten schon machen die kleinen Manufakturen Isfahan zur Hochburg des persischen Kunsthandwerks. Teppichknüpfer, Tuchweber oder Miniaturmaler, sie alle bieten in den verwinkelten Gewölben seit Generationen ihre Dienste an.

Mit Pinseln, deren Spitze aus nur einem einzigen Katzenhaar

besteht, malen die Miniaturmaler Bilder von unglaublicher Detailgenauigkeit auf Teller, Vasen oder geschliffene Kamelknochen. Mit der Lupe, die zum Betrachten ausliegt, lassen sich dünne Linien und Details erkennen, die dem bloßen Auge fast verborgen bleiben. Auf die berühmten Reiskörner, die auf Jahrmärkten gerne mit irgendwelchen Vornamen beschrieben werden, könnten diese Künstler sicherlich eine ganze Geschichte schreiben. Auch die Intarsienkünstler üben ein Handwerk aus, bei dem mich meine Ungeduld längst schon in den Wahnsinn getrieben hätte. Schicht für Schicht legen sie Metall, Perlmutt und Holz übereinander, sodass sich im Querschnitt ein filigranes Muster oder Bild ergibt.

In einem anderen Bereich, dem »Grünen Basar«, sind die Obst- und Gemüsehändler beheimatet. Viele haben ihre Ware zu kunstvollen Gebilden aufgebaut, bei denen man Angst haben muss, dass bei der Entnahme einer an falscher Stelle befindlichen Frucht der ganze Haufen auf den Boden kullert. Frische Kräuter wie Dill, Koriander oder Petersilie türmen sich zu meterhohen Bergen auf, mit denen man das Essen einer ganzen Armee überwürzen könnte. Auf kleinen Holzschemeln, Getränkekisten oder Plastikstühlen kann man zwischen all den appetitanregenden Dingen Platz nehmen, einen frisch gepressten Granatapfelsaft oder Tee trinken und den Moment genießen.

Irgendwann gelangen wir auf unserer Entdeckungstour in einen Hinterhof. Im dunstigen Schatten gespannter Leinentücher ist der Vogelmarkt beheimatet. Hektisch und laut geht es zu. In etlichen aus Palmblättern geflochtenen Käfigen, über deren Größe man geteilter Meinung sein kann, wird so ziemlich alles angeboten, was Flügel hat: Enten, Hühner, Gänse, Truthähne, Fasanen und Kanarienvögel. Am auffallendsten sind jedoch die bunten Hühnerküken. Anstatt sie, wie in europäischen Legebatterien üblich, zu vergasen oder zu zerschreddern, werden sie hier wie Ostereier eingefärbt und als Schmusetiere für Kinder verkauft. Obwohl der Anblick ziemlich befremdend ist, bin ich überzeugt, dass ein iranisches Huhn, wenn die Farbe irgendwann aus dem Gefieder herausgewachsen ist und das Küchenmesser fällt, auf eine glücklichere Zeit zurückblickt als seine westlichen Artgenossen aus der Massenhaltung.

Das defekte Teil an Carstens Motorrad ist mittlerweile zum Dauerthema geworden. Wenn wir nicht gerade über die Lösung des Problems debattieren, dann hat ein ungewohntes Schweigen unsere Gespräche ersetzt. Wortkarg verbringen wir den Tag miteinander und ziehen uns schon früh am Abend zum Schlafen zurück. In unserem Hotelzimmer schüttet mir Carsten mit gesenktem Blick sein Herz aus: »Ich hätte niemals gedacht, dass mich die Reise so belasten könnte. Erst macht die Freundin so ein Theater, weil ich längere Zeit wegfahre, und antwortet nur noch sporadisch auf meine SMS, und jetzt macht das Motorrad auch noch Probleme. Die tollen Bilder, die man von solchen Reisen immer sieht oder die einem im Kopf rumspuken, vermitteln doch nur die Sonnenseiten. Ich habe mir noch nie Gedanken darüber gemacht, wie ich wohl darauf reagiere, wenn ich fern der Heimat ein Problem nicht selber lösen kann. Jetzt weiß ich's. Da kann die Landschaft noch so schön sein, wenn man sich jede Sekunde während der Fahrt nur auf die Geräusche des Motors konzentriert, weil man Schiss hat, liegen zu bleiben, dann macht es einfach keinen Bock mehr. Wenn ich neulich gesagt habe, ich wolle heim und so, dann tut mir das wirklich leid. Es haben sich aber plötzlich Ängste eingeschlichen, die ich vorher nicht kannte.«

Lange sitzen wir da und reden offen miteinander. Uns ist klar, dass, wenn wir nichts tun, sondern ständig auf Selbstheilung des Motors hoffen, wir uns rückblickend nur an Frust, Streit und dieses verdammte Problem erinnern werden. Nach einem langen Abwägen der Möglichkeiten kommen wir zu dem Entschluss, so schnell wie möglich ein Ersatzteil zu bestellen. Wir wollen es uns nach Dubai schicken lassen, wo wir aller Voraussicht nach in etwa anderthalb Wochen ankommen werden.

Die Suche nach dem Teil im Internet erweist sich am folgenden Tag als nahezu unlösbares Problem. Die öffentlichen Internetcafés, die man an einer Hand abzählen kann, ermöglichen einfach keine effiziente Recherchearbeit. Da kritische Zeitungen im Iran verboten sind, ist das Internet der einzige Ort, wo sich die Menschen ihre Informationen beschaffen können. Das weiß natürlich auch die Regierung, die genau aus diesem Grund alles nur Erdenkliche zu tun versucht, um den nicht abreißenden Online-Informationsstrom zu kontrollieren. Es wird zensiert und gesperrt, was das Zeug hält. Als Ausländer, der es gewohnt ist, dass die gewünschten Seiten in Rekordgeschwindigkeit aufgerufen werden, ist ein stark zensiertes Datennetz, das nicht so reagiert, wie man es will, eine ungeahnte Herausforderung. Nicht genug, dass sämtliche Seiten mit unzüchtigem Inhalt gesperrt sind, nein, selbst das Aufrufen diverser E-Mail-Accounts und seriöser Nachrichtenplattformen wie der des »Spiegels« oder der »Süddeutschen Zeitung« funktioniert nicht, weil die für uns völlig normalen Werbebanner mit viel sichtbarer Haut die Moral untergraben könnten und man fürchtet, dass systemkritische Informationen die Opposition weiter stärken.

Wenn man dann erfährt, dass die Überwachungstechnik, mit der die Regierung nicht nur das Internet kontrolliert, sondern auch den Mobilfunk ausspioniert, von einem deutsch-finnischen Unternehmen stammt, dann möchte man vor Scham am liebsten im Erdboden versinken. Ich persönlich finde es moralisch höchst verwerflich, wenn alle Welt das iranische Regime anprangert und davon redet, die Regierung mittels strenger Sanktionen zu isolieren, aber gleichzeitig ein Softwarepaket geliefert wird, mit dessen Hilfe Tausende Oppositionelle im Gefängnis landen oder für immer verschwinden.

Auf Anraten eines Internetcafébetreibers, der das Problem der unzureichenden Recherchemöglichkeiten bestens kennt, gehen wir zur Universität, wo wir uns als Gasthörer einschreiben. Zwar unterliegen die Uni-Rechner ebenfalls der Zensur, dennoch gelingt es uns mithilfe eines pfiffigen Studenten, über Umwege einen Onlinehändler in Deutschland ausfindig zu machen. Dieser erklärt sich sofort bereit, uns das Ersatzteil auf dem Expressweg nach Dubai zu senden. Dieser kleine Erfolg, auch wenn es nur die Bestellung eines Ersatzteils ist, sorgt für den bitter nötigen Stimmungsumschwung und mein Freund schöpft neuen Mut.

Als wir am Nachmittag zurück zu unserem Hotel kommen, fällt mir ein weißer Zettel auf, der mit Klebeband am Tank meines Motorrades befestigt ist. Darauf steht: »Hallo, wo fahrt ihr denn als nächstes hin? Mein Name ist Henning und ich bin auch hier im Iran mit dem Motorrad unterwegs. Wenn ihr Lust habt, können wir uns ja auf eine Tasse Tee treffen. Treffpunkt: 19:30 Uhr, Teehaus am Imam-Platz über dem Eingangstor zum Basar. Ansonsten gute Reise, Henning.« Wir sind wirklich überrascht, ausgerechnet in dieser kleinen Seitenstraße im Iran den ersten Kontakt zu einem anderen Motorradreisenden knüpfen zu können, ist uns doch bislang kein einziger begegnet. Die Freude ist entsprechend groß, als wir uns zur vereinbarten Zeit treffen und gemeinsam im angesagten Restaurant »Sofreh Khaneh« am Imam-Platz essen gehen. Hennings Reise endet bald. Bereits morgen wird er in Richtung Persischer Golf aufbrechen, um sein Motorrad Anfang nächster Woche von Dubai nach Deutschland verschiffen zu lassen. Wir sitzen lange zusammen, tauschen Tipps und Erfahrungen aus und lassen uns Köstliches auftischen. Auch Henning ist ganz angetan von diesem großartigen Land. Gerne wären wir eine Weile zusammen gereist, doch da seine Zeit drängt, bleibt es dabei, dass wir Adressen austauschen und ein Wiedersehen nach der Reise vereinbaren.

Frohen Mutes brechen auch wir ein paar Tage später wieder in Richtung Süden auf, wo wir nach etwa 450 Kilometern die Überreste der antiken Hauptstadt des Perserreiches, Persepolis, erreichen. Die einst als »Reichste unter der Sonne« bezeichnete Stadt gilt als Höhepunkt der altpersischen Kultur. Im Jahre 330 v. Chr., keine 200 Jahre nach ihrer Gründung, machte sich Alexander der Große mit seinen makedonischen Truppen auf den Weg, um

Perserkönig Dareios III. vom Thron zu stürzen. Fast die ganze Stadt wurde auf seinen Befehl hin bis auf die Grundmauern niedergebrannt und die Bewohner versklavt oder umgebracht. 20 000 Maultiere und 5000 Kamele waren der Überlieferung zufolge im Einsatz, um den unermesslichen Schatz abzutransportieren. Was nicht Opfer der Flammen wurde, stürzte durch spätere Erdbeben ein und wurde im Verlauf der Jahrtausende unter einer bis zu acht Meter hohen Schicht Sand begraben. Geschützt vor dem nagenden Zahn der Zeit, wurde der 135 000 Quadratmeter große Komplex erst rund 2500 Jahre später, im Jahre 1931, von deutschen Archäologen wieder freigelegt. Man feierte den damaligen Fund als Sensation, da aufgrund des Feuers Tausende Tontafeln, Reliefs und andere Artefakte ausgehärtet waren und so frisch wirkten, als seien sie erst wenige Tage zuvor gemeißelt worden.

Die Überreste der Anlage geben genaue Einblicke in die genialen Konstruktionsprinzipien der alten Baumeister. Zwanzig Meter hoch ragen die Marmorsäulen in den Himmel, auf denen einst ein riesiges Dach aus Zedernstämmen den Thronsaal des Königs überspannte. Die Geschichte der einstigen Königsstadt, in der 28 Völker gleichberechtigt miteinander lebten, ließ sich fast lückenlos bis in die kleinsten Details zurückverfolgen. So konnte man rekonstruieren, dass Männer und Frauen den gleichen Lohn bekamen, es Schwangerschaftsurlaub gab und Sonderrationen für sozial Schwache verteilt wurden. Heute ist die ehemalige Palaststadt Persepolis für die Iraner ein Ort mit sehr hohem Identifikationspotenzial, obwohl oder vielleicht gerade weil deren Geschichte weit in die vorislamische Zeit zurückreicht. Auch wenn ich sonst nicht besonders viel für Steinruinen übrighabe, bin ich von diesem Ort völlig begeistert. Wir fühlen uns von einem Hauch antiker Geschichte umweht, als wir vor denselben Säulen und Reliefs stehen wie einst die mächtigsten Männer der Welt.

Als wir zurück zum Eingang kommen, wo wir unsere Motorräder geparkt haben, wartet dort bereits ein uniformierter Parkplatzwächter auf uns. Als er uns sieht, wedelt er nervös mit einem Zettel in der Luft herum. »Was ist denn jetzt los?«, sage ich zu Carsten und vermute, dass wir ein Parkverbotsschild übersehen haben. Noch überraschter bin ich, als er mich mit meinem Namen anspricht. »Hello, are you Mister Erik?« Ich verstehe die Welt nicht mehr. Woher um alles in der Welt weiß der Kerl, wie ich heiße? Ich fantasiere schon über mögliche Geheimdienstverstrickungen oder weiß der Teufel was, als er mir einen gefalteten Zettel überreicht. »Hallo Erik, hallo Carsten, schön, dass ich euch gefunden habe. In Bandar Abbas werde ich im Atilar Hotel unterkommen. Freue mich drauf, euch zu sehen. Henning.«

Wie klein die Welt doch ist. Offenbar konnte sich Henning doch noch nicht so schnell zur Heimreise entschließen. Ich muss schmunzeln und klopfe dem Boten dankend auf die Schulter. Dann setzen wir unsere Helme auf und starten die Motorräder. Vor uns liegen knapp 1000 Kilometer bis zur Hafenstadt Bandar Abbas. Eine Strecke, die es in sich hat.

Seit Anatolien, einer zurückgelegten Strecke von nunmehr rund 4000 Kilometern, bewegen wir uns fortdauernd auf einer Höhe von deutlich mehr als 1000 Metern über dem Meeresspiegel. Die Temperaturen lagen in dieser Zeit fast durchweg im einstelligen Bereich. Das soll sich heute ändern, denn binnen weniger Stunden erleben wir einen Anstieg um fast 40 °C. Während wir an diesem Morgen noch Wölkchen ausgeatmet haben, schickt die enorme Hitze unseren Kreislauf nun auf eine schwindelerregende Achterbahnfahrt. Allmählich verliert die Landschaft an Farbe. Die fruchtbare Hochebene mit den erdig braunen Böden und grünen Pflanzen geht schleichend in eine trockene und lebensfeindliche Wüste mit spärlichster Vegetation über. Die widrigen Bedingungen nahe des Persischen Golfs ließen in der Vergangenheit kaum Ansiedlungen entstehen. Nur selten zeugen kleinere Ortschaften davon, wie anpassungsfähig der Mensch doch ist.

Das Küstentiefland in den Provinzen Hormozgan und Fars,

die wir nun durchqueren, ist geprägt von extrem hohen Temperaturen und einer Luftfeuchtigkeit, die man fast schon trinken kann. Längst sind das Innenfutter der Jacke und der zusätzliche Pullover im Gepäck verschwunden. Ich bin erstaunt darüber, wie viel Flüssigkeit mein Körper doch aufnehmen kann. Bei jeder Gelegenheit, die sich uns bietet, machen wir Halt und schütten wahre Unmengen an Wasser oder Erfrischungsgetränken in uns hinein. Unaufhörlich steigt das Quecksilber in die Höhe und die Sonne brennt so gnadenlos vom Himmel, als wolle sie alles Leben zerstören.

In der Provinz Fars, die wir am späten Nachmittag erreichen, sind die Temperaturen so hoch, dass wir uns beim besten Willen nicht vorstellen können, im Zelt zu übernachten. Wir fahren daher einen Umweg von etwa 100 Kilometern, um ein wenig an Höhe zu gewinnen. Mitten in einer riesigen Dattelplantage, die ein beliebter Treffpunkt bei den Einheimischen zu sein scheint, finden wir einen schattigen Platz, auf dem wir das Zelt aufstellen können. Auch hier dauert es nicht lange, bis eine iranische Familie zu uns stößt und fragt, ob wir an ihrem Picknick teilhaben wollen. Es ist uns eine Herzenssache, zuzusagen. Wir bekommen Tee, Melone und Gebäck gereicht. Eine Weile sitzen wir zusammen und beantworten ihre Fragen, die, wie so oft, darauf ausgerichtet sind, was denn die Deutschen über die Iraner denken.

Am nächsten Tag sind wir wieder auf Meereshöhe unterwegs. Die enorme Hitze dort macht uns ungeduldig und aggressiv. Hinzu kommen ein ständiges Schwindelgefühl, starke Kopfschmerzen und anhaltende Müdigkeit. Hitze hat mir bislang nie viel ausgemacht, doch diese extremen Temperaturen setzen mir übel zu. »Wie um alles in der Welt soll man das aushalten?«, fragt mich Carsten, als auch er bei einer Pause an einer größeren Tankstelle feststellt, dass unsere beiden kleinen Thermometer, die wir neben dem Tacho angebracht haben, mit fast 50 °C am Anschlag stehen. Wieder trinken wir je eine große Flasche Wasser und mehrere Dosen irgendeiner klebrigen Zuckerbrause.

Nachdem wir mit zwei halb geschmolzenen Schokoriegeln eine unausgewogene Mahlzeit zu uns genommen haben, setzen wir uns im Halbschatten eines dornigen Strauches auf den Bordstein. Schwitzend beobachten wir zwei ausgemergelte Hunde beim Paarungsspiel. Unser Verlangen, Motorrad zu fahren, hält sich in Grenzen. Viel lieber würden wir einfach nur dasitzen und gar nichts tun.

Ein in graue Tücher gehüllter Geistlicher mit weißem Turban auf dem Kopf und einem Softeis in der Hand kommt mit uns ins Gespräch. Er ist sichtlich amüsiert, wie sehr wir unter den hohen Temperaturen zu leiden haben. Das sei doch noch gar nichts, sagt er und meint mit Hinblick auf unseren weiteren Reiseverlauf, dass die Hitze drüben in Dubai noch viel schlimmer werden würde. »Schlimmer? Das geht gar nicht!«, antworten wir. Wir scherzen und lachen zusammen und die Minuten vergehen wie im Flug. Er müsse los, verabschiedet er sich nach einer guten Weile und deutet auf sein Auto, das wenige Meter entfernt in der prallen Sonne parkt. Seine Frauen würden warten – diesen Satz sagt er in einem Tonfall, der auf vorprogrammierten Ärger schließen lässt. Erst jetzt sehen wir die zwei Damen, die, in schwarze Gewänder gehüllt, auf der Rückbank garen. Als er hupend an uns vorbeizieht, kann ich deutlich Schweißperlen und Zornesfalten in den Gesichtern der beiden erkennen.

Temperaturen weit jenseits der Schmerzgrenze machen die Hotelsuche in Bandar Abbas nach einer weiteren unerträglichen Nacht im Zelt zur Zerreißprobe. Der Verkehr der reizlosen Hafenstadt saugt uns auf wie ein Schwamm. Wir treten die Flucht vor der Hitze an und beschließen, so schnell wie möglich eine Unterkunft zu suchen. Unsere Wahl fällt auf die erstbeste Absteige, an der wir in Hafennähe vorbeikommen. Nachdem wir die Motorräder aus der Sonne ins Hotelfoyer geschoben haben, begeben wir uns fix und fertig auf unser Zimmer. Wir duschen kalt, drehen die Klimaanlage auf und legen uns halb nackt aufs Bett. Endlich geht es uns besser.

Zusammen mit Henning, den wir in seinem Hotel überrascht haben, begeben wir uns am späten Nachmittag auf Erkundungstour. Der Hafen von Bandar Abbas gleicht einem Basar. Er ist der größte Warenumschlagplatz des Irans. Hier landen die Handelsströme aus den Anrainerstaaten des Persischen Golfs und dem Rest der Welt – elektronische Geräte aus Korea, Textilien aus China oder Tee und Gewürze aus Sri Lanka. Doch nicht nur legale Waren werden verschifft – die Route zwischen der Arabischen Halbinsel und dem Iran ist bekannt dafür, dass sich die jeweiligen Länder auf diesem Weg gegenseitig mit Verbotenem versorgen. Obwohl auf Delikte wie etwa Drogenhandel die Todesstrafe steht, sprechen uns immer wieder zwielichtige Gestalten an: »Do you want hashish? Heroin? Whiskey?« Es ist schon ein befremdliches Gefühl, ausgerechnet in einem islamischen Gottesstaat genauso von der Seite angequatscht zu werden, als sei man am Bahnhof in Amsterdam.

Kein Lüftchen weht durch die Straßen und eine gnadenlose Hitze lähmt die wie ausgestorben wirkende Stadt. Händler liegen unter weißen Planen im Schatten ihrer Stände und warten auf Kundschaft. Nur ab und an wirbelt ein heißer Windstoß den Dreck wie einen Miniaturtornado über die flimmernden Straßen und wölbt unter peitschenartigem Knallen die gespannten Schattenspender. Das Bild gleicht einem Schoner, der während einer Flaute unter voller Besegelung auf den erlösenden Wind wartet. Erst gegen 19 Uhr, als die Sonne vollständig verschwunden ist, erwachen die Menschen aus ihrer Lethargie und kommen wieder in Scharen herbeigeströmt. Schlagartig hat es den Anschein, als wäre jeder der 350 000 Einwohner auf den Beinen.

Das Aufeinandertreffen von Tradition und Moderne wird in der Hafenstadt besonders deutlich. Auf der einen Seite sehen wir sehr viele Jugendliche, bei denen die Religion augenscheinlich nicht mehr im Vordergrund steht. Man trifft sich in Cafés und Fast-Food-Restaurants nach amerikanischem Vorbild, und Marken großer Sportartikelhersteller sind ebenso angesagt wie T-Shirts mit dem Konterfei von Madonna oder Michael Jackson. Gut 30 Jahre nach der Islamischen Revolution können viele von ihnen sicherlich nicht mehr nachvollziehen, warum ihre Eltern damals auf die Straße gingen. Auf der anderen Seite sieht man aber auch Frauen, die mit mystisch wirkenden Masken aus Leder verschleiert sind oder die Burka tragen.

Die Überquerung der etwa 40 Kilometer breiten Meerenge, die den Persischen Golf mit dem Indischen Ozean verbindet, stellt sich als weitaus größeres Problem heraus, als wir angenommen haben. Keine fünf Minuten, nachdem wir das Büro des Fährmonopolisten »Oasis Freight Agency« betreten haben, kann ich unserem Ansprechpartner Herrn Abdul gleich zwei Eigenschaften bescheinigen, die einer kundenfreundlichen Abwicklung im Wege stehen – Faulheit und Inkompetenz. Von seiner willkürlichen Preisgestaltung ganz zu schweigen. Als wir die Kosten für die Überfahrt inklusive aller Fracht- und Zollpapiere erfahren, müssen wir erst einmal schlucken und es dauert eine Weile, bis wir diesen Schock verdaut haben. Gut 450 Dollar für eine Strecke anstatt der 120, die im Internet für Hin- und Rückfahrt angegeben waren, reißen ein ziemliches Loch in unsere Reisekasse und erweitern somit den Speiseplan in den kommenden Wochen um das ein oder andere Nudelgericht. In Ermangelung einer Alternative buchen wir für den kommenden Tag.

Als wir zwölf Stunden später wieder auf der Matte stehen, ereilt uns die nächste Hiobsbotschaft. »Today no ship!«, so Mister Abdul. Seine Begründung folgt auf dem Fuße: »Today rough sea!« Ich staune nicht schlecht, als ich das höre und einen Blick aus dem Fenster werfe. Anstatt der rauen See liegt ein bewegungsloses Meer vor uns, auf dessen spiegelglatter Oberfläche ein paar Möwen dümpeln, die zu faul zum Fliegen sind. Nichts, rein gar nichts lässt auf sein angekündigtes Unwetter schließen. Als ich protestiere und hinaus aufs Meer zeige, verschränkt Mister Abdul schützend und provokant zugleich die Arme vor der Brust. »Today no ship!«, wiederholt er trotzig, als ob ich ihn nicht verstanden hätte.

Sich der Tragweite dieser Aussage bewusst, wird Henning mit einem Mal ganz ernst. »Wie, keine Fähre? Ich glaube, es hackt!« Dass in wenigen Tagen sein Flug nach Deutschland geht und er sein Motorrad bis dahin noch von Dubai nach Hamburg verschiffen muss, ist in der Tat Grund genug, besorgt zu sein. »Alles Blödsinn«, blafft er in die Runde. »Schaut doch mal raus. Ich kann euch sagen, warum die keinen Bock haben, zu fahren! Es sind nicht genügend Passagiere zusammengekommen. Wahrscheinlich sind wir die einzigen. Das rechnet sich so nicht.« Vermutlich hat er recht, denn so würden sich auch die exorbitanten Fährkosten erklären, die sich demnach so zusammensetzen, dass Fixkosten plus Gewinn durch Anzahl der Passagiere geteilt werden.

Beschuldigungen auf der einen Seite, gefolgt von Entschuldigungen auf der anderen. Höhere Gewalt oder doch nur eine große Verarschung? Schnell steht fest, dass wir mit unserem Argument, den Flieger zu verpassen, nicht weiterkommen. Eher beiläufig erwähnen wir, zu Herrn Abdul gewandt, dass uns sein wundervolles Land tief beeindruckt habe, das positive Bild nun aber getrübt sei. Wir würden schlechte Erinnerungen mit in unsere Heimat nehmen und überhaupt. Plötzlich merken wir, wie sehr ihn diese Worte, die natürlich völlig überzogen sind, zum Nachdenken bewegen. Eine Aussage, die einen deutschen Beamten vermutlich so sehr interessieren würde, als habe man die Farbe der Wartemarken vor seiner Bürotür von gelb zu grün geändert, trifft hier den entscheidenden wunden Punkt. Ein nachdenklicher Blick an die Bürodecke, und schon greift Herr Abdul zum Hörer seines Telefons. Als uns kurz darauf die erste Runde Tee serviert wird, weiß ich dies als ein sehr gutes Zeichen zu interpretieren. Man bittet uns, noch ein wenig Geduld zu haben.

Während so langsam Bewegung in die Sache kommt, habe ich Gelegenheit, den Büroalltag der übrigen Angestellten zu beobachten. Nicht einer von ihnen macht auf mich den Eindruck, als habe er schon mal von stressbedingten Magengeschwüren oder vom Burn-out-Syndrom gehört. Die Arbeitsteilung ist ein Paradebeispiel für aufs Äußerste maximierte Ineffizienz. Während zwei von ihnen Zeitung lesen, verbringt ein anderer lange Zeit damit, die Schnur des Telefonhörers zu entknoten. Die einzige Frau im Raum ist scheinbar nur für das Ausdrucken irgendwelcher Dokumente verantwortlich. Für jeden einzelnen Druckauftrag legt sie ein neues Blatt Papier in den museumsreifen Drucker, das sie von dem jeweiligen Angestellten, der den Ausdruck benötigt, ausgehändigt bekommt, um sich das fertige Dokument anschließend mit einen Strich auf einer Liste und einer Unterschrift quittieren zu lassen.

Nach einer Weile liegt die angeblich einzige Lösung auf dem Tisch. Zähneknirschend willigen wir ein, die Motorräder auf eine Lkw- und Containerfähre zu verladen, auf der jedoch keine Passagiere zugelassen sind. Wir selbst müssen den Flieger von Bandar Abbas nach Dubai nehmen. Alles andere würde eine unbestimmte Wartezeit bedeuten – mit anderen Worten, Henning würde tatsächlich seinen Flug verpassen.

Es folgt eine nervtötende Zoll- und Ausreiseabwicklung, die in keiner Relation zur Einreise steht. Am späten Nachmittag vertauen wir unsere Zweiräder mit schweren Hanfseilen auf einem maroden Kahn. Dann begeben wir uns zum nahe gelegenen Flughafen der Stadt, den wir durch den Eingang »nur für Männer« betreten. An Bord eines klimatisierten Fliegers der »Iran Aseman Airlines« werden wir binnen kürzester Zeit in eine völlig andere Welt katapultiert. Bereits im Landeanflug auf die andere Seite des Golfs lassen sich die gewaltigen Ausmaße Dubais erahnen. Ein funkelndes Lichtermeer mitten im schwarzen Nichts, das meine die Größe betreffenden Erwartungen bei Weitem übersteigt. Die Fahrt mit dem Taxi vom Flughafen in die Innenstadt verstärkt diesen Eindruck noch. In einer noblen Bentley-Karosse, in der anderswo auf der Welt vermutlich Staatschefs chauffiert werden, kämpfen wir uns durch den dichten Verkehr zum St. George Hotel, in dem Henning bereits ein Zimmer reserviert hat.

Höher, schneller, teurer

Bescheidenheit ist in der auf Sand gebauten Glitzermetropole am Golf nicht unbedingt ein Adjektiv, das man den Verantwortlichen für Städteplanung nachsagen könnte. Höher, schöner und vor allem teurer soll es sein, so die von oben vorgegebene Marschrichtung. Künstliche Inselgruppen, die angeblich aus dem Weltall mit bloßem Auge zu sehen sind und die Küstenlänge um stolze 1500 Kilometer verlängern sollen, das mit Abstand höchste Gebäude der Welt, die größten Einkaufszentren und nobelsten Hotels sowie unzählige andere geldgewaltige Bauprojekte. Die Liste der Superlative ließe sich lange fortführen.

Angesichts nur relativ geringer Erdölreserven begann die Herrscherfamilie um Scheich Mohammed al-Maktoum schon früh damit, alternative Strategien zu entwickeln, die einen nachhaltigen Wohlstand unabhängig vom schwarzen Gold sichern sollten. Anders als das benachbarte Emirat Abu Dhabi verfügt Dubai eben nicht über schier unerschöpfliche Ölreserven. Bereits im Jahre 2030, so die Prognosen der Internationalen Energieagentur, werden die Ölquellen versiegt sein. Man verfolgte also den ehrgeizigen Plan, über kurz oder lang die weltweite Nummer eins der Business- und Tourismusmetropolen zu werden. Lange Zeit schien dieser Plan aufzugehen. Die ganze Welt rieb sich verwundert die Augen und Finanzinvestoren gerieten in Ekstase, als das Emirat immer wieder neue unglaubliche Mega-Projekte vorstellte. Im Fast-Forward-Modus stieg die Nation am Golf zum Global Player der Finanzmärkte auf. Als am 15. September 2008 die New Yorker Investmentbank Lehman Brothers das Insolvenzverfahren einleitete und damit die größte Finanzkrise des neuen Jahrtausends einläutete, nahm der Abstieg Dubais seinen Lauf.

Schon früh am nächsten Morgen machen wir die Erfahrung, dass Dubai zu dieser Jahreszeit ohne die vielen Klimaanlagen kaum zu ertragen wäre. Es ist unsäglich heiß. Wie für viele andere Touristen beginnt auch unser Tag dort, wo der letzte aufgehört hat – im Stau. Wir sitzen im eisgekühlten Taxi und bahnen uns in Schrittgeschwindigkeit den mühsamen Weg in das nahe gelegene Nachbaremirat Sharja. Im dortigen Hafen wollen wir unsere Motorräder in Empfang nehmen, die in diesem Moment eintreffen müssten. Wenn man sich Meter für Meter durch die kilometerlangen Staus der Prestigestraße Sheikh Zayed Road quält und ständig gezwungen ist, anzuhalten, dann hat man viel Zeit, sich das Stadtbild näher anzuschauen.

Genau dort, wo vor wenigen Jahrzehnten die Hütten der Perlenfischer im Wüstensand standen, säumen nun über endlose Kilometer hinweg Tausende Baukräne und unfertige Hochhausgerippe den Weg. Kaum eines der seelenlosen Gebäude macht den Eindruck, als würden die Arbeiten daran je abgeschlossen werden. Der weltweit einmalige Immobilienboom, auf dem in den letzten Jahren die ganze Wirtschaft des Landes beruhte, da das Tourismusgeschäft eher schleppend verlief, ist zum Erliegen gekommen. Bauprojekte mit einem Gesamtwert von über 300 Milliarden Euro wurden eingestellt. Aus den teuersten und begehrtesten Immobilien wurde innerhalb kürzester Zeit unverkäufliche Ramschware. Hinzu kommt, dass durch die Anschüttung der vielen künstlichen Inseln das Wasser nicht mehr zirkulieren kann. Ein großes Fischsterben hat eingesetzt und das brackige Meerwasser stinkt, als hätte sich ein Kamel übergeben. Vom sogenannten »Zauber des Orients«, mit dem die Tourismusindustrie die Urlauber anzulocken versucht, fehlt hier jede Spur.

Auch das neue Aushängeschild der Stadt ist noch im Bau befindlich. Der Burj Khalifa, mit 828 Metern das mit Abstand höchste Gebäude der Welt, soll in Kürze eröffnet werden. Ein gigantischer Turm, der nicht an den Wolken kratzt, wie es das Synonym für sehr hohe Gebäude beschreibt, sondern sie in diesem Fall tatsächlich überragt. Ein Heer von bis zu 12 000 Arbeitsmigranten aus Indien und Pakistan hat das Wunderwerk in etwa 22 Millionen Arbeitsstunden aus dem Boden gestampft, die meisten von ihnen für einen Lohn von weit weniger als fünf Euro pro Tag. In ihren blauen Arbeitsanzügen gehören Dubais Bauarbeiter schon seit langer Zeit zum Stadtbild, ebenso wie die vielen Baustellen, auf denen sie sich verdingen. Die Menschenrechtsgruppe »Human Rights Watch« spricht bisweilen von modernem Sklavenhandel, denn die billigen Lohnarbeiter schuften und leben unter Bedingungen, die in scharfem Widerspruch zu dem in Dubai üblichen Lebensstandard stehen. 970 tote Arbeiter zählte allein das Indische Konsulat in einem Jahr. Sie alle kollabierten in der mörderischen Hitze oder kamen bei zumeist ungeklärten Arbeitsunfällen ums Leben.

Es dauert eine Weile, bis wir das riesige Hafengelände Port Khalid betreten dürfen. Verschiedenartigste Unterlagen mussten zuvor abgestempelt und ein Besucherausweis ausgestellt werden. Als wir endlich befugt sind, die gesicherte Schranke zu passieren, und das richtige Dock nach einem langen Fußmarsch gefunden haben, herrscht dort statt der erhofften Betriebsamkeit nur gähnende Leere. Kein Schiff, keine Menschen und vor allem keine Motorräder sind in Sicht. Wieder im Verwaltungsgebäude angekommen, teilt man uns mit, was man uns auch zuvor schon längst hätte sagen können: Der Kahn hat den Hafen von Bandar Abbas noch gar nicht verlassen und wird nun erst am morgigen Tag erwartet. Insh'Allah – so Gott will.

Um das Beste aus dem eigentlich schon vermurksten Tag zu machen, beschließen wir, uns ein paar der sogenannten »Sehenswürdigkeiten« anzuschauen. Obwohl ich der Stadt nicht viel abgewinnen kann, muss ich doch zugeben, dass es in gewisser Weise beeindruckend ist, zu sehen, zu welchen Auswüchsen menschlicher Größenwahn führen kann. Während draußen in der Wüstenstadt fast die Straße schmilzt und der Sand fortwährend droht, sich seinen Raum zurückzuerobern, heißt es in der

»Mall of the Emirates«, einem der größten Einkaufszentren der Welt: »Ski und Rodel gut«. Während im Inneren des im Stadtteil Al Barsha gelegenen gewaltigen Konsumtempels zahllose Luxusboutiquen unerschwinglich edlen Krempel anbieten, hat man außen die größte Skihalle der Welt angebaut. Auf einer Höhe von 30 Stockwerken kann man bei konstant 2 °C unter Null fünf etwa 400 Meter lange Abhänge hinunterbrettern. Selbst die Deutsche Ski-Nationalmannschaft schien von diesen Möglichkeiten so begeistert zu sein, dass sie hier schon ein saisonvorbereitendes Trainingslager absolvierte.

Da ich vermutlich zu den schlechtesten Skifahrern unter der Sonne zähle, begnüge ich mich mit meiner Rolle als Zuschauer. Schnell fällt mir auf, dass es tatsächlich Menschen gibt, die noch schlechter Ski fahren können als ich. Verschleierte Frauen rutschen auf Gummireifen die Pisten hinab und Männer mit traditionellen Turbanen auf dem Kopf lassen sich von Skilehrern aus der Schweiz beibringen, wie man auf den seltsamen »Rutschbrettern« das Gleichgewicht halten muss. Die üppigen Gehälter, die man den Eidgenossen zahlt, halten sie scheinbar davon ab, die Geduld mit den wenig gelehrigen Schülern zu verlieren. Sogar eine echte Schweizer Après-Ski-Berghütte wurde aufgestellt, in der man mit alkoholfreien Getränken feiern kann.

Es ist schon ein besonders skurriler Ort und es bereitet einen Mordsspaß, zu beobachten, wie die nicht gerade als Wintersportnation bekannten Emiratis über das unbekannte Element herfallen. Bei dem Anblick von Schneekanonen in der Wüste versteht man jedoch auch, warum das Emirat den mit Abstand höchsten Wasserverbrauch auf der Erde aufweist und wieso Energieeffizienz bislang ganz unten auf der wirtschaftspolitischen Agenda stand. Sage und schreibe 600 Liter, das entspricht etwa vier gefüllten Badewannen, werden durchschnittlich pro Tag und pro Person verbraucht. Da wundert es auch keinen mehr, dass die größenwahnsinnigen Planer von »Ski Dubai« es allen Ernstes in Erwägung ziehen, sich eines Tages für die Ausrichtung der Olympischen Winterspiele zu bewerben. Die Austragungsorte, die sie dafür bräuchten, so sind sich die überzeugten Fantasten einig, ließen sich problemlos bauen.

Mit über 24 Stunden Verspätung kommt der alte Kahn mit unserer Fracht an Bord endlich an die Hafenmole getuckert. Wir sitzen im Schatten eines bereitstehenden Gabelstaplers und beobachten, wie das Schiff anlegt und allmählich entladen wird. Zuerst fahren ein paar Sattelschlepper von Bord, gefolgt von mehreren kleineren Lkws, bis sich ein Schwarm indischer Wanderarbeiter ans Werk macht. Als die letzten Paletten beiseitegeräumt sind, kommen endlich unsere Motorräder zum Vorschein. Die Überfahrt auf dem offenen Deck hat den nach Fisch und Diesel riechenden Krädern reichlich zugesetzt. Auch die Ladearbeiter waren nicht zimperlich. Nicht nur hat sich eine schmierige Schicht Meersalz flächendeckend über alle Teile gelegt, es ist auch ein Spiegel abgebrochen, ein Seitenkoffer stark verbeult, der Lenker verbogen und ein Tank von tiefen Kerben gezeichnet. Als wir die Verantwortlichen darauf ansprechen, machen uns deren Unschuldsmienen jedoch klar, dass wir selbst für die entstandenen Schäden aufkommen werden.

Nach einer Weile, als wir glauben, alle Formalitäten überstanden zu haben, tauchen mehrere bewaffnete Zöllner auf, die uns auffordern, die Motorräder in eine leer stehende Lagerhalle zu schieben. Eingeschüchtert von ihrem Auftreten befolgen wir ihre Anweisungen. Als wir unsere gesamte Ausrüstung auf dem Hallenboden ausgebreitet haben und die Motorräder nebeneinander in der gewünschten Position stehen, fährt ein hochmoderner Pick-up-Truck vor. Die Seitentür öffnet sich und ein junger Schäferhundmischling springt heraus. Erst jetzt wird mir klar, was das ganze Theater soll: Der Job des Hundes ist es, illegale Substanzen zu erschnüffeln. Selbstverständlich haben wir keine Drogen im Gepäck, weshalb wir eigentlich auch ganz entspannt sein könnten. Doch wer redet überhaupt davon, dass wir bewusst etwas schmuggeln? Vielleicht machen wir uns ja gerade eines schweren Verbrechens schuldig, ohne es überhaupt zu bemerken. Immerhin waren die Motorräder und das Reisegepäck drei Tage lang völlig unbeaufsichtigt. Eine so gute Gelegenheit, ein paar dämlichen Touristen Drogen unterzujubeln, bietet sich nicht alle Tage.

Bei dem Gedanken an das landestypische Strafmaß bei Verstößen gegen das Betäubungsmittelgesetz vergeht mir mein aufgesetzt freundliches Lächeln. Die strengen Zöllner, die ihre Augen hinter verspiegelten Sonnenbrillen verbergen, scheint es ohnehin kaltzulassen. Zu viele ähnlich Lächelnde sind durch ihre Hand schon hinter Schloss und Riegel gewandert. Dabei ist man in den Vereinigten Arabischen Emiraten noch vergleichsweise gut bedient, wenn man zu einer Haftstrafe verurteilt wird. Auf Drogenhandel wird auch gerne die Todesstrafe durch Steinigung ausgesprochen. Wie sensibel die auf der Scharia, dem religiösen Gesetz des Islam, basierende Rechtsprechung mit dem Thema Drogen umgeht, zeigt ein Fall, von dem ich vor der Reise in der Zeitung las. Ein Schweizer Tourist wurde zu einer vierjährigen Haftstrafe verurteilt, nur weil er an der Jacke die

Größenwahn im »Übermorgenland«: der Burj Khalifa, das höchste Gebäude der Welt.

Krümel eines Mohnbrötchens trug, das er vor dem Abflug in London-Heathrow gegessen hatte. Auch Keith Brown, ein englischer Tourist aus der Grafschaft Middlesex, lächelte vermutlich nur kurz, als man in dessen Schuhprofil die kaum nachweisbaren Spuren von Tetrahydrocannabinol (dem Wirkstoff der Cannabispflanze) fand. Kurz danach wanderte er nämlich für lange Zeit hinter »arabische Gardinen«.

Ich mache mir zugegebenermaßen fast in die Hose und auch Carsten blickt sorgenvoll drein, als sich der hektische Hund über unser Gepäck hermacht. Nervös rennt er auf und ab, schnüffelt, hechelt und blickt unsicher zu seinem Kommandogeber, der ihn immer wieder aufs Neue ermuntert, weiterzusuchen. Für den Hund ist es ein Spiel und er ist es gewohnt, für Leistung belohnt zu werden. In jeden Winkel unseres Gepäcks drückt er sein hochsensibles Riechorgan. Nie zuvor hat mir das Schnüffeln und Schwanzwedeln eines Hundes solch eine verfluchte Angst eingejagt. Als der Köter samt seinen Herrchen nach endlosen Minuten endlich wieder im Wagen verschwindet und die ganze Bagage grußlos abrückt, bin ich fix und fertig mit den Nerven. Doch wir haben es straffrei überstanden. Endlich dürfen wir mit den Motorrädern das Hafengelände verlassen.

Wir sind erleichtert, uns endlich wieder frei bewegen zu können. Ausgelassen und mit viel zu hoher Geschwindigkeit nehmen wir den Weg zurück ins Hotel in Angriff. Wir überholen links, rechts, überfahren rote Ampeln und verhalten uns wie ein paar durchgedrehte Fahranfänger auf dem Weg von der Disco zu McDonald's. Es ist bereits dunkel und die Staus des Feierabendverkehrs haben sich weitgehend aufgelöst, als wir das Stadtzentrum erreichen. Wir tauchen ein in das Meer aus Lichtern, durch das auch wir, wie all die anderen Fahrzeuge, unsere Leuchtspuren ziehen.

In den nächsten Tagen versuchen wir immer wieder, die schönen Gesichter dieser Stadt zu entdecken – nur mit mäßigem Erfolg. Als sich unser neu gewonnener Freund Henning dann von uns verabschiedet und zurück nach Deutschland fliegt, sind Carsten und ich uns einig, dass auch wir die Stadt so schnell wie möglich wieder verlassen wollen. Zuvor begeben wir uns noch zur DHL-Filiale in der Dubai Mall, um die bestellte Vergasermembrane abzuholen. Da man uns dort jedoch mitteilt, dass das Päckchen noch nicht eingetroffen sei, bleibt uns nichts anderes übrig, als auf dem Rückweg aus dem Oman erneut vorbeizukommen. Wir akzeptieren die Mitteilung des Filialleiters, ohne uns großartig darüber aufzuregen. Die Hitze hat uns scheinbar weich gekocht. Garantiert würden wir anders reagieren, wenn wir wüssten, dass das Teil die DHL-Niederlassung in Dubai niemals erreichen wird.

Als wir am folgenden Morgen in Richtung Oman aufbrechen wollen, steht der Temperaturmesser bereits wieder kurz vor der Anschlagmarke. Über 40 °C im Schatten, obwohl es noch gut vier Stunden bis Mittag sind. Unsere Endurohosen und auch die dicken Stiefel haben wir im Gepäck verstaut und machen uns mit Jeans und Turnschuhen bekleidet auf den Weg. Trotz des Klamottenwechsels läuft der Schweiß in wahren Bächen an uns herab. Eine geschlagene Stunde nach Aufbruch, als wir gerade mal fünf Kilometer vorwärtsgekommen sind, habe ich das Gefühl, bei lebendigem Leib gekocht zu werden. Selbst der leichte Wind ist kaum zu ertragen und es fühlt sich so an, als wären wir in einem gigantischen Umluftbackofen gefangen. Heiße Abgase, die einem in den endlosen Staus ins Gesicht geblasen werden, unterstützen den Garprozess zusätzlich. Auch die zwei bis drei Autos, die es lediglich pro Ampelphase über Grün schaffen, bringen einen an solch einem Tag beinahe um den Verstand und an die Grenzen der persönlichen Belastbarkeit.

Ich verfluche alles und jeden: Die verdammte Hitze, die verdammten Staus, sämtliche verdammten Autofahrer, die in ihren verdammten klimatisierten Kisten hocken und nicht in die Pötte kommen, aber allen voran die verdammten Versager, die für dieses verdammte nahverkehrstechnische Chaos verantwortlich sind. Ich bin einer Ohnmacht nahe und konzentriere mich mit aller Macht darauf, dass mein Körper nicht versagt und der Vorhang fällt. Jedes Mal, wenn die Räder nach ein paar Metern wieder zum Stehen kommen, reiße ich wie besessen den Helm herunter und schreie meinen Hass und Frust heraus, um nicht wahnsinnig zu werden. Ich kann mich nicht erinnern, wann ich das letzte Mal so aggressiv gewesen bin.

Es dauert ewig, bis wir den verstopften Straßen entkommen. Begleitet vom Gefühl, dass es jetzt nur besser werden kann, folgen wir der E 44 in Richtung Oman. Schon wenige Kilometer, nachdem wir die Luxuswelt hinter uns gelassen haben, bekommen wir einen Eindruck davon, wie es binnen kürzester Zeit aussehen würde, hätte der Mensch nicht seine Finger im Spiel. Die Wüste Rub al-Khali liegt nun vor uns. Ein gewaltiges Meer aus Sand, das auf einer Fläche deutlich größer als Deutschland mit bis zu 300 Meter hohen Dünen bedeckt ist. Bedrohlich und anmutig zugleich wirkt der Anblick dieser unwirtlichen Gegend auf mich. Sie zeigt auf eindrucksvolle Weise, wie klein und bedeutungslos der Mensch doch eigentlich ist.

Oman

Die Ein- und Ausreise in den Oman verläuft unkompliziert und reibungslos. Lediglich ein paar Minuten dauert es, bis die Tinte der erforderlichen Stempel in unseren Pässen trocken ist und uns zu einem 90-tägigen Aufenthalt berechtigt. Wir haben es tatsächlich geschafft. Obwohl wir eigentlich nur den formellen Startpunkt unserer auf den Namen »Oman–Island« getauften Reise erreicht haben und gerade mal ein Drittel der Wegstrecke hinter uns liegt, fühlt es sich so an, als hätten wir etwas Großes geleistet. Es ist schon bemerkenswert, wie sehr einen das lapidare Erreichen einer Grenze mit Stolz erfüllen kann.

Das Land mit dem klangvollen Namen wird als eines der fortschrittlichsten der gesamten arabischen Welt bezeichnet. 2,3 Millionen Einwohner, die sich auf über 100 Stämme verteilen, leben in dem Sultanat, das zwar noch tief in der arabischen Vergangenheit verwurzelt ist, aber gleichzeitig mit atemberaubendem Tempo den Sprung in die Moderne gemeistert hat. Fortschritt, so macht es der Oman nachahmenswert vor, muss nicht zwangsläufig mit dem Verlust der kulturellen Identität einhergehen. Weder Radio noch Telefon und gerade mal ein Krankenhaus, drei Knabenschulen und nur zehn Kilometer asphaltierte Straße gab es im Land, als der Sultan 1970 mithilfe eines Staatsstreichs gegen seinen Vater die Macht übernahm.

Lange Zeit war der Oman von dem Rest der Welt abgeschirmt und für Touristen war es so gut wie unmöglich, ein Einreisevisum zu bekommen. Selbst die Omaner durften nur mit einer Sondergenehmigung des Sultans das Land verlassen. Durch diese, wenn auch zweifelhafte Art der verhinderten Einflussnahme durch die Außenwelt, konnten die Ursprünge einer wundervollen alten Kultur bis in die heutige Zeit erhalten werden. Trotz all der Ursprünglichkeit kann das alte Handels- und Seefahrervolk heute, verglichen mit seinen arabischen Nachbarn, als geradezu liberal bezeichnet werden. So wurde im Jahre 1996 ein Grundgesetz erlassen, das unter anderem die Ungleichbehandlung von Männern und Frauen untersagt und die Ausübung anderer Religionen duldet. Hinter dem rasanten Fortschritt steht ein einziger Mann: Sultan Qabus bin Said, der sein Land nun schon seit 40 Jahren regiert. Egal, wohin man schaut, auf Geldscheine, Wandbemalungen oder Denkmäler – das Konterfei des charismatischen alten Mannes mit dem gemusterten Turban lächelt einem freundlich entgegen.

Auf dem kürzesten Weg begeben wir uns zum Meer. In der Ortschaft Al-Widayyat biegen wir von der Hauptstraße 1 ab. Schon als wir durch das kleine Dorf fahren, wird deutlich, wie groß der Unterschied zu den benachbarten Arabischen Emiraten doch ist. Hier im Oman spüren wir die echte, jahrhundertealte arabische Gastfreundschaft. Kinder rennen uns lachend durch die engen Gassen hinterher und die Erwachsenen, die hier noch einer Arbeit nachgehen, anstatt, von staatlichen Renten gesättigt, in klimatisierten Einkaufszentren die Zeit totzuschlagen, winken uns freundlich zu. Durch einige Dattel- und Ölbaumplantagen folgen wir einer holprigen Piste, bis sich vor uns ein nicht enden wollender Sandstrand ausbreitet. Die Sonne taucht das Meer, das in der Ferne mit dem Horizont verschmilzt, in ein goldenes Licht. Endlich Ruhe! Keine Baukräne oder Wolkenkratzer mehr. Kein Lärm und keine Staus. Nur das frei zugängliche Meer, ein paar Fischerboote und lang gezogene Palmenhaine, die bis dicht ans Ufer heran wachsen. Begleitet vom Rauschen der Wellen als einzigem Hintergrundgeräusch bauen wir die Zelte im tiefen Schatten einer Palme auf.

Als die Sonne in den frühen Abendstunden merklich an Kraft verloren hat, tauchen gut 20 Kinder auf, die sich zum Fußballspielen – der beliebtesten Sportart des Landes – am Strand getroffen haben. Bevor der Ball jedoch rollt, stehen erst einmal unsere

1

2

Auf dem Simplonpass bei strahlendem Sonnenschein über die Alpen.

Ein Zeltplatz, über den nur wir uns freuten: die berühmte Zypressengruppe »Santa Maria« in der Toskana.

3

4

5

6

7

3 In der Stadt Assisi in Umbrien wurde der Franziskaner-Orden gegründet.

4 Die Felsenklöster von Meteora waren lange Zeit nur über Leitern zu erreichen.

5 Eines von vielen Lagerfeuern auf dieser Reise.

6 Kappadokien, eine bizarre Landschaft im Herzen Anatoliens.

7 Frische Meeresfrüchte und Fisch bestimmen das kulinarische Angebot.

8

9

8 Istanbul – Schmelztiegel der Kulturen.

9 Die Bosporusbrücke verbindet Europa und Asien.

10 Isfahan im Iran – ein Traum von 1001 Nacht ...

11 Trinken, trinken, trinken ... Die Temperaturen am Persischen Golf sind mörderisch.

12 Eine von unzähligen Begegnungen mit den freundlichen und weltoffenen Menschen im Iran.

10

11

12

13 Auf iranischen Straßen ...

14 ... ist Verkehrssicherheit ein Fremdwort.

15 Außerhalb Dubais hat die Wüste das Sagen.

16 Unerschwinglicher Luxus: Das »7 Sterne Hotel« Burj al Arab.

17 Wellnessprogramm inklusive – den Besuch bei einem Barbier darf man sich nicht entgehen lassen!

18 Silberverzierte Krummdolche auf einem Basar in Muscat.

13

14

15

17

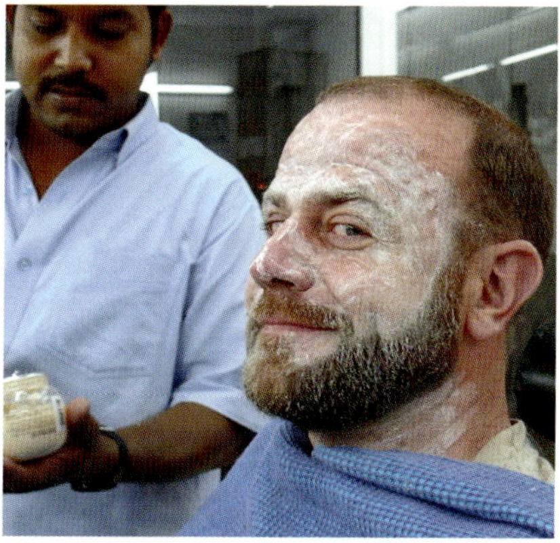

18

19

20

19 Wenn selbst die Kamele in den Schatten flüchten ...
20 Durch die zerklüftete Bergwelt im Norden des Oman.

Motorräder im Fokus ihres Interesses. Jeder der Knirpse möchte einmal im Sattel sitzen und am liebsten auch die Hupe betätigen, deren lauter Ton immer neue Kinder anlockt. Zwei Erwachsene bringen uns mit Kardamom aromatisierten »Omani-Kaffee« vorbei und reichen uns dazu eine ganze Schüssel getrockneter Datteln, die wir zusammen mit ihnen verspeisen. Wir genießen die Offenheit und Gastfreundschaft und kommen an diesem Abend noch mit vielen Leuten ins Gespräch.

Mit routinierten Handgriffen machen die ersten Fischer nach einer Weile ihre langen, schmalen Holzboote startklar und fahren, angetrieben von leistungsstarken Außenbordern, hinaus aufs Meer. Netze werden eingeholt, die Stunden zuvor in Position gebracht wurden. Wir sind noch wach, als die ersten Fischer wieder zurückkehren und ihre Boote von einem verrosteten Geländewagen ohne Motorhaube an den Strand gezogen werden. Man bietet uns einen knapp einen Meter langen Thunfisch an, dem noch an Ort und Stelle das Filet aus dem Rücken geschnitten wird. Über einem Feuer aus vertrockneten Palmzweigen grillen wir den Fisch auf unserem Klapp-Grill, bis wir irgendwann mitten in der Nacht neben den Zelten unter freiem Himmel einschlafen.

Nach nur wenigen Stunden werden wir von der Hitze geweckt. Außer uns sind nur Tausende von Geisterkrabben am Strand unterwegs, die überall kleine Sandhäufchen vor ihren eilig gegrabenen Höhlen aufgetürmt haben. Als ich gegen fünf Uhr in der Früh auf das Thermometer schaue, herrschen bereits 38 °C. Obwohl die Sonne noch tief am Horizont steht und ihre Strahlen die dichte Dunstglocke über dem Meer bislang nicht durchdrungen haben, drehen sich meine Gedanken bereits jetzt fast einzig und allein um diese Hitze. »Wie soll man es schaffen, sich daran zu gewöhnen?«, frage ich Carsten, als wir den Aufbruch vorbereiten.

Wenn man einen Blick auf die Landkarte des Omans wirft, dann stellt man schnell fest, dass sich fast alle landschaftlichen und kulturellen Höhepunkte auf den Norden um das Hadjar-Gebirge herum konzentrieren. Der überwiegende Rest des Landes ist von Sand bedeckt und nur schwer zugänglich. Mithilfe des englischsprachigen Reiseführers »Off-Road in the Sultanate of Oman«, den wir an einer Tankstelle in Dubai erworben haben, planen wir die Etappen für die nächsten zehn Tage. Zwar haben wir bereits im Vorfeld die für uns wichtigsten Anlaufpunkte definiert, dennoch wollen wir uns in gewisser Weise treiben lassen.

Wie fast alle Staaten am Golf, kann auch der Oman als sehr wohlhabend bezeichnet werden. Der Reichtum, der heute größtenteils dem Erdöl zu verdanken ist, gründete sich viele Jahrhunderte lang auf den florierenden Handel mit Wohlgerüchen und Aromen. Auf der Weihrauch- und der Gewürzstraße, zwei der wichtigsten und bekanntesten Handelsrouten vergangener Tage, wurden jedoch nicht nur Waren transportiert. Auch Wissenschaften, Religionen und Künste gelangten auf diesem Weg aus dem Morgen- in das Abendland. Zwei bis drei Monate brauchte eine Karawane damals, bis sie aus dem Oman kommend das Mittelmeer erreichte. Dort warteten bereits die Zwischenhändler, die die Gewürze und den Weihrauch teuer weiterverkauften. Heute werden die Waren nicht mehr auf den Rücken der Kamele transportiert, der Seeweg nach Indien wurde längst gefunden und auch die alten Karawanenrouten sind modernsten Highways und Luftfrachtverbindungen gewichen.

Reich ist der Oman heute jedoch mehr denn je und so gleicht die nach Muscat führende Hauptstraße einem prachtvollen Boulevard, der das Prädikat »sehenswert« verdient. Beide Fahrtrichtungen dieser Vorzeigestraße werden von palmengesäumten Grünstreifen voneinander getrennt, die von einem Sprühnebel aus Hunderten von Sprinkleranlagen gewässert werden. Einheitlich uniformierte Landschaftsgärtner geben Hecken, Büschen und Blumenbeeten den letzten Feinschliff, sodass die Bepflanzung locker auf einer Bundesgartenschau mithalten könnte. Wir fressen etwa 100 Kilometer auf diesem Prachtexemplar omanischer Straßenbaukunst, ehe wir zwischen Muscat und Suhar, der Stadt, aus der der Legende nach Sindbad der Seefahrer stammen soll, auf den Highway 11 abbiegen. Die Qualität des Asphalts, über den wir rollen, sucht ihresgleichen. Steine und Öl – alles, was man zum Bau guter Straßen braucht, gibt es hier im Überfluss.

Zunächst richtet sich unser Augenmerk auf den »Five-Forts-Drive«, eine Route entlang der geschichtsträchtigen Festungsanlagen, von denen es im Oman insgesamt mehr als 1000 gibt. Sie stammen fast alle aus dem 17. Jahrhundert, einer Zeit, in der das Land nach der Vertreibung der portugiesischen Besatzer in einen langen und blutigen Bürgerkrieg verfiel. Eine der imposantesten Festungen aus jener Zeit steht zweifellos in der Oasenstadt Nakhl. Von grünen Dattelpalmen umgeben, thront die scheinbar uneinnehmbare Festung auf einem frei stehenden Felsen in etwa 60 Metern Höhe. Die Kulisse ist beeindruckend. Mit den hellen Beigetönen der wuchtigen Mauern und Wehrtürme steht die Wehranlage optisch in einen starken Kontrast zu dem dahinter emporragenden kahlen Bergmassiv des Jebel Nakhl.

Obwohl uns die Anlage zutiefst beeindruckt, müssen wir uns fast schon dazu zwingen, von den Motorrädern abzusteigen, um sie zu Fuß zu erkunden. Es ist einfach zu anstrengend, als dass wir uns darauf freuen könnten. Außer uns ist fast kein Mensch zu sehen. Nur sehr wenige Touristen haben sich aus ihren klimatisierten Verstecken gewagt. In den milden Wintermonaten, in denen weit über 90 Prozent der westlichen Touristen ins Land strömen, sähe es vermutlich anders aus. Da wir uns jedoch für die »eigene Anreise« entschieden haben, bleibt uns nichts anderes übrig, als die knapp 50 °C im Schatten mit der einhergehenden hohen Luftfeuchtigkeit von 100 Prozent zu ertragen.

Bei sengender Sonne quälen wir uns, begleitet von angestrengtem Stöhnen und Keuchen, die vielen Stufen hinauf. Nachdem wir vor ein paar Kanonen posiert haben, geben uns unsere Körper unmissverständlich zu verstehen, dass es Zeit ist, wieder umzukehren. Es ist schon bedauerlich, dass uns die

Besichtigung einer der bekanntesten Sehenswürdigkeiten des Landes so vorkommt, als hätten wir eine unangenehme Aufgabe zu erfüllen, die wir allzu gerne ignorieren würden. Bei Temperaturen, bei denen sich selbst die Einheimischen zurückziehen, will man einfach kein Sightseeing betreiben. Wenn man im Winter mit dem Auto in Sibirien liegen bleiben würde und die Standheizung ginge kaputt, dann würde man sich über dieses Klima sicher freuen. So aber macht es uns beiden schwer zu schaffen und wir wünschen uns nichts sehnlicher, als einen Rückgang der Temperaturen. Wir fühlen uns hundeelend. Die Kreislaufprobleme und die stechenden Kopfschmerzen lassen einfach nicht nach. Wir fahren träge umher und stellen zu unserem Bedauern immer wieder fest, dass die eisig klimatisierten Räumlichkeiten von Tankstellen und Supermärkten eine höhere Anziehungskraft auf uns ausüben als die geschichtsträchtigen Ruinen aus dem Reiseführer. Ich schäme mich nicht, dies zuzugeben, auch wenn es irgendwie traurig ist.

Am nächsten Tag brechen wir zum 3009 Meter hoch aufragenden »Sonnenberg« Jebel Shams auf, dem landschaftlichen Leckerbissen des Hadjar-Gebirges. Aufgrund seiner Höhe und den damit einhergehenden milderen Temperaturen übt der Berg eine ganz besondere Anziehungskraft auf uns aus. Von Nakhl fahren wir zunächst in südwestliche Richtung, bis wir nach einigen Stunden die Oase Al Hamra erreichen. Es ist nicht viel los in der kleinen Stadt. Die Mittagsglut hat die Menschen längst in ihre Häuser vertrieben und selbst Katzen, Hühner und Ziegen liegen bewegungslos herum, um sehnsüchtig auf die Abendstunden zu warten. Schutz zu finden, ist wichtig in der Zeit, die keine Schatten wirft.

Es ist schon erstaunlich, wie es die Omaner trotz der schweren klimatischen Bedingungen schaffen konnten, ihrem Land Fruchtbarkeit abzuringen. Wie alle anderen Ortschaften, ist auch Al Hamra an das äußerst effiziente Bewässerungssystem angeschlossen. Ein Netz aus Rinnen, Schleusen, Viadukten und Kanälen, das durch das Grundwasser der Berge gespeist wird, durchzieht den Ort. Nur von Gefällen und nicht von moderner Technik geleitet, gelangt das kostbare Wasser über unzählige Verteilerarme an die verschiedenen Verwendungspunkte. Dank einer genialen Ingenieursleistung, die von Generation zu Generation weitergegeben wurde, ist hier der Anbau von Bananen, Mangos, Zitrusfrüchten und verschiedenstem Gemüse möglich. Ohne die »Aflaj«, wie die Bewässerungsanlagen genannt werden, hätte das regenarme Wüstenland kaum eine Überlebenschance. Gut 30 Prozent des Trinkwasserbedarfs des Landes werden auch heute noch, genau wie vor Hunderten von Jahren, durch dieses System abgedeckt.

Wir sind nicht die einzigen, denen die Hitze zu schaffen macht. Auch unsere Motorräder leiden Qualen. Der schwarze Asphalt strahlt die Sonnenenergie wie eine glühende Herdplatte ab. Der Wind verschafft uns keinerlei Abkühlung, sondern kriecht als glutheiße Luft in die Helme hinein. Jeder Atemzug fühlt sich an, als halte man den Kopf über einen Topf mit kochendem Wasser. Wir müssen Handschuhe anziehen und die Visiere schließen, um keine schmerzhaften Rötungen auf der Haut zu bekommen. Diese äußeren Bedingungen stellen für jeden Motor und die dazugehörigen elektrischen Baugruppen eine enorme Belastung dar. Wann immer wir anhalten und der Zweizylinder nur für kurze Zeit mit Standgas läuft, klettert die Anzeige für die Motortemperatur bedrohlich weit in den roten Bereich hinein. Da große Hitze bei Spannungsreglern ein bekanntes Problem darstellt, haben wir schon vor der Abfahrt vorsorglich ein paar Lüftungsschlitze in die Seitenverkleidung gesägt, damit der Wind das anfällige Teil umströmen und entstehende Hitze besser abtransportieren kann. Doch da die Temperaturen nun selbst unsere kühnsten Vorstellungen übersteigen und ein unterschwelliger Geruch von verschmortem Plastik nichts Gutes verheißt, entscheiden wir uns dafür, die Verkleidung komplett abzuschrauben und sie mit ein paar Gummiriemen auf dem Gepäck zu verzurren. Wenn wir eines vermeiden wollen, dann ist es ein weiterer Defekt.

Von Al Hamra geht es über immer steilere Straßen hinauf in die Berge. Die Beschreibung unseres Reiseführers, derzufolge es sich um eine der schönsten Strecken im Oman handelt, kann ich nur bestätigen. Mit jedem Höhenmeter, den wir auf den Serpentinen hinter uns bringen, spüren wir einen leichten, aber doch sehr wohltuenden Rückgang der Temperaturen. Etwa acht Kilometer, bevor wir das Hochplateau erreichen, geht die breit ausgebaute Straße in eine holprige Piste über. Immer wieder kommen wir an kargen Bäumen und Büschen vorbei, in deren obere Zweige Ziegen geklettert sind, um an die wenigen grünen Blättchen heranzukommen. (Ich habe gar nicht gewusst, dass Ziegen auf Bäume klettern können.) Mit Blick auf das zerklüftete Felsenmeer, das oft mit dem Grand Canyon in Arizona verglichen wird, erreichen wir nach kurzer Zeit den Aussichtspunkt. Auf knapp 2000 Metern Höhe, so zeigt es mir das GPS-Gerät an, stellen wir die Motorräder auf dem Hochplateau ab.

Auch wenn die meisten Touristen den Oman klugerweise in den milderen Wintermonaten bereisen, ist der Ort an diesem Tag ziemlich gut besucht. Zum ersten Mal sehen wir eine größere Touristengruppe. Beinahe zeitgleich mit unserer Ankunft werden einige Franzosen und Deutsche wie die Vorhut eines Militärkommandos aus mehreren Geländewagen abgesetzt, um sofort mit ihren Fotoapparaten in Stellung zu gehen. Es dauert eine Weile, bis wir den Ort ohne den hektischen Lärm anderer Menschen genießen können. Verglichen mit den tiefer gelegenen Regionen fühlen sich die knapp 30 °C so erfrischend an, dass wir uns entschließen, die Nacht auf dem Hochplateau zu verbringen. Nahe dem »Jabale Shams Camping & Travelling Center«, das an diesem Tag geschlossen ist, bauen wir unsere Zelte auf.

Eine angenehm kühle Nacht, die nicht unsere gesamte Energie aufzehrt, sorgt für einen schwungvollen Start in den nächsten Tag. Wir sind voller Tatendrang, als wir nach einem Bilderbuchsonnenaufgang in den frühen Morgenstunden wieder talwärts rollen. Mit Erreichen der Küstenebene, die einem auf Hochtouren arbeitenden Backofen gleicht, relativiert sich das Hochgefühl schnell wieder und wir schwitzen weiter wie die Schweine.

Mit der Stadt Al Amil erreichen wir nach 51 Reisetagen und genau 12 329 Kilometern den südlichsten Punkt unserer Reise. Obwohl der Blick für das Schöne aufgrund der Hitze getrübt ist, haben wir in den vergangenen Tagen viel von diesem großartigen Land gesehen. Ich muss jedoch auch gestehen, dass ich nicht unglücklich darüber bin, dass wir ab jetzt wieder in Richtung Norden fahren werden. Unweit der alten Hafenstadt Sur, in der noch immer die traditionellen Segelschiffe mit den großen trapezförmigen Segeln, auch Dauen genannt, gebaut werden, suchen wir einen Lagerplatz am Strand. Die folgende Nacht unterscheidet sich wie die vorige kaum vom Tag. Als wir am nächsten Morgen die Zeltheringe aus dem heißen Sand ziehen, können wir uns beide noch überhaupt nicht vorstellen, von nun an so weit in nördliche Richtung zu fahren, bis wir den Polarkreis erreichen. So gut mir die Wüstenlandschaft auch gefällt, ich muss sehnsüchtig lächeln bei diesem Gedanken.

Auf dem Teilstück von Sur bis zur Hauptstadt Muscat kommen wir an einigen Wadis vorbei, von denen eines schöner als das andere ist. Diese grünen Seitentäler sind genauso typisch für das Landschaftsbild des Omans wie etwa die vielen Festungen. Immer dann, wenn man glaubt, dass eine Landschaft unfruchtbarer kaum sein könnte, wird man von üppig grünen Anbauterrassen und Palmenoasen überrascht. Mehrfach versuchen wir, mit den Motorrädern so weit wie möglich dem Lauf des Wassers zu folgen. Einer der schönsten dieser zeitweise ausgetrockneten Flussläufe ist das Wadi Shab. Dort stellen wir unsere Kräder im Schatten einer Brücke des Muscat-Sur-Highways ab, cremen uns dick mit Sonnencreme ein und begeben uns zu Fuß auf eine stundenlange Entdeckungstour. Wie überall im Land, können wir auch hier unsere Siebensachen bedenkenlos unbeaufsichtigt zurücklassen. Wenn wir zu Fuß aufbrechen, kämen wir niemals auf die Idee, unsere Motorräder abzuschließen. Selbst unsere

Tankrucksäcke mit all den Wertsachen darin lassen wir genau wie die Helme und Jacken an den Motorrädern zurück und wundern uns nicht darüber, dass die Sachen Stunden später tatsächlich noch da sind. Ich gehe jede Wette ein, dass man sogar seinen Geldbeutel auf die Sitzbank des Motorrades legen könnte und sich niemand daran zu schaffen machen würde.

Wir folgen dem künstlichen Wasserlauf durch eine tiefe Schlucht, die sich wie ein grünes Band in die schroffe Bergwelt schneidet. In Regionen, in denen ohne Zutun des Menschen nur Insekten und allenfalls ein paar blattlose Sträucher überleben könnten, klingt das Geräusch von Wasser, das in mehrere Becken plätschert, wie Musik in den Ohren und der Anblick der farbigen Pflanzenwelt ist eine Wohltat für die Augen. Nach etwa einer Stunde Fußweg erreichen wir die ersten Becken, in denen sich erstaunlich kühles Wasser sammelt. Inmitten der felsigen Ödnis spiegeln sich plötzlich Palmen, Schilfgräser und bunte Blumen im blauen Wasser und wir haben mehrfach die Gelegenheit, uns abzukühlen. Wir verbringen viel Zeit im Wasser und es kostet fast schon Überwindung, weiterzugehen. Ein paar junge Einheimische suchen ebenfalls die Erfrischung. Sie sind sogar so mutig und springen von etwa 15 Meter hohen Felsvorsprüngen ins Wasser hinab.

Am Ende der Schlucht erreichen wir nach gut fünf Kilometern eine Kalksteinhöhle, die man nur schwimmend durch eine enge Felsspalte erreichen kann. Unter einzigartigen Lichtverhältnissen ergießt sich im Inneren ein kleiner Wasserfall. Der Schall wird von den umgebenden Wänden wie in einer Kathedrale zurückgeworfen und lässt das Wasser und unsere Stimmen wie ein ganzes Orchester erklingen. Es ist ein Ort mit so viel Magie, für den allein es sich gelohnt hat, so lange zu schwitzen. Allah muss einen guten Tag gehabt haben, als er diese Landschaft schuf.

Am späten Nachmittag des nächsten Tages kommen wir in der Hauptstadt Muscat an. Im Stadtteil Muhar beziehen wir ein nettes Hotel direkt an der Hafenpromenade. Da wir versuchen wollen, in der saudischen Botschaft ein Transitvisum für das Nachbarland Saudi-Arabien zu bekommen, müssen wir ein wenig an unserem Erscheinungsbild arbeiten. Zugegebenermaßen ist die Körperpflege in den letzten Wochen ein wenig ins Hintertreffen geraten. Meine wenigen Haare liegen durch das ständige Tragen des Helms wie eine Handvoll Unkraut auf dem Kopf, und auch mein Bart, den ich seit der Abfahrt vor gut zwei Monaten nicht mehr rasiert habe, scheint in erster Linie den Insekten zu gefallen, die sich während der Fahrt darin verfangen und einzunisten versuchen. Auch Ohrringe und sichtbare Tätowierungen, so habe ich mir sagen lassen, könnten bei einem Gespräch mit den Vertretern des streng konservativen Landes von Nachteil sein. Dem barbusigen Pin-up-Girl, das in einem Cocktailglas auf meinem linken Oberarm badet, habe ich zwar vorsorglich die Brüste mit einem schwarzen Edding-Stift zensiert, dennoch halte ich es für ratsam, mir ein Hemd mit langen Ärmeln zuzulegen.

Um uns rundum neu zu stylen, gehen wir in die Stadt. Auf dem Basar, wo auch die Barbiere ihre Dienste anbieten, wollen wir nach einem Textilhändler Ausschau halten. Zunächst machen wir einen Erkundungsgang durch die Fisch- und Fleischmarkthalle, die gegenüber dem Hotel gelegen ist. Da immer wieder neue interessante Duftnoten zu uns herüberwabern, ist unsere Neugier geweckt. Obwohl die offen gestalteten Seitenwände des großen Gebäudes die Luftzirkulation unterstützen, sind die Gerüche dort mehr als intensiv. Die Nachricht, dass die Waren größtenteils ungekühlt und nicht abgedeckt angeboten werden, hat sich längst bei den Fliegen herumgesprochen. Mit großer Hartnäckigkeit versuchen sie, ihren Nachwuchs auf der Verkaufsware zu hinterlassen. Die Hauptaufgabe der Verkäufer scheint daher nicht primär der Umgang mit dem Kunden zu sein, sondern das Verscheuchen der Plagegeister. Ein ganz besonders pfiffiger Basari hat diese Aufgabe mittels eines Ventilators, an dessen Flügeln ein paar Palmzweige geknotet sind, automatisiert.

Das genaue Gegenteil des fischigen Gestanks – eine wahre Explosion der Wohlgerüche – kann man ein paar Straßen weiter auf dem Souq von Muttrah erleben. Der aromatische Duft, der beim Verglühen des Weihrauchs entsteht, hängt schwer in den engen Gassen des angeblich ältesten Basars des Landes. Seit dem Tag vor über 2000 Jahren, als die drei Weisen aus dem Morgenland den Weihrauch als Geschenk im Gepäck hatten, wird das Harz in der christlichen Welt als Symbol der Gottesverehrung angesehen. Über Jahrhunderte wurden stolze Preise für das Räucherwerk bezahlt. Ein Grund, warum der Weihrauch sogar mit Gold aufgewogen wurde, ist vermutlich die Tatsache, dass beim Verbrennen ein psychoaktiver Stoff entsteht, der Veränderungen der Wahrnehmung hervorruft. Die Gläubigen konnten so, ohne den eigentlichen Grund zu kennen, noch tiefer ins Gebet versinken.

Größter Abnehmer in der Vergangenheit war neben der Kirche auch der römische Kaiser Nero, der aus Anlass der Totenfeier für seine verstorbene Gemahlin Poppea etliche Tonnen des Harzes auf einmal verdampfen ließ und ganz Rom in dichten Nebel hüllte. Anders als in den christlichen Kulturen, wird der Weihrauch im Oman jedoch nicht für religiöse Zwecke genutzt, sondern als Aromastoff, der die Luft der Basare, Hotels und Einkaufszentren parfümiert. Wir finden einen Händler, der neben dem Weihrauch und den landestypischen Krummdolchen auch Kleidung im Angebot hat. Im traditionellen Dishdasha, einem weißen Gewand, wie es fast alle Männer auf der Arabischen Halbinsel tragen, sehen wir aus, als wollten wir auf eine Karnevalsveranstaltung. Deshalb bitten wir den Händler, uns ein paar andere Outfits zu zeigen. Wir entscheiden uns für weiße Baumwollhemden und Hosen, in denen wir einigermaßen glaubwürdig wirken. Bei einem pakistanischen Barbier, der seinen Laden um die Ecke hat und der sich viel Zeit für die Behandlung nimmt, holen wir uns den letzten Feinschliff ab.

Süß duftend, mit klebrigen Lotionen eingepinselt und gekleidet wie »Sonny« Crockett und Ricardo Tubbs aus der Serie

»Miami Vice« machen wir uns tags darauf auf den Weg zur diplomatischen Vertretung Saudi-Arabiens. In dem nahe gelegenen Stadtteil Ruwi steigen wir aus einem Taxi. Wie zwei Fremdkörper stehen wir mutterseelenallein vor dem verwaist wirkenden Botschaftsgebäude. Uns ist bewusst, dass unser nun folgender Auftritt sehr wichtig für den weiteren Verlauf unserer Reise sein wird. Es gilt, einen positiven ersten Eindruck zu hinterlassen und durch souveränes Auftreten zu punkten.

Mit einem kaum hörbaren Summen wird das schmiedeeiserne Tor für uns entriegelt. Als wir das Gebäude betreten, fühle ich mich wie ein Jobsuchender beim Vorstellungsgespräch, der durch geschicktes Taktieren von Lücken im Lebenslauf ablenken muss. Warum um alles in der Welt muss man ein schlechtes Gefühl haben und sich klein vorkommen, nur weil man ein fremdes Land durchqueren will? Ich ärgere mich über dieses Gefühl. Wie auch bei einer Bewerbung für einen Job, ist das ganze Gespräch für die Katz, wenn man den Auftakt vermasselt. Als wir nach einer Sicherheitskontrolle und Voranmeldung vor dem Büro des Botschafters stehen und nach mehrmaligem Anklopfen keine Reaktion erfolgt, öffne ich selbstständig die Tür.

Auf den ersten Blick scheint der Raum leer zu sein und wir wollen schon wieder gehen, als uns zwei Füße auffallen, die nackt unter dem Schreibtisch hervorschauen. Ein halblautes »Hello?«, das ich in den Raum hineinrufe, soll die Situation klären. Keine Reaktion. Erst auf ein weiteres, diesmal aber etwas lauteres »Hello!!!« geht ein Zucken durch die Füße und der Botschafter kommt unter dem Tisch hervor. Wir hätten den Moment nicht unpassender erwischen können, denn der Herr machte dort gerade ein Nickerchen.

Was soll ich sagen? Unser Antrag wird abgelehnt. Bei allen Visaangelegenheiten, so die offizielle Begründung, könne uns nur das Konsulat in Dubai weiterhelfen. Da unsere Daten gespeichert sind, wäre es keine gute Idee, an dieser Stelle ein Fass aufzumachen. Wir ballen die Fäuste in der Tasche und verabschieden uns.

Zurück im Übermorgenland

In Dubai geht der ganze Stress von vorn los. Auch bei unserem zweiten Aufenthalt gelingt es der Glitzermetropole nicht ansatzweise, uns zu begeistern. Die Organisation der Weiterreise über Saudi-Arabien ist der einzige Grund, warum wir uns die Stadt und ihre schlechten Eigenschaften überhaupt noch einmal antun. Wenn es nach uns ginge und wir nicht schon wieder zur Botschaft rennen müssten, dann würden wir einen weiten Bogen um die Stadt machen und uns auf dem kürzesten Weg zur Grenze begeben.

Da Dubai eher für besser verdienende Touristen ausgelegt ist und man Alternativreisende, wie etwa Backpacker, fernhalten möchte, sucht man billige Unterkünfte vergebens. Als einzige Alternative zu den teuren Hotels bietet sich die Jugendherberge an, in der eine Übernachtung mit fast 50 Euro noch vergleichsweise preisgünstig ist. Das »Dubai Youth Hostel« scheint eine Art Sprungbrett für Glücksritter aus aller Welt zu sein.

Als wir unsere Motorräder vor dem Gebäude abstellen und unser Gepäck abladen, kommen wir mit jungen Leuten aus aller Herren Länder ins Gespräch – Said aus Marokko etwa, der uns von seiner glücklosen Jobsuche berichtet. Lange Jahre, so der 30-Jährige, habe er für den Flug und den Aufenthalt in der teuren Stadt gespart. Nun ist er gekommen, um Karriere zu machen, was für ihn in erster Linie bedeutet, genug Geld zu verdienen, um seine Familie in der Heimat ernähren zu können. Dass der momentane Zeitpunkt ungünstiger kaum sein könnte, um einen Job zu suchen, gibt er zu, ohne resigniert zu wirken. Noch vor wenigen Monaten seien zahlreiche vielversprechende Jobangebote ausgeschrieben gewesen. Die Rubrik mit den Stellenangeboten habe beinahe die halbe Zeitung ausgemacht. Jetzt, wo er die ausgewählten Adressen der Reihe nach abklappere, müsse er entsetzt feststellen, dass die Büros vieler Firmen leer geräumt seien oder die Angestellten reihenweise vor die Tür gesetzt würden. Neue Arbeitskräfte suche derzeit wirklich keiner mehr. Es ist die berühmte Suche nach der Nadel im Heuhaufen. Dabei hatte er sich doch so fest vorgenommen, seine Familie nicht zu enttäuschen. Nun liefe jedoch alles darauf hinaus, dass er als großer Verlierer zurück in sein Dorf kehren würde, aus dem er als Held verabschiedet wurde.

Eine Weile steht er noch bei uns und knabbert Sonnenblumenkerne, deren Schalen er auf den Boden spuckt. Als er sich von uns verabschiedet, lernen wir nahezu übergangslos seinen Zimmergenossen kennen, einen jungen Mann aus Nigeria, der uns eine beinahe identische Geschichte erzählt. Eine Geschichte, die ihn, Said und Tausende andere Neuankömmlinge miteinander zu verbinden scheint.

Eine nervenaufreibende Woche mit vielen schlechten Neuigkeiten liegt vor uns. Es beginnt alles am Morgen nach unserer Ankunft. Wir fahren erneut mit dem Taxi zur DHL-Vertretung

Warten auf die nächste Fangfahrt: Fischerboot am Strand im Oman.

in der Dubai Mall, um Carstens Ersatzteil abzuholen, das nun schon seit einer gefühlten Ewigkeit auf den Postwegen dieser Welt auf Reisen ist. Das Paket, so sagt man uns nach Prüfung einer nachverfolgbaren Identifikationsnummer, sei aufgrund fehlerhafter Zoll- und Adressangaben, die Carsten, wie ihm plötzlich wieder einfällt, nicht korrekt weitergegeben hat, wieder zurück an den Absender in Deutschland gesendet worden. Eine vernünftige Reparatur des Vergasers ist damit in weite Ferne gerückt. Mit leeren Händen kehren wir zurück zu unserer Unterkunft. Es bleibt uns vorerst also nichts anderes übrig, als zu hoffen, dass Carstens Motorrad – wie in den letzten Tagen – einigermaßen seine Pflicht erfüllt. »Return To Sender« von Elvis Presley läuft an diesem Tag als Endlosschleife in meinem Kopf. Am liebsten würde ich das Lied laut, sehr laut, in das Ohr meines Freundes schreien.

Erneut wie zwei sizilianische Lebemänner verkleidet, fahren wir vor der saudischen Botschaft vor. Verglichen mit der Botschaft im Oman oder dem Deutschen Generalkonsulat, wo wir uns zuvor noch zwei Empfehlungsschreiben haben ausstellen lassen, ist der Andrang hier immens. Hunderte von Antragstellern stehen bereits vor dem Tor und warten ungeduldig auf Einlass. Unsere Hoffnung, die Transitvisa noch am selben Tag ausgestellt zu bekommen, zerschlägt sich, als wir das Gebäude betreten. Im Inneren regiert das Chaos in Vollendung. Zwischen meterhohen Papierbergen und Abertausenden Reisepässen, die kartonweise angeliefert werden, wird Geld hin und her geschoben und wichtig getan. Irgendwie scheint keiner der arrogant wirkenden Bediensteten so recht zu wissen, was sein Aufgabenbereich umfasst.

Als wir endlich aufgerufen werden und unsere Pässe abgeben möchten, bekommen wir zu hören, dass derzeit nur Pilgervisa ausgestellt würden. Erst nach einem langen Hin und Her ist man zumindest gewillt, uns die notwendigen Antragsformulare auszuhändigen. Wir quälen uns durch den endlosen, sehr intimen Fragenkatalog, den wir schließlich zusammen mit unseren

Pässen an einem der Schalter abgeben. Obwohl man uns eine zügige Bearbeitung verspricht, haben wir wenig Hoffnung, dass es klappen wird. Da heute sehr viel zu tun sei, werden wir gebeten, am nächsten Tag nochmals vorstellig zu werden. Die Entscheidung, so der Sachbearbeiter mit dem angeborenen Dreitagebart, werde ohnehin in der Hauptstadt Riad getroffen.

Mit demselben unguten Gefühl kehren wir am nächsten Tag wie vereinbart zurück. Ebenso am übernächsten und am überübernächsten. Aus einem Tag wird eine ganze Woche. Jeden beschissenen Tag erdulden wir dieselbe demütigende Prozedur. Immer bekommen wir von denselben Leuten dieselben Fragen gestellt und das gleiche Formular ausgehändigt – und stets liegt der zur Bearbeitung gedachte Stapel mit Visaanfragen und Reisepässen unverändert an derselben Stelle.

Auch das Empfehlungsschreiben der Deutschen Botschaft hilft uns nicht weiter. Immer neue Ausreden und Beschwichtigungsversuche. Wir sollten morgen wiederkommen und uns gedulden. Am liebsten würde ich über den Schalter springen und den saudischen Unsympathen hinter dem Bittsteller-Fenster mit Polizeigriff davon überzeugen, dass es für uns wirklich wichtig ist, dass die Pässe endlich abgestempelt werden. Als einer der Mitarbeiter wenigstens so ehrlich ist und uns sagt, dass es so noch eine ganze Weile weitergehen könne – ohne die Garantie, letztendlich ein Visum zu erhalten – haben wir die Faxen dicke. Es ist so unglaublich frustrierend, ausgerechnet in der grausigsten Stadt unserer Reise festzuhängen und keinen konkreten Plan zu haben, wie es denn nun weitergehen soll.

Während unsere Anträge allmählich unter einer dünnen Schicht Wüstensand verschwinden, sehen wir ein, dass es an der Zeit ist, uns Gedanken um Plan B zu machen. Unsere Auswahl an Möglichkeiten ist dünn. Die einzige Alternative sehen wir darin, die Motorräder auf einen Lkw zu verfrachten, sie nach Jordanien transportieren zu lassen und selbst dorthin zu fliegen. Wir nehmen Kontakt zum deutschen Vizekonsul auf, ebenfalls Motorradfahrer, der uns bei der Ausstellung der Empfehlungsschreiben seine Hilfe bei etwaigen Problemen angeboten hat. Nach einigen Telefonaten zerstört auch er unsere Hoffnung. Tausende von entlassenen Arbeitern verließen momentan fluchtartig das Land, da sie plötzlich ihre Miete oder ihre Raten nicht mehr zahlen könnten und ihnen als Schuldnern oftmals Gefängnis drohe. Deshalb, so teilt er uns mit, habe keine Spedition mehr Kapazitäten frei. Allein das Deutsche Konsulat habe derzeit alle Hände voll damit zu tun, die gewaltige Ausreisewelle deutscher Staatsbürger zu organisieren.

Die Finanzkrise macht auch uns einen Strich durch die Rechnung und ändert unsere Reiseroute. Da unser iranisches Visum zum Glück noch einige Tage gültig ist und auch eine zweite Einreise ermöglicht, sehen wir darin unsere letzte Option. Nachdem die Abfahrt zweimal kurzfristig verschoben wurde, können wir drei Tage später endlich die Fähre zurück über den Persischen Golf nehmen. Als letzte Passagiere gehen wir an Bord. Die Sonne brennt mit gewohnter Kraft auf unsere roten Gesichter und die ausgefranste iranische Flagge am Heck des Schiffes tanzt wild im Wind, als wir Fahrt aufnehmen. Die Umrisse des höchsten Gebäudes der Welt sind das Letzte, was ich von der Skyline des Wüstenemirats in einer Dunstglocke verschwinden sehe.

Mit Vollgas ins Abendland

Am frühen Abend reihen wir uns auf iranischem Boden in die lange Schlange der Einreisenden ein. Obwohl an dem heutigen Freitag ein Feiertag ist, weckt der Anblick der diensttuenden Beamten die Hoffnung in uns, doch noch die Motorräder durch den Zoll schleusen zu können. Kaum ist der letzte Passagier aus Dubai eingereist wird jedoch ersichtlich, dass die Einfuhr zollpflichtiger Waren, zu denen auch unsere Motorräder zählen, heute nicht mehr stattfinden wird. Wir müssen uns nun entscheiden, ob wir auf dem streng bewachten Hafengelände bleiben oder ob wir mit dem Taxi in die Stadt fahren, um dort in einem klimatisierten Hotel die Nacht zu verbringen. Da wir morgen keine Zeit verlieren wollen und die Unterkünfte in der Stadt ein miserables Preis-Leistungs-Verhältnis bieten, entscheiden wir uns dafür, bei unseren Krädern zu bleiben. Zusammen mit einem guten Dutzend iranischer Trucker verbringen wir endlose Stunden in einer drückend heißen Lagerhalle und warten geduldig darauf, dass am morgigen Samstag eine neue Arbeitswoche beginnt.

Nach einer schleppend langen Nacht auf hartem Beton beginnt der Tag für uns um fünf Uhr in der Früh. Wieder zeichnet sich ab, dass wir viel Geduld mitbringen müssen. Dreizehn volle Stunden sind nötig, um sämtliche Frachtpapiere, Carnets, Pässe und sonstige Unterlagen abstempeln und gegenzeichnen zu lassen. Es ist der absolute Wahnsinn, wie umständlich und aufwendig die Abläufe sind, wenn man auf dem Seeweg in dieses Land einreist. Wären die iranischen Zollbeamten nicht so entgegenkommend gewesen, uns einen Laufburschen an die Hand zu geben, der uns durch das riesige Hafengelände zu den weit verstreuten Ansprechpartnern begleitet, so würden wir vermutlich noch heute dort umherirren. Da sage mal einer, in Deutschland sei der bürokratische Aufwand zu hoch oder Behördengänge müssten vereinfacht werden. Erst als unsere Laufzettel mit so vielen Stempeln und Unterschriften versehen sind, dass man meinen könnte, selbst die Putzfrau und der Hafenschreiner hätten gegengezeichnet, dürfen wir den gesicherten Bereich verlassen. Um genau 18.25 Uhr öffnet ein Soldat den Schlagbaum und entlässt uns mit militärischem Gruß auf iranische Straßen.

Wir lassen Bandar Abbas hinter uns. Konstant hohes Tempo bringt uns wieder in Richtung Norden. Kaum spürbar ändert sich nach zwei Tagen im Sattel die Kulisse. Sand und Geröll machen einer zunächst noch spärlichen blattlosen Vegetation Platz, die sich wie ein zarter Flaum über die Landschaft legt und mit zunehmender Höhe in üppige grüne Wiesen übergeht. Zum ersten Mal seit etlichen Tagen rinnt der Schweiß nicht mehr ununterbrochen und ich spüre den Wind, der mir ins offene Visier bläst, wieder als angenehm kühles Prickeln auf der Haut. Endlich macht es wieder so richtig Freude, Motorrad zu fahren.

Hamit, unser iranischer Freund und Helfer.

Ein Sohn der Wüste ist an mir sicherlich nicht verloren gegangen, denke ich, als wir etwa 600 Kilometern nördlich von Bandar Abbas die letzten Regionen des unfruchtbaren Ödlandes hinter uns lassen.

So sehr wir uns auch über die zunehmende Höhe freuen, sie bringt leider auch Probleme technischer Natur mit sich. Carstens Motorrad, das in den vergangenen Wochen keinen Ärger bereitete, läuft mit der dünner werdenden Luft wieder so schlecht, dass wir immer öfter gezwungen sind, anzuhalten. Ich kann mir einfach keinen Reim auf die Sache machen. Es ist so, als ob der Motor die iranischen Berge verweigern würde. Warum nur hat es im Oman geklappt? Immerhin haben wir dort auch einige Höhenmeter hinter uns gebracht.

Als wir die Millionenstadt Shiraz erreichen, haben wir bereits viermal den Tank abgebaut und stets vergeblich versucht, die Einstellung des Vergasers mittels der entsprechenden Stellschrauben zu optimieren. Da wir jedoch die mit Sekundenkleber eingeklebte Membrane aus der Türkei nicht zerstörungsfrei entfernen können, lässt sich auch keine vernünftige Einstellung vornehmen. Je mehr wir an dem Teil herumfummeln, desto größer scheint das Problem zu werden.

Im dichten Verkehr der Stadt verliere ich Carsten aus den Augen. Ich halte an und warte, ob er vielleicht nur durch eine Ampel aufgehalten wurde. Als er nach ein paar Minuten immer noch nicht in Sicht ist, fahre ich zurück. Eine größere Menschenmenge von gut und gerne 40 Personen, in deren Mitte ich seinen Helm erkennen kann, verrät mir seine Position. »Gott sei Dank, dass du da bist. Meine Karre gibt keinen Mucks mehr von sich«, sagt er völlig außer sich. Gemeinsam versuchen wir wieder und wieder vergeblich, den Motor zum Laufen zu bringen. Irgendwann ist die Batterie so erschöpft, dass man nur noch das hilflose Knacken des Anlassers hört, der zu schwach ist, dem Motor den nötigen Schwung zu geben. Wir schieben die Super Ténéré etwa 300 Meter die Straße hinunter, wo wir sie vor einer Reifenreparaturwerkstatt abstellen. Auch hier dauert es keine Minute, bis die Iraner uns wieder beweisen, dass sie Weltmeister im Hilfeanbieten sind. Gleich mehrfach rufen Fremde ihre Freunde an, um so in Erfahrung zu bringen, wer sich mit Motorrädern auskennt und uns helfen könnte.

Keine halbe Stunde später lernen wir den 64-jährigen Hamit kennen, der uns als ausgewiesener Fachmann und Betreiber einer Motorradwerkstatt vorgestellt wird. Damit wir sehen, dass er vom Fach ist, drückt er uns eine Visitenkarte in die Hand, auf der außer einem Yamaha-Logo auch ein Motocrossfahrer abgebildet ist, der mit seiner Kiste über den in Farsi geschriebenen Firmennamen springt. Ich hätte mit allem gerechnet, nur nicht damit, dass wir so schnell fachmännische Hilfe bekommen. Mit dem Blick eines Sommeliers, der ein mit teurem Wein gefülltes Glas ins Licht hält, um nach Schwebeteilchen und Qualitätsmerkmalen zu suchen, schaut sich Hamit den ausgebauten Vergaser an. Er bläst, saugt und riecht an den verschiedensten Öffnungen, spuckt Benzin auf den Boden und macht dabei den imponierenden Eindruck auf uns, als wüsste er haargenau, was er da tut. Nach einer Weile verrät uns sein Gesichtsausdruck, dass er den Fehler gefunden hat, und Hoffnung kehrt zurück. Mit einem Überbrückungskabel bekommen wir das Motorrad wieder in Gang. Da es aber noch einer Probefahrt und eines gründlichen Checks bedarf, werden wir gebeten, ihm zu seinem Haus zu folgen. Wir spüren, dass er sich wahnsinnig über unseren Besuch freuen würde. Es ist uns eine Herzensangelegenheit, die Einladung anzunehmen.

Hamit, unser Gastgeber, ist ein Motorradfreak durch und durch. Den ganzen Abend erzählt uns der bemerkenswerte Enthusiast von seiner Liebe zu Motorrädern und wie es dazu kam, dass er der erste Motocrossprofi des Landes wurde, der sogar in den USA seine Rennen fuhr. Obwohl er als Kradmelder im Iran-Irak-Krieg vor gut 30 Jahren von der Maschine geschossen wurde, bedeutet Motorradfahren alles für ihn. Er zeigt uns Bilder, auf denen er mit einer aufgemotzten Hercules über Autos, Panzer und brennende Fahnen springt. »So fing alles an«, sagt er lachend

So fing Hamits Motocross-Karriere vor vielen Jahren an.

und kramt sich durch einen großen Karton voller Erinnerungen. Seine »Todessprünge« sorgten seinerzeit für so viel Furore im Land, dass er irgendwann von seinen Stuntshows leben konnte. Er sei der iranische Evel Knievel gewesen, sagt er stolz.

Mittlerweile ist Hamit in der Motorradszene des Irans eine lebende Legende. Sein vom Lorbeerkranz umringtes Porträt aus alten Zeiten ziert die von Yamaha-Japan ausgelieferten Werbeplakate. Um seinen Lebensunterhalt zu verdienen, betreibt er heute einen kleinen Motorradladen in der Stadt sowie eine bescheidene Produktionsstätte für Motorradzündspulen, die im Wohnzimmer des Hauses aus mehreren Einzelteilen zusammengesetzt und landesweit versendet werden. Ersatzteile zu bekommen ist schwer in dem Land, in dem seit einem Motorradattentat auf einen Geistlichen großvolumige Kräder ab 250 Kubikzentimeter verboten sind.

Seine Leidenschaft hat Hamit an die ganze Familie weitergegeben. Nicht nur sein Sohn, der mittlerweile das Geschäft übernommen hat, sondern auch die beiden Töchter verbringen viel Zeit damit, auf irgendwelchen Pisten Motorradrennen zu fahren. Dank Hamits Engagement werden im Iran heute sogar offizielle Motocross-Wettkämpfe ausgetragen, die sich großer Beliebtheit erfreuen und die von seiner bildhübschen Tochter Nora dominiert werden. Sie hat den Religionswächtern ein Schnippchen geschlagen. Da es Frauen untersagt ist, auf den öffentlichen Straßen des Landes Motorrad zu fahren, hat sie auf die 250er-Vollcross-Enduro des Vaters umgesattelt und bewegt sich abseits der Straße. Mit einer Motorradsturmhaube auf dem Kopf, so sagt sie uns, ließe sich auch prima die Verschleierungspflicht erfüllen. Hinter den hohen Mauern, die, wie im Iran üblich, das Haus vor zu neugierigen Blicken schützen, kann sie sich unverschleiert bewegen. Eine modische Kurzhaarfrisur, ausgefranste Jeans und ein Nirvana-T-Shirt sprechen für ihren Wunsch nach mehr Freiheit.

Die Begegnung mit der Familie des charismatischen Mannes mit dem kugelrunden Bauch, den langen weißen Haaren und dem Walrossschnauzbart gehört zu den wertvollsten Erlebnissen während unserer bisherigen Reise. Die leuchtenden Augen, mit denen er erzählt, und seine positive Einstellung gegenüber der schwierigen Situation in einem Land, in dem Menschen wie er dem heutigen Regime ein Dorn im Auge sind, lassen mich zu ihm aufschauen. Dieser mir noch vor 24 Stunden völlig unbekannte Mann verkörpert auf beneidenswerte Art und Weise all das, was meines Erachtens im Leben erstrebenswert ist. Wir sind von ihm und seiner beeindruckenden Familie begeistert und ihnen allen zu großem Dank verpflichtet, als wir uns nach einer tollen Zeit von ihnen als unseren neu gewonnenen Freunden verabschieden. Auch wenn Pannen in dem Moment, in dem sie auftreten, wirklich das Letzte sind, so hat es sich mal wieder gezeigt, dass sich gerade daraus oftmals die intensivsten Kontakte zu anderen Menschen ergeben. Diese unverhofften und nicht planbaren Begegnungen sind das Salz in der Reisesuppe.

Als wir uns aus der Stadt hinausquälen dauert es nur wenige Minuten, bis wir einen ganzen Pulk iranischer Zweiradfahrer im Gefolge haben. Sie wollen uns mit ihren 125er-Kleinkrafträdern zeigen, was sie draufhaben. Die Krönung ist ein vielleicht 18-jähriger Fahrer, der sein frisiertes Krad bestens unter Kontrolle hat. Über mehrere Hundert Meter fährt er auf dem Hinterrad neben uns und steuert das Gefährt, auf dessen Rückbank auch sein Kumpel sitzt, mit nur einer Hand. Dabei schafft er es sogar noch, eine Kippe zu rauchen und zu telefonieren. Vor einer gerade auf Rot schaltenden Ampel bringt er das Vorderrad wieder auf den Asphalt und zieht dafür, durch genaues Dosieren der Bremse, das Hinterrad in einem kritischen Winkel in die Höhe. In Deutschland würden ihm als Stuntman vermutlich Tür und Tor geöffnet.

Leider hat die Reparatur nicht den erhofften Erfolg gebracht. Wir haben noch keine 100 Kilometer zurückgelegt, als Carsten mich durch wildes Betätigen der Lichthupe erneut zum Anhalten drängt. Als er mit absterbendem Motor neben mir hält und das Visier hochklappt, springt mir seine Verzweiflung förmlich entgegen. »Erik, ich kann nicht mehr. Es reicht! Du kannst dir nicht vorstellen, wie fertig ich bin. Warum habe ich bloß so ein unglaubliches Pech?« Mit Tränen in den Augen versucht er zu ergründen, warum das Glück ihn schon wieder verlassen hat. »Verdammt, wie soll ich es denn so zurück nach Deutschland schaffen?« Wortlos starren wir sein Motorrad an. Um nachzudenken, setzen wir uns dicht nebeneinander an den Straßenrand und werfen kleine Steine in den Graben. Unsere Motorräder stehen auf dem Seitenständer hinter uns und schwanken bedrohlich, wenn der vorbeifahrende Schwerlastverkehr große Mengen aufgewirbelter Luft im Schlepptau hat. »Ich habe so gehofft, dass endlich mal Ruhe ist. Mir fehlen echt die Kraft und die Motivation, um weiterzufahren. Was machen wir denn jetzt?« Es ist eine schreckliche Situation und ich habe in diesem Moment leider keine Antwort parat.

Nach einer Weile schlägt unsere Ratlosigkeit in Ehrgeiz um. Es muss doch irgendwie möglich sein, es bis zur türkischen Grenze zu schaffen. Ein letztes Mal wollen wir den Vergaser inspizieren.

Sollte das nichts bringen, werden wir das Motorrad wohl auf die Ladefläche eines Lieferwagens packen und so zur Grenze bringen. Mit halb gezogener Kupplung und viel Gas gelingt es mir, den Patienten zum Laufen zu bringen. Qualvoll setzen sich die Räder in Bewegung, doch nach nur wenigen Hundert Metern geht der Motor wieder aus. Angetrieben von dem verzweifelten Wunsch, die Reise weiter fortsetzen zu können, schieben wir das Krad an eine geeignete Stelle abseits der Straße, legen uns das nötige Werkzeug zurecht und beginnen zu schrauben. Carsten geht mir schweigend zur Hand.

Dass ich in diesem Moment selbst noch nicht so recht weiß, was wir tun sollen, ist mir gar nicht bewusst. Als der Vergaser vor uns auf dem Boden liegt, bin ich gedanklich tief in eine Welt aus Schrauben, Düsen und filigranen Metallteilen versunken. Schritt für Schritt gehen wir die einzelnen Arbeitsabläufe eines Verbrennungsmotors durch. Wir überlegen lange, wodurch das Vermischen von Benzin und Ansaugluft zu einem zündfähigen Gemisch beeinflusst werden kann. Was hat es für Auswirkungen, wenn beide Membranen zwar intakt sind, aber eine unterschiedliche Größe haben? Was hat es zur Folge, wenn beide Vergasernadeln unterschiedlich hoch eingestellt sind? Es gibt viele Fragen, die wir der Reihe nach zu beantworten versuchen.

Irgendwann kommt mir der Gedanke, es einfach mal ohne Luftfilter zu probieren. Vielleicht ist ja eine deutlich höhere Sauerstoffzufuhr die Lösung. Diese Variante birgt zwar auch große Risiken, da der von der Straße aufgewirbelte Staub in den Motor gelangt, doch da Carsten ja bereits Willens war, sein Motorrad zurückzulassen, können wir es ruhig auf einen Versuch ankommen lassen. Ohne die beiden Filtereinsätze einzubauen, schrauben wir alles wieder zusammen. Schon beim ersten Startversuch springt der Motor an, wenn auch mit ohrenbetäubendem Lärm. Doch er läuft plötzlich so gut, als habe nie ein Problem existiert. Als ich nach einer vielversprechenden Proberunde zurückkehre und Carsten von meinen positiven Eindrücken berichte, macht die traurige Leere in seinem Gesicht neuer Zuversicht Platz.

»Wenn ich sage, wir schaffen es beide bis nach Island, dann meine ich das auch so«, versichere ich, worauf er mit einem »Okay« antwortet, das so klingt, als sei er noch immer vom Gegenteil überzeugt. Wir spannen noch eine alte Socke als provisorischen Schutz vor die Öffnung des Luftfilterkastens, dann machen wir uns wieder auf den Weg. Dadurch, dass Carsten ab jetzt die Führung übernimmt, lässt sich die Gefahr, zu viel Staub abzubekommen, weiter minimieren.

Ohne weitere Probleme erreichen wir zwei Tage später wieder die Provinz West-Aserbaidschan. Der Frühling hat mittlerweile auch auf den Höhenlagen Einzug gehalten und erst jetzt wird die ganze Schönheit der Region sichtbar. Kein Vergleich zu einem Monat zuvor, als die Natur noch mit ihren Reizen geizte. Abermillionen bunter Blumen färben nun die Berge und Täler. Tiefrot blühende Mohnblumenfelder breiten sich, so weit das Auge reicht, über die gesamte Landschaft aus, die wie ein Gemälde von den braunen Wänden des Zagros-Gebirges eingerahmt werden.

Etwa zwei Tankfüllungen vor der türkischen Grenze fällt uns auf, dass wir es, abgelenkt von all den Problemen, bislang doch tatsächlich versäumt haben, Geld zu tauschen. Die Reste, die wir noch vom Hinweg übrig hatten, sind irgendwann aufgebraucht. Wir legen alles, was wir zusammenkratzen können, auf einen Haufen und zählen nach. Genau 11 400 Rial. Hört sich viel an, ist es aber nicht – umgerechnet weniger als 90 Cent. Auch wenn der Sprit so unglaublich günstig ist, die Summe reicht hinten und vorne nicht aus, um es damit bis in die Türkei zu schaffen. Ab dort ist es wieder möglich, mit der Karte zu bezahlen.

In der scheinbar einzigen Bank der Stadt Mahabad machen wir auf unser Problem aufmerksam. Wir bitten den Bankdirektor höchstpersönlich darum, dass man uns doch einen geringen Euro- oder Dollarbetrag in die Landeswährung tauschen möge. Selbst 10 oder 20 Euro, umgetauscht in Rial, würden uns schon weiterhelfen. Doch so leid es ihm tue, betont er mehrfach, er sei nicht befugt, fremde Währungen anzunehmen. Dafür hat er aber eine andere Idee. Nach einem Gespräch mit seinem Mitarbeiter wird die Bank kurzerhand geschlossen. Er zieht sich sein Jackett über und bittet uns, ihm zu folgen. Mit einem Pick-up-Truck eskortiert er uns zu einer großen Tankstelle. Dort tankt er seinen Wagen voll und reicht uns die Zapfpistole, mit der auch wir Benzin in unsere Tanks füllen sollen. Dann bezahlt er die Rechnung und drückt uns noch genügend Geld für eine weitere Tankfüllung und ein Mittagessen in die Hand. Er reicht uns beide Hände, verabschiedet sich und lässt uns sprachlos zurück.

Wir umfahren den sturmgepeitschten Urmiasee, lassen die Stadt Tabriz hinter uns und fahren immer weiter hinauf in die Berge. Der Wind ist auch dort scharf wie eine Messerklinge. Nur noch wenige Kilometer trennen uns von der Grenzstation. Der 5137 Meter hohe Ararat, der das gesamte ostanatolische Hochland überragt, ist durch die vielen Wolken nur schwer zu erkennen. Bei Bazargan verlassen wir den Iran – ein traumhaftes Land, dessen Menschen uns zutiefst beeindruckt haben und denen wir zu großem Dank verpflichtet sind.

Murat scheint ein kluger Mann zu sein. Der Betreiber des hinter der Grenze gelegenen Campingplatzes hat es verstanden, den Nerv der aus dem Iran kommenden Reisenden an genau der richtigen Stelle zu treffen – dem Verlangen nach einem eiskalten, frisch gezapften Bier. Ich habe aufgehört zu zählen, wie oft wir uns in letzter Zeit gewünscht haben, den Tag in einer Bier- und Branntweinschenke ausklingen zu lassen. Nach all den Wochen in Ländern, in denen Alkoholkonsum unter Strafe steht, habe ich mich selbst des Öfteren dabei ertappt, Melodien verschiedener Bierwerbungen vor mich hin zu summen. Es ist schon erstaunlich, wie viele Brauereien ihre akustische Visitenkarte in meinem Unterbewusstsein hinterlassen haben.

Als wir nach dem erledigten Papierkram auf türkischer Seite zurück zu unseren Motorrädern kommen, wartet dort bereits ein junger Bursche auf uns. Wortlos drückt er mir einen schlecht gemachten Flyer in die Hand, der für den Campingplatz »Murat Camping« wirbt – den nächstgelegenen Platz in etwa 40 Kilometern Entfernung. Neben dem schemenhaft skizzierten Anfahrtsweg und der Information, dass der Platz direkt am berühmten Ishak-Pascha-Palast gelegen ist, enthält der Zettel eine weitere zentrale Botschaft. In der unteren Ecke ist das Piktogramm einer Bierflasche abgebildet, auf der in fetten Buchstaben »Efes« und darunter »Cheap Beer« geschrieben steht. Stumm und willenlos zeige ich Carsten den Flyer, der genau wie ich an so manch einem Abend wehmütig nach einem kühlen Gezapften lechzte. »Gib Gas!«, ist das Einzige, was er zu der Werbung zu sagen hat.

So schnell wie an noch keinem Tag zuvor haben wir unsere Zelte aufgebaut. Ungeduscht eilen wir in das angegliederte Restaurant des Campingplatzes und geben, noch bevor wir Platz genommen haben, unsere Bestellung auf. »Auf den Iran und unsere weitere Reise«, proste ich Carsten zu und leere mein Glas in einem Zug. Fast hatte ich vergessen, wie gut ein Bier doch schmeckt. Eine gagenfreie Amateurcombo spielt auf, die unter den etwa 20 anderen Gästen auf so wenig Begeisterung stößt, dass sich die Musiker selbst applaudieren müssen. Uns gefällt es und wir genießen diesen Abend. Voll wie die Haubitzen feiern wir das Ende der Prohibition.

Die Kombination aus Murats fettigem Essen und einer nicht unerheblichen Menge geistiger Getränke entfaltet am frühen Morgen eine Wirkung, die uns unsere Abfahrt um ein paar Stunden verschieben lässt. Erst nachdem wir ausgeschlafen sind und uns den Palast angeschaut haben, brechen wir wieder auf. Ohne große Umwege peilen wir die Schwarzmeerküste an. Es ist eine lange Etappe, die wir zurücklegen. Je länger wir im Sattel sitzen, desto mehr ist unsere Aufmerksamkeit gefordert. Stunde um Stunde Motorrad zu fahren heißt auch, dass irgendwann die Konzentration einmal nachlässt. Man kennt das ja: Auf langen Fahrstrecken ist man im Kopf manchmal mit anderen Dingen beschäftigt und so abgelenkt, dass man plötzlich aufschreckt und sich nicht erklären kann, wie man die letzten Kilometer überhaupt gefahren ist. Es scheint so, als hätte der Autopilot zwischenzeitlich das Steuer übernommen.

Carsten entgeht an diesem Tag gleich zweimal kurz hintereinander nur um Haaresbreite einem schweren Unfall. Sein Autopilot scheint eine Fehlfunktion zu haben. Er fährt vor mir, als er an einer gut einsehbaren Stelle zu einem Überholmanöver ansetzt. Obwohl im Gegenverkehr ein Reisebus entgegenkommt, setzt er den Blinker und schert aus. »Da hat er sich aber mächtig verschätzt«, denke ich und rechne eigentlich damit, dass er den Vorgang sofort wieder abbricht. Mir wird speiübel und Adrenalin flutet meine Blutbahn, als er dies nicht tut und der Bus mit Lichthupe und aufbrüllendem Signalhorn auf Carsten zugerast kommt. Doch er reagiert einfach nicht, sondern fährt seelenruhig weiter. Einen Zusammenstoß halte ich für unausweichlich. Meine Warnschreie im Helm werden lauter und lauter. In der sprichwörtlich allerletzten Sekunde schafft er es, vor den drei überholten Autos wieder einzuscheren. Mit einem spürbaren Luftstoß donnert der dauerhupende Bus an mir vorbei. Einen Atemzug später, und mein Freund wäre mausetot gewesen.

Mit diesem furchtbaren Bild vor Augen geht es weiter und obwohl ich Carsten mit einer Scheibenwischer-Bewegung signalisiere, was ich von seiner Fahrweise halte, entgeht er Minuten später wieder nur knapp einem folgenschweren Crash. Dieses Mal kommt irgendein Idiot, der uns überholen will, mit Höchstgeschwindigkeit von hinten angebrettert. Ausgerechnet in diesem Moment will Carsten ein weiteres Auto überholen, das mit etwa 60 Stundenkilometern vor uns auf der Straße schleicht. Die Gegenfahrbahn ist frei. Ohne in den Spiegel zu schauen, zieht er nach links. Nur der reaktionsschnellen Vollbremsung des Sportwagenfahrers, der lange schwarze Striche auf den Asphalt radiert und selbst beinahe verunglückt, hat er es zu verdanken, dass er nicht als traurige Nummer in die Unfallstatistik eingeht.

Mir reicht's! Ich habe endgültig die Schnauze voll. Als ich Carsten das Zeichen gebe, rechts ranzufahren, verschätzt er sich abermals und schießt gut fünf Meter über den Seitenstreifen hinaus. Ein Glück, dass kein Hindernis im Weg steht und er »nur« auf eine Wiese rauscht. »Hast du noch alle Tassen im Schrank?«, schreie ich ihn an, während ich den Kinnriemen des Helms löse und mit weichen Knien vom Motorrad steige. »Du bist ja wohl total verrückt geworden! Glaubst du, ich hab Bock darauf, mit anzusehen, wie du Penner hier platt gefahren wirst? Verdammte Scheiße, nun konzentrier dich gefälligst. Was um alles in der Welt ist los mit dir?« Er senkt den Blick, atmet tief durch und scharrt mit seinen Endurostiefeln im Straßenstaub. »Scheiß Weiber!«, sagt er leise.

»Wie meinst du das?«, frage ich, ohne den Zusammenhang zu erkennen.

»Ich hab 'ne SMS bekommen.«

»Wie bitte?«, hake ich geschockt nach und nur langsam wird mir klar, was er damit meint. Die hohe Frequenz, mit der er in den letzten beiden Tagen Kurzmitteilungen über sein Handy verschickte, kommt mir rückblickend ziemlich seltsam vor.

»Was bildet die sich eigentlich ein? Die hat tatsächlich Schluss gemacht. Kannst du dir das vorstellen? Nur weil ich diese Reise hier mache. Was glaubst du, warum ich so neben der Spur bin. Ich denke an nichts anderes mehr und frage mich die ganze Zeit, was ich jetzt tun soll. Es ist ja wohl das Allerletzte, so abserviert zu werden.« Er erzählt mir davon, wie viel die Reise für ihn bedeutet und dass seine Freundin seine Begeisterung im Vorfeld nicht einen Tag mit ihm teilen konnte. Innerlich bin ich so wütend, dass sie froh sein kann, in Deutschland zu sitzen. Wir beenden die Etappe und suchen einen Lagerplatz. Lange sitzen Carsten und ich am Feuer und teilen uns die letzte Dose Bier. Wir kommen mit wenigen Worten aus.

Die Ausblicke werden spektakulärer und die Straßen immer kurvenreicher. Während der nächsten drei Tage führt uns die E 70 immer wieder durch ursprüngliche Fischerdörfer und windet sich über weite Abschnitte an eindrucksvollen Steilküsten entlang. Die gut 1000 Kilometer, die wir der Schwarzmeerküste folgen, gehören zu den schönsten Motorradstrecken, die ich je gefahren bin. Dass dieser Teil des Landes bislang vom Massentourismus verschont geblieben ist, hat er einzig und allein der Tatsache zu verdanken, dass es mehr Regen- als Sonnentage gibt. Die feuchten Luftmassen, die vom Schwarzen Meer her kommen, bleiben an den bis zu 4000 Meter hohen Bergen des Pontischen Küstengebirges hängen und regnen ab. Dadurch, dass es viel mehr Niederschlag gibt als an der Mittelmeerküste, konnte sich jedoch auch eine Vegetation entwickeln, die man so in der Türkei niemals vermuten würde.

Es ist, als mache man innerhalb kürzester Zeit eine Reise durch eine Auslese der schönsten Ecken Europas. Die Landschaft ist so vielfältig, wie ich es in noch keinem anderen Küstengebiet erlebt habe. Wie in einem großen Themenpark erlebt man an einem Tag Norwegen, Spanien, die Schweiz und eben die Türkei. Ausgedehnte Laub- und Nadelwälder, Tee- und Tabakplantagen, grüne Auenlandschaften, kristallklare Bäche, neblige Berghänge, Wiesen mit Almwirtschaft, auf denen braune Kühe grasen, und immer wieder traumhafte Strände mit geheimnisvollen Buchten – die Aufzählung ließe sich noch lange erweitern. Der mit Abstand schönste Abschnitt mit den spektakulärsten Ausblicken aufs Meer ist die etwa 350 Kilometer lange Strecke zwischen der Stadt Sinop und dem auf zwei felsigen Landzungen gelegenen Küstenort Amasra. Zwar ist die Straße mitunter in einem ziemlich schlechten Zustand, doch erhöht das meiner Meinung nach den Fahrspaß zusätzlich.

Nach drei Tagen, in denen uns bis auf ein paar Radfahrer kaum Touristen begegnet sind, erreichen wir wieder die Millionenmetropole Istanbul. Wir überqueren die von zwei 150 Meter hohen Stützpfeilern getragene Bosporusbrücke und mit ihr die Meerenge – Asien liegt nun hinter uns. Mit dem Gefühl, dass nun eine weitere spannende Reise beginnt, fahren wir zurück nach Europa. Schon kurze Zeit später, an der Grenze zum Balkan, verabschieden wir uns von der wundervollen islamischen Welt.

»Schön willkommen in Bulgarien«

Bulgarien ist ein gastfreundliches Reiseland. Daran hat man zumindest keinen Zweifel, wenn man das Schild liest, das einen bei der Einreise begrüßt. »Schön willkommen in Bulgarien« steht in beinahe perfektem Deutsch auf blauem Grund geschrieben. Doch ob man wirklich so »schön« willkommen ist, daran kann man auf den ersten Kilometern so seine Zweifel haben. Obwohl ich den Bulgaren nichts Negatives nachsagen möchte, empfinden wir die Menschen seit Überschreiten der Grenze als nicht mehr so offen und hilfsbereit, wie es in den hinter uns liegenden islamischen Ländern der Fall war. Eine gewisse Distanz ist uns gegenüber spürbar und es herrscht ein rauerer Ton. Als wir zweimal anhalten und nach dem Weg fragen, da die Ausschilderung widersprüchlich ist, werden wir einfach ignoriert. Anstatt uns zu fragen, wohin wir fahren oder woher wir kommen, werden Hände zum Betteln aufgehalten. Auch die Kinder haben scheinbar eine andere Erziehung genossen als die Kinder im Iran oder in der Türkei. Während sie dort zumeist freudestrahlend auf die Straßen sprangen und uns zujubelten, formen sie hier ihre Hände zu Pistolen und schießen uns imaginär aus dem Sattel.

Die Landschaft im Strandzha-Gebirge zwischen der Grenzstadt Malko Tarnovo und der Schwarzmeerküste ist dafür einfach grandios. Beinahe hätte ich schon vergessen, wie schön ein grüner Laubwald doch ist. Nach all den Kilometern durch Sand und karge Vegetation mit rekordverdächtigen Temperaturen ist es eine Wohltat, das Zelt an einem lauen Juniabend unter saftig grünen Eichen und Buchen aufzubauen. Wenn dazu noch ein angenehmer Wind durch die Baumwipfel streicht und das leise Plätschern eines Gebirgsbaches zu hören ist, dann hat man das Gefühl, an einem perfekten Ort zu sein. Durch puren Zufall haben wir einen göttlichen Lagerplatz gefunden. An einem x-beliebigen Waldweg sind wir einfach von der Hauptstraße E 99 abgebogen und etwa 500 Meter über Stock und Stein in den Wald hineingefahren, bis wir an eine offene Lichtung gelangten. Auch wenn weder tropische Strände noch gewaltige Hochgebirgsketten uns umgeben, bin ich einfach nur glücklich. Ich inhaliere den herbfrischen Geruch der Blätter und des erdigen Bodens und lausche den Stimmen des Waldes, die uns nach ein paar Stunden am Lagerfeuer in einen tiefen und erholsamen Schlaf singen.

Wir nehmen wieder Kurs in Richtung Küste. Obwohl Goldstrand und Sonnenstrand, die neuen Inbegriffe für billigen Pauschalurlaub am Schwarzen Meer, nur ein bis zwei Fahrstunden entfernt sind, entscheiden wir uns für den unscheinbaren Badeort Tsarevo. Im Gegensatz zu den Touristenhochburgen Varnas und Burgas verbringen in diesem überschaubaren Ort fast ausschließlich Einheimische ihre Ferien. Dass Bulgarien das ärmste Land der EU ist, macht sich auch am Preisniveau bemerkbar. Die Preise für Unterkünfte und Verpflegung sind unschlagbar günstig: Das Appartement mit Meerblick, in dem wir unterkommen, kostet weniger als acht Euro pro Nacht und ein Hauptgericht wird in den vielen Restaurants für weniger als drei Euro angeboten.

In dem Badeort geht ganz schön die Post ab. Bulgaren, so mein erster Eindruck, scheinen eine Vorliebe dafür zu haben, Gewichte zu stemmen. Selten habe ich so viel antrainierte Muskelmasse gesehen. Man könnte meinen, Anabolika-Händler hätten zum Kongress geladen. Problemlos könnte man aus ein paar wahllos ausgesuchten Passanten einen schlagkräftigen Inkasso-Trupp zusammenstellen. Aber es sind nicht nur die Männer, die durch ungewöhnliche Proportionen auffallen. Nirgendwo sonst auf der Welt habe ich so viele Frauen mit solch üppiger Oberweite gesehen. Es mag aber auch daran liegen, dass unsere Wahrnehmung diesbezüglich nach den hinter uns liegenden Ländern geschärft ist. Vor wenigen Tagen empfanden wir es noch als erotisches Signal, wenn der Schleier auf dem Kopf einer Frau fünf Finger breit nach hinten gerutscht war, und plötzlich lachen uns von allen Seiten Frauen an, die sonst eher der Fantasie heimatfern stationierter Soldaten entspringen. Erschwerend kommt hinzu, dass in Bulgarien das Gegenteil einer Verschleierungspflicht im Gesetz verankert zu sein scheint und es im Trend liegt, mit zunehmender Körbchengröße auf den BH zu verzichten.

Bevor wir uns ins Nachtleben stürzen, wollen wir uns mit der bulgarischen Küche vertraut machen. Ich liebe es, mich in anderen Ländern durch das kulinarische Angebot zu schlemmen. Doch ehe man eine Entscheidung treffen kann, was man bestellen möchte, muss man erst einmal verstehen, was überhaupt angeboten wird. In Ländern, deren Sprache man nicht spricht, deren Schrift man jedoch lesen kann, lässt sich zumindest vermuten, was sich hinter den Beschreibungen verbirgt. Doch bei kyrillischen Schriftzeichen wie in Bulgarien hat man wirklich nicht die geringste Idee. Wenn man also keine Lust hat, auf gut Glück zu ordern, kann es sehr hilfreich sein, wenn eine mehrsprachige Speisekarte angeboten wird. In vielen Urlaubsorten ist dies der Fall. Doch nicht immer wird man schlau aus dem, was darin geschrieben steht. Wir amüsieren uns köstlich darüber, was aufgrund fehlerhafter Übersetzungen im Restaurant »Et Maistora« angeboten wird. Der Gast kann wählen zwischen so verführerischen Gerichten wie etwa dem »Schweine-Bein der Woche«, dem »Nervösen Fleischkloß«, der »Schweineleiste mit Cocktailbehandlung« oder aber dem »Hühner Schnörkel mit käsiger Soße«. Vor jeder Mahlzeit wird ein großes Wasserglas voll Rakija gereicht – ein starker Obstbrand, der den Magen öffnen soll. Der Aperitif verpasst uns eine derartige Schlagseite, dass wir kaum noch in der Lage sind, die Rechnung zu bezahlen. Alkoholverträglichkeit, so stellen wir fest, kann sehr wohl eine Sache des Trainings sein.

Nach einer anschaulichen Vorstellung bulgarischer Lebensart machen wir uns anderntags noch leicht benommen auf den Weg. Zunächst folgen wir der Küstenstraße E 99 noch etwa 70 Kilometer, bevor wir dem Schwarzen Meer nahe der Stadt Burgas endgültig Lebewohl sagen. Wir überqueren die östlichen Ausläufer des Balkangebirges und steuern über kleine Sträßchen die dünn besiedelte Donau-Tiefebene an. Die Heuernte wird in der Kornkammer des Landes bereits eingebracht und ständig begegnen uns Pferdefuhrwerke, die riesige Mengen getrockneten Grases geladen haben. Oft sitzen ganze Großfamilien darauf und der Kutscher lenkt den Wagen aus ein paar Metern Höhe mit Schnalzgeräuschen und durch Zügeleinsatz. Überall auf den Wiesen stehen Heureiter – Holzkonstruktionen, die aus einem in die Erde gerammten Pfahl und ein paar Querstreben bestehen –, auf denen das frisch geschnittene Gras zum Trocknen aufgetürmt wird. Sie sind typisch für die Region und gehören zum Landschaftsbild ebenso dazu wie die Pferdekarren, die über die Straßen holpern.

Nicht nur die Heuwagen werden von Pferden gezogen. Immer wieder sehen wir alte Pkws, die mit viel Ideenreichtum zu Kutschen umgebaut wurden. Teilweise hat man den Wagen einfach nur das Dach abgeflext, das Pferd gezäumt, und schon kann der Kutscher das ungewöhnliche Gefährt ganz normal mit dem Lenkrad steuern. Nur um Gas zu geben, ist ein Peitschenhieb vonnöten. Neben den üblichen landwirtschaftlichen Erzeugnissen wie Weizen, Gerste und Sonnenblumen werden auch Rosen angebaut. Rumänien ist der größte Rosenölexporteur der Welt. Unglaubliche 3,5 Tonnen Blüten, die von Hand gepflückt werden, sind nötig, um einen Liter des kostbaren Öls zu gewinnen, dessen größter Abnehmer die Kosmetikindustrie ist. Im Rosovata Dolina, dem »Tal der Rosen«, wachsen die weltberühmten Damaszener-Rosen, die mehr Duftmoleküle als alle übrigen Rosengattungen der Welt enthalten. In den frühen Morgenstunden entfalten diese Blumen ihren ganzen Wohlgeruch. Entlang der riesigen Felder zu fahren, ist ein wahres Fest für die Sinne.

Liebe auf den zweiten Blick

Im Nordosten Bulgariens überqueren wir die Donau. Als natürliche Grenze trennt sie das Land vom rumänischen Nachbarn. Die alte Eisenbahnbrücke in der Stadt Ruse, über die heute eine zweispurige Straße führt, ist – man mag es kaum glauben – die einzige Brücke, die den Fluss auf der gesamten Grenzlänge von annähernd 500 Kilometern überquert. Entsprechend frequentiert ist dieses Nadelöhr, durch das sich der Schwerlastverkehr des halben Landes hindurchquetscht. Der übrige Grenzverkehr, den diese Brücke alleine gar nicht verdauen könnte, wird von ein paar wenigen Fähren übernommen. Wenn jedoch Hochwasser herrscht und die Schiffe zwischen beiden Ufern nicht verkehren können, bleibt den Menschen oft nichts anders übrig, als gewaltige Umwege in Kauf zu nehmen, um ihr Ziel auf der anderen Seite zu erreichen.

Die Stadt Giurgiu, in die es uns zunächst verschlägt, ist ein Paradebeispiel dafür, dass es kaum einem Land auf diesem Planeten gelingt, Grenzstädte attraktiv zu gestalten. Ich kann mich nicht erinnern, überhaupt jemals irgendwo in der ersten Stadt hinter einer Grenze das Verlangen verspürt zu haben, ein paar Tage bleiben zu wollen. An diesem trostlosen Ort an der sonst so schönen Donau hält mich jedoch besonders wenig. Das, was wir zu sehen bekommen, erinnert vielmehr an eine Verschmelzung von Industriegebiet und Übergangslager, als an eine Stadt mit Flair. Rauchende Schornsteine und marode Plattenbauten legen die Vermutung nahe, dass sich niemand bei der Städteplanung Gedanken darüber gemacht hat, wie es sich wohl anfühlen mag, in der Stadt zu leben. Die Abwasserrohre lecken, die Straßen sind von Schlaglöchern zerfressen und der Müll türmt sich zu wahren Bergen neben den Wohnsilos auf. Das Stromnetz, besser gesagt, das konfuse Kabel-Wirrwarr Abertausender Leitungen, das wild von Haus zu Haus gespannt ist, verstärkt den Eindruck, dass sich die gesamte Infrastruktur in einem beklagenswerten Zustand befindet.

Besonders der Umgang mit dem Müll ist leider so eine Sache. Mir ist es schon oft aufgefallen, dass, je weiter man in den Süden Europas kommt, die Natur von den Bewohnern zunehmend als Mülldeponie missbraucht wird. Auch hier in Rumänien scheint man das Thema Umweltverschmutzung auf die leichte Schulter zu nehmen. »Irgendjemand wird es schon wegräumen« – mit diesen Gedanken werden alte Autobatterien, vollgestopfte Müllsäcke, Ölkanister oder defekte Elektrogeräte, eben alles, was nicht in den Hausmüll passt, im Schutze der Dunkelheit in den Wald oder auf abgelegene Rastplätze verbracht. Über diese Missstände, die in Deutschland ein Sondereinsatzkommando des Ordnungsamts auf den Plan rufen würden, scheint sich in Rumänien wirklich kein Mensch aufzuregen. Der Umgang mit dem Müll erinnert mich an einen Bus in Guatemala, mit dem ich einmal fuhr. Darin war ein Schild angebracht, das die Fahrgäste zur Sauberkeit aufrief und auf dem stand: »Bitte werfen Sie Ihren Müll aus dem Fenster – Sie wollen ja schließlich in einem sauberen Bus fahren.«

Mit frisch getauschtem Geld in der Tasche betreten wir die rumänische Filiale einer bekannten deutschen Discounterkette, die mit ihren Schnäppchen mittlerweile halb Europa erobert hat. Auf den ersten Blick scheint es so, als würde man in einem heimischen Markt um die Ecke einkaufen. Derselbe Name, dasselbe gelb-blaue Logo und ein nahezu identisches Warenangebot. Einzig der Umstand, dass man beim Betreten des Ladens seine Taschen aus Sicherheitsgründen abgeben muss, unterscheidet ihn von deutschen Märkten. Ladendiebstähle scheinen hier ein ernstes Problem darzustellen. Obwohl ein uniformierter Sicherheitsmann wachsam zwischen den Regalen patrouilliert, kann ich während des kurzen Einkaufs einen Kunden beobachten, der Hochprozentiges unter seiner Jacke verschwinden lässt. Der rumänische Präsident sagte einmal: »Bei uns im Land wird alles geklaut, was man irgendwie bewegen kann.« Diesen Eindruck kann man durchaus bekommen, stelle auch ich fest und sehe, dass sich alle gängigen Klischees, die ich irgendwann einmal über Rumänien gehört habe, der Reihe nach erfüllen. Fehlt nur noch, dass uns ein ungewaschener Junge mit Schifferklavier die Portemonnaies entwendet. »Zappzarapp«, wie man im Osten so schön dazu sagt.

Ohne etwas Schönes zu entdecken, fahren wir weiter in Richtung Bukarest. In den dortigen Vorstädten erwartet uns die XXL-Ausgabe dessen, was wir zuvor schon in Ruse gesehen haben. Wir lassen die Stadt links liegen und entfernen uns von den Ballungszentren im Süden. Wir haben genug von den Städten und wollen lieber weiter in Richtung unberührte Natur. Doch auch in den ländlichen Gegenden weiter nördlich sieht es zunächst nicht viel besser aus. Bei den Dörfern, durch die wir kommen, handelt es sich größtenteils um lang gezogene Häuserreihen, die sich über mehrere Kilometer hinweg ungepflegt und leblos an die vom Schwerlastverkehr dominierte Hauptstraße pressen. Nicht ein einziger Weg zweigt ab und auch sonst sind keine Strukturen eines typischen Dorfes zu erkennen. Keine Geschäfte, keine Märkte und keine Plätze, wo sich die Menschen treffen – nichts. Zum ersten Mal auf dieser Reise haben wir auch das Problem, einen Lagerplatz zu finden. Dort, wo keine Häuser stehen, verwehren morastiges Weideland oder dichte Dornenhecken den Zugang zu einem vor Blicken geschützten Schlupfwinkel. Es bedarf einiger Anläufe, bis wir einen zugewucherten Waldweg gefunden haben, der uns nach ein paar Hundert Metern zu einer Lichtung führt, wo es streng nach Abfall riecht.

Um es auf den Punkt zu bringen: Rumänien zeigt sich weiß Gott nicht von seiner Schokoladenseite. Wir fragen uns, wann endlich der Teil des Landes beginnt, von dem es in unserem Reiseführer schwülstig heißt, man könne dort »die Seele baumeln lassen« und es sei »pittoresk«. Im Süden, nahe der bulgarischen

Grenze, können wir ihn jedenfalls nicht finden. Wir sind ziemlich enttäuscht und haben Rumänien eigentlich fast schon abgehakt, als sich die Situation mit Erreichen des Südkarpaten-Vorlandes völlig verändert. Endlich finden wir die in Reiseführern mit überstrapazierten enthusiastischen Adjektiven beschriebenen Landschaften und Städte, die meiner Meinung nach tatsächlich zu den schönsten in Europa gezählt werden dürfen.

Siebenbürgen, die hufeisenförmig von dichten Karpatenwäldern umschlossene Landschaft Zentralrumäniens, blickt auf eine ereignisreiche Geschichte zurück. Im Zuge einer großen Siedlungswelle kamen im 12. Jahrhundert auf Veranlassung des ungarischen Königs Géza II. deutsche Bauern, Handwerker und Bergleute aus dem Mittelrhein- und Moselgebiet zu Tausenden ins Land. Die »Sachsen«, wie damals jeder bezeichnet wurde, der aus deutschen Landen kam, sollten ein strategisch wichtiges Gebiet bevölkern, die Grenzen gegen die immer wiederkehrenden Einfälle der Osmanen aus dem Osten sichern und die Wirtschaft beleben. Die neuen Siedler genossen ein hohes Ansehen und hohe Privilegien. Im Gegenzug dafür, dass sie keine Steuern zahlen mussten, obwohl sie das neue Land ihr Eigen nennen und selbst verwalten durften, verpflichteten sie sich, dem König Kriegsdienst zu leisten. Die Sachsen bauten solide Städte nach deutschem Vorbild und befestigten sie. Etwa 300 Wehrburgen wurden errichtet, unter deren Schutz sich immer mehr Menschen ansiedelten. Die Burgen der sieben wichtigsten Städte (Kronstadt, Schäßburg, Mediasch, Hermannstadt, Mühlbach, Bistritz und Klausenburg) gaben dem Land einst seinen Namen – Siebenbürgen. Die Rumänen nennen es Transsilvanien – Land hinter den Wäldern.

Auch heute noch wird in vielen der beschaulichen Dörfer deutsch gesprochen. Von den Siebenbürger Sachsen, der ältesten noch existierenden deutschen Siedlergruppe, leben derzeit noch etwa 16 000 Menschen in ihrer alten Heimat. Den größten Teil dieser Volksgruppe, etwa 250 000, zog es während einer kontinuierlichen Ausreisewelle in den 1960er- und 1970er-Jahren zurück nach Deutschland. Peter Maffay war einer von ihnen.

Als hätten wir eine Zeitreise gemacht, sind wir in einem scheinbar mittelalterlichen Deutschland gelandet, das man so nur aus Filmen oder aus der Fantasie kennt. Die Dörfer und Landschaften könnten auch heute, Hunderte Jahre später, typischer deutsch nicht sein. Die Siebenbürger Sachsen, die nur noch eine kleine Minderheit darstellen, erinnern sich – welcher Herkunft auch immer – stolz ihrer deutschen Wurzeln. Auf den Ortsschildern stehen unter den rumänischen Ortsnamen in Klammern die alten deutschen Namen. Traditionen werden in Ehren gehalten, deutsche Feste gefeiert und die deutsche Sprache wird in der Schule gelehrt. »Der Herr behütet alle, die ihn lieben« steht in verwitterter Schrift über dem Eingang einer Kirche geschrieben. Unbehelligt von Touristen können wir dort bis in den tiefsten Winkel des Glockenturms kriechen.

Bis in die heutige Zeit bilden die wuchtigen und archaisch wirkenden Kirchenburgen eine einzigartige Reihe von faszinierenden Baudenkmälern in der europäischen Kulturlandschaft. Vormals in weiten Teilen Europas verbreitet, sind sie heute nur noch in wenigen Regionen zu finden. Seitdem der größte Teil der Siebenbürger Sachsen zurück nach Deutschland gesiedelt ist, sind fast alle der rund 150 verbliebenen Kirchenburgen dem Verfall preisgegeben. Nur sieben Bauwerke stehen heute unter dem Schutz des Weltkulturerbes. Die übrigen werden so gut es geht durch Spenden deutscher Stiftungen, Fördergelder der EU sowie durch »Sommersachsen«, die in Deutschland leben, jedoch in ihrer Heimat Urlaub machen, erhalten.

Bran, eine kleine Stadt in Siebenbürgen, deren Einwohner vermutlich in ein Bierzelt passen würden, zieht die Touristen an wie ein Magnet. Die im 14. Jahrhundert zur Sicherung eines Grenzpasses gebaute Törzburg thront weithin sichtbar auf einem dicht bewaldeten Felsen über der Stadt. Laut touristischem Vermarktungskonzept soll hier einmal eine Kreatur gewohnt haben, die jedes Kind auf der Welt zum Fürchten bringt – Graf Dracula.

Doch von Fürchten kann an diesem schönen Ort eigentlich gar keine Rede sein, denn beim Anblick des Bauwerks, das optisch an Schloss Neuschwanstein im Allgäu erinnert, gerät man viel mehr ins Träumen als ins Gruseln.

Über Jahrzehnte versuchte die rumänische Regierung gegen das Image des »Dracula-Schlosses« anzukommen. Man wollte die eigene, die echte Version des Fürsten Vlad III. »Țepeș« Drăculea vermarkten. Dieses Konzept ging jedoch nicht auf, obwohl die wahre Geschichte der Fiktion in nichts nachsteht. Im Gegenteil, sie ist viel schrecklicher.

Vlad III. Drăculea, Fürst der Walachei und Vorlage von Bram Stokers Romanfigur Graf Dracula war in Wirklichkeit weder ein transsilvanischer Graf noch ein finsterer Vampir. In Sachen Blutrünstigkeit lässt er die Figur aus dem Schauerroman jedoch wie einen Schuljungen dastehen. Den Beinamen »Țepeș«, was übersetzt »der Pfähler« heißt, erhielt der als genialer Feldherr beschriebene Herrscher aufgrund der von ihm bevorzugten Hinrichtungsart, die in Zeiten von Vierteilungen, Rädern und Verbrennen als die barbarischste des düsteren Mittelalters galt. Bei diesem Martyrium wurden die Delinquenten auf einen Holzpfahl aufgespießt, der anschließend aufgerichtet und am unteren Ende ins Erdreich gerammt wurde. Unter den unvorstellbaren Qualen eines Todeskampfes, der sich über mehrere Tage hinziehen konnte, rutschten die Verurteilten an dem Pfahl langsam nach unten, bis das Holz wieder aus dem Körper austrat. Das Winseln der Sterbenden soll Vlad III. der Legende nach so genossen haben, dass er zu ihren Füßen sein Abendessen einzunehmen pflegte. Insgesamt bis zu 100 000 seiner Gegner und politischen Widersacher sollen seiner Vorliebe für das Pfählen zum Opfer gefallen sein. Alleine in einem Wald nahe der Stadt Târgovi te wurden 20 000 gefangene türkische Soldaten gepfählt.

Doch auch die Art des Herrschers, Politik zu machen, war von Grausamkeiten geprägt. So löste der Fürst sein Wahlversprechen, die Armut abzuschaffen, dadurch ein, dass er die Armen verbrennen ließ. Seine Truppenstärke im Kampf gegen die Türken stockte er auf, indem er die Zigeuner zum Kriegsdienst zwang und sie vor die Wahl stellte, entweder für ihn zu kämpfen oder die eigenen Kinder verspeisen zu müssen. In einer Winternacht 1476 wurde Vlad nach vielen verlustreichen Schlachten von den verfeindeten Türken gefangen genommen und enthauptet. Sein in Honig konservierter Kopf wurde als Todesbeweis an den Sultan gesandt und sein Körper im Kloster Snagov bei Bukarest beigesetzt. Als man das Grab vor einigen Jahren öffnete, war es jedoch leer …

Noch heute ist der Glaube an die Untoten oder Wiedergänger, die im Rumänischen als »Strigoi« bezeichnet werden, tief in der transsilvanischen Volksseele verwurzelt. Ein Strigoi ist demnach ein Mensch, der sich das ganze Jahr über völlig normal verhält, dessen Seele jedoch in einer einzigen Nacht des Jahres den Körper verlässt, um den Schlafenden die Lebenskraft (symbolisch als Blut bezeichnet) zu rauben. Wenn ein Strigoi stirbt, so sagt man, dann verbleibt seine Seele in der Nähe des Ortes, an dem er gestorben ist, stiftet Böses und ernährt sich weiterhin von der Lebenskraft der Menschen. Um dies zu verhindern, muss einer uralten Legende zufolge ein Pfahl oder ein rostiger Nagel durch das Herz des Untoten gerammt werden.

Im Jahre 2005 ging ein Fall durch die Presse, der international für Aufsehen sorgte. Im Dorf Marotinu de Sus, etwa 150 Kilometer südwestlich von Bukarest, gruben die Bewohner einen zwei Jahre zuvor verstorbenen Mitbürger aus der Erde aus, da sie in ihm den Grund dafür sahen, dass viele im Dorf unter einer mysteriösen Krankheit litten. Sie schnitten ihm das Herz aus dem erstaunlich gut erhaltenen Leichnam, steckten es auf eine Mistgabel und verbrannten es. Dabei soll es unheimliche Geräusche wie eine quiekende Maus von sich gegeben haben. Erst nachdem die Dorfbewohner die Asche in Wasser aufgelöst und getrunken hatten, löste sich angeblich der Fluch von ihnen und es kehrte Ruhe ein.

Während unsere Motorräder auf einem bewachten Parkplatz

stehen, machen wir eine überteuerte Schlossbesichtigung, um noch mehr über Dracula, Vlad Ţepeş und die sich um beide rankenden Legenden zu erfahren. Doch der Rundgang durch das »Dracula-Schloss«, bei dem man von Hunderten von Schulkindern und verliebten Paaren durch die engen Räume geschoben wird, nimmt dem Blutsauger aus dem berühmten Schauerroman jeden Schrecken. Wir sind sehr enttäuscht, als wir nach etwa 30 Minuten wieder vor der Tür des Schlosses stehen. Zwar ist es unter Historikern heftig umstritten, ob Vlad III. überhaupt jemals in der Burg seine Blutorgien feierte, doch der Touristen wegen tut man alles, um diesem Mythos gerecht zu werden. Wer auch immer in der Burg gelebt haben mag, er hatte jedenfalls einen unsäglich schlechten Geschmack, was die Einrichtung anbelangt. Eiche rustikal und Buche furniert legen eher die Vermutung nahe, dass aus Kostengründen die ausrangierte Wohnzimmereinrichtung des Bürgermeisters in dem alten Gemäuer eine neue Verwendung gefunden hat.

Durch ein Gewirr von Verkaufsständen, die sich alle der Aufgabe widmen, mit überdimensionalen Zahnimitaten, schwarzen Umhängen und Gummi-Fledermäusen Kasse zu machen, bahnen wir uns den Weg zurück zum Parkplatz. Um eine Erfahrung reicher, die wir uns für das Geld aber auch hätten schenken können, sagen wir Dracula Lebewohl und fahren tiefer hinein in die dunklen Wälder Transsilvaniens.

Nur etwa 15 Kilometer entfernt kommen wir an einem wunderschönen Wildbach vorbei, der sich hervorragend zum Zelten eignet. Die Tatsache, dass wir an diesem Tag mehrfach an rot umrandeten Schildern vorbeigekommen sind, auf denen ein Bär abgebildet war, lässt uns zunächst zögern, das Zelt aufzuschlagen. Die dezenten Hinweise sollen die Gefahr unterstreichen, von der ich schon im Reiseführer las: In den weitgehend unberührten Wäldern der Karpaten streifen noch über 6000 Braunbären umher. Immerhin die größte Ansammlung frei lebender Raubtiere in ganz Europa. Man fragt sich, wie gefährlich die eigentlich sehr scheuen Tiere wirklich sind, denn trotz aller Warnhinweise kommt es immer wieder zu tödlichen Begegnungen zwischen Mensch und Bär. Wir haben lange überlegt, ob es angesichts der bestehenden Bärengefahr nicht schlauer wäre, die Nacht in einer festen Unterkunft zu verbringen. Doch wir kommen zu dem Schluss, dass die größten Raubtiere Europas längst nicht so gefährlich sein können wie allgemein behauptet.

Adjektive wie »idyllisch« und »romantisch«, mit denen ich unseren Lagerplatz im Wald beschreiben würde, mögen schön klingen, doch wenn man sich bei jedem Geräusch vor Angst fast in die Hose macht, dann legt man keinen Wert auf schöne Worte. Als wir zu später Stunde völlig unentspannt in den Schlafsäcken liegen, reicht ein kaum wahrnehmbares Rascheln aus, und wir sind hellwach. Es ist schon erstaunlich, was der Wald nachts für Geräusche von sich gibt, wenn man ängstlich ist und mit gespitzten Ohren hinhört. Es knackt und raschelt überall. Mal lauter, mal leiser, dann ist es wieder weg, um plötzlich aus einer ganz anderen Richtung zu kommen. Der Gedanke daran, mit einem etwa 400 Kilogramm schweren Bären zu ringen, erschwert es uns, Schlaf zu finden.

Irgendwann mitten in der Nacht, als Carsten mir mit seinen Schnarchgeräuschen signalisiert, dass er es geschafft hat, vor mir einzuschlafen, schleiche ich neidisch nach draußen neben sein Zelt. Dass er so seelenruhig schlummert, kann ich nicht auf mir sitzen lassen. Ich muss mir ein Lachen verkneifen, als ich ein paar Äste durchbreche. Sein Schnarchen setzt urplötzlich aus. »Erik, hast du das auch gehört?«, fragt mich seine ängstlich leise Stimme. Doch ich schweige und wühle stattdessen noch ein bisschen im Laub. Erst am nächsten Morgen, als mein Freund mit dunklen Ringen unter den Augen aus seinem Zelt gekrochen kommt, kläre ich ihn auf, dass ich der Bär gewesen bin.

Per SMS erhalte ich anderntags eine Nachricht von zwei Freunden, die dabei waren, als wir vor knapp einem Vierteljahr auf der Domplatte in Köln gestartet sind. »Wo steckt Ihr gerade?

Wir sind derzeit in der Nähe von Sibiu/Hermannstadt in Rumänien.« Da uns nur etwa 200 Kilometer voneinander trennen, verabreden wir uns sehr spontan für den nächsten Tag. Auf dem kleinen Campingplatz »Ananas« in Michelsberg, nur zehn Kilometer von Sibiu entfernt, wollen wir uns treffen. Auf dem Weg dorthin kommen wir im Südosten Siebenbürgens an Brasov/Kronstadt, einer etwa 280 000 Einwohner zählenden Großstadt, vorbei. Da die Bereifung unserer Motorräder nach nun gut 18 000 Kilometern so langsam mal erneuert werden müsste, machen wir Halt bei einem Reifenhändler. Die vielen Motorradfahrer, die wir bislang im Land gesehen haben, sowie das niedrige Preisniveau lassen den Schluss zu, dass Reifen hier einfacher und auch um einiges billiger zu bekommen sind, als in den vor uns liegenden Ländern im Norden. Leider haben wir uns jedoch einen reinen Autoreifenhändler ausgesucht, der keine Motorradreifen im Programm hat. Der Geschäftsführer möchte uns aber trotzdem helfen. Er telefoniert kurz und schreibt uns die Adresse seiner Freunde auf. Tinu und Marcel, zwei Brüder und Inhaber einer großen Baufirma, so sagt er, würden bereits auf uns warten. Die beiden seien in Deutschland aufgewachsen und ebenfalls »begeisterte Motorradfahrer«, wie er es nennt. Wir verabschieden uns und machen uns mithilfe einer kleinen Skizze, die ich in das Sichtfach meines Tankrucksacks schiebe, auf den Weg ans andere Ende der Stadt.

Der Pförtner der Firma Vectra Service wartet bereits, als wir dort ankommen. Wir bekommen eingeschweißte Besucherkärtchen und rollen weiter zum Verwaltungsgebäude. Wir trauen unseren Augen nicht, als wir auf den Parkplatz kommen und dort zwei große Servicefahrzeuge der Rallye Dakar stehen sehen. »Begeisterte Motorradfahrer«, wie der Reifenhändler sagte, ist wirklich eine ziemlich untertriebene Beschreibung für zwei Leute, die sich als Hobby eines der größten Motorradrallyeteams Europas leisten. Die beiden Brüder, die in einer hessischen Kleinstadt in armen Verhältnissen aufgewachsen sind, gehören heute zu den reichsten Männern des Landes. Sie nehmen sich die Zeit, uns exklusiv durch die heiligen Hallen des Teams zu führen, und sie präsentieren uns stolz ihre Auto- und Motorradsammlung. Im ehemaligen Ostblock ist es üblich, zu zeigen, dass man es zu etwas gebracht hat. Auf die Reifen angesprochen, bekommen wir von den Pfundskerlen ein neues, passendes Set geschenkt und der Chefmechaniker des Teams nimmt sich den Vergaser an Carstens Motorrad zur Brust. In einer Werkstatt, die jedes Schrauberherz höherschlagen lassen würde, findet der Profi schnell das Problem: eine fehlende Distanzscheibe unter der Vergasernadel. Dazu noch ein paar ganz feine Haarrisse in der anderen Membrane. Nach längerem Suchen kramt er ein passendes Ersatzteil hervor und baut es ein. Von nun an, so verspricht er uns, soll das Problem ein für alle Mal behoben sein.

Wir können unser Glück nicht fassen, als wir uns von den beiden Brüdern verabschieden. Die neuen Reifen habe ich mir hinten aufs Gepäck geschnallt, um sie in ein paar Tagen, wenn das Profil der alten Reifen komplett abgefahren ist, aufzuziehen. Von Brasov geht es durch die Bergwelt des Făgăraş-Massivs in Richtung Westen. Das Wetter wird schlechter. Es regnet bereits wie aus Eimern, als wir Sibiu/Hermannstadt, die sicherlich schönste Stadt Rumäniens, erreichen. In der fein herausgeputzten Kulturhauptstadt Europas des Jahres 2007 suchen wir Zuflucht in einem Restaurant und beraten, wie wir angesichts unserer Verabredung und des miesen Wetters weiter vorgehen sollen. Wir entscheiden uns für die nasse Variante und fahren nach einer kurzen Stadtbesichtigung bis zum frühen Abend durch strömenden Regen, der von Stunde zu Stunde kälter wird. Als wir unsere Zelte auf dem vereinbarten Zeltplatz »Ananas« aufbauen, macht der Regen endlich eine Pause. Doch es ist nach wie vor ungewohnt frisch. Ich muss lange in meinem Gepäck suchen, bis ich endlich die Strickmütze gefunden habe, die ich in Dubai noch wegschmeißen wollte.

Es ist ein tolles Gefühl, unterwegs auf einer langen Reise Freunde zu treffen. Obwohl Carsten und ich uns bis auf kleinere Reibereien prima verstehen, tut es gut, sich auch mit anderen vertrauten Menschen in der Muttersprache auszutauschen. Nina und Felix machen eine Tour durch Rumänien und das ehemalige Jugoslawien. Sie sind nun auch schon seit ein paar Wochen mit ihren Motorrädern unterwegs. Bis spät in die Nacht hinein nutzen wir die spartanische Infrastruktur des Platzes und kochen ein üppiges Pasta-Dinner. Als irgendwann die Alkohol- und Essensvorräte aufgebraucht sind, kriechen wir satt und zufrieden in die warmen Schlafsäcke.

Am nächsten Tag trennen sich unsere Wege wieder. Unsere Freunde brechen mit ihren Motorrädern in Richtung Albanien auf, während es uns weiter zur ukrainischen Grenze zieht. Schon als wir die Zelte abbauen, sehen wir mit Sorge, dass sich ein neues Unwetter im Norden wie eine schwarze Wand vor uns zusammenbraut. Unsere Taktik, nicht nach Karte oder GPS zu navigieren, sondern von Wolkenlücke zu Wolkenlücke zu eilen, geht nicht lange auf. So oft wir auch die Richtung wechseln, irgendwann öffnet der Himmel auf breiter Front seine Schleusen. Wie bei einem starken Gewitterregen schüttet es wieder den ganzen Tag auf uns herunter. Es will gar nicht mehr aufhören. Regen, Pfützen und nasse Klamotten als ständige Begleiter für den Rest des Tages.

In Gheorgheni, im Osten Siebenbürgens, suchen wir Schutz in einer kleinen Pension im Schwarzwald-Look. Als wir am Abend auf dem Zimmer sitzen und aus dem Fenster schauen, um die Entwicklung des Wetters zu beobachten, fragt Carsten mich fast beiläufig: »Sag mal, Erik, glaubst du, die wollen an der ukrainischen Grenze den Fahrzeugschein sehen?«

»Wie kommst du denn darauf?«, antworte ich leicht verwirrt. »Klar wollen die den sehen. Warum fragst du überhaupt?«

»Och, nur so.«

»Was soll das denn heißen? ›Och, nur so‹. Wenn jemand ›Och, nur so‹ sagt, dann heißt das, dass irgendetwas faul ist. Nun sag schon! Was soll die blöde Frage?«

»Ich hab das Ding nicht dabei«, antwortet er und schaut mich mit sorgenvoller Miene an.

»Wie? Willst du mir allen Ernstes erzählen, dass du bislang ohne Fahrzeugschein durch alle Länder gekommen bist?«

Als er die Frage bejaht, fällt mir ein, dass ich bislang selbst nie den normalen deutschen Fahrzeugschein vorzeigen musste, sondern immer mit dem Carnet de Passage oder dem Internationalen Fahrzeugschein klargekommen bin.

»Ich habe eben zufällig den Internationalen Fahrzeugschein in den Händen gehabt, weil er leicht nass geworden ist«, erklärt Carsten weiter. »Dabei ist mir aufgefallen, dass die Ukraine in der Auflistung der Vertragsstaaten nicht aufgeführt ist. Ich bräuchte also den normalen deutschen Fahrzeugschein. Na, und den hab ich dummerweise zu Hause vergessen.«

»Was sollen wir denn deiner Meinung nach jetzt machen?«, frage ich ihn, ohne eine Antwort zu erwarten. »Jetzt können wir eh nichts mehr ändern. Es wird sich schon zeigen, ob es Probleme gibt. Wenn sie uns in den Iran reingelassen haben, warum sollten die Ukrainer sich querstellen? Erklär mir aber bitte mal, wie du auf so einer Reise den Fahrzeugschein vergessen kannst!«

Es regnet die ganze Nacht hindurch. Die dicken Tropfen trommeln dabei so stark an unser Fenster, dass wir mehrfach geweckt werden. Ein Glück, dass wir uns für ein festes Dach über dem Kopf entschieden haben, denken wir beide, während wir, von einer dicken Bettdecke mit gestärktem Bezug begraben, auf weichen Matratzen liegen. Auch am nächsten Morgen haben die Niederschläge kaum nachgelassen. Der Himmel über uns ist unverändert grau und wolkenverhangen. Da wir unter diesen Umständen nicht weiterfahren wollen, bleiben wir einen weiteren Tag, den wir dazu nutzen, unsere Ausrüstung zu trocknen und uns mit dem Rentnerehepaar anzufreunden, das die schmucke Pension betreibt.

Es war die richtige Entscheidung, einen weiteren Tag zu bleiben. Ein herrlicher wolkenloser Himmel, als hätte Petrus das Gefühl gehabt, etwas gutmachen zu müssen, sorgt für einen perfekten Start in den Tag. Wir fühlen uns prächtig erholt, als wir wieder aufbrechen. Die Straße ist mittlerweile wieder getrocknet. Nur in den Senken sammeln sich nach wie vor große Mengen Regenwasser. Hier gilt es, besonders vorsichtig zu sein, denn mitunter verbergen sich tückische Schlaglöcher darin.

Auf unserer letzten Etappe bis zur rumänisch-ukrainischen Grenze warten zwei weitere landschaftliche Höhepunkte auf uns. Nach nur wenigen Kilometern kommen wir am Lacu Roşu, dem »Roten See«, vorbei, der vor gut 200 Jahren durch einen gewaltigen Erdrutsch entstand. Ein mit Kiefern bewaldeter Steilhang wurde in einen bereits bestehenden See gespült. Noch immer sind die Stämme und Baumspitzen zu sehen, die unheimlich aus dem rötlich gefärbten See ragen. Eisenhaltige Tonerde ist für die Färbung verantwortlich, doch eine von vielen Legenden, die den See umranken, besagt, dass der Erdrutsch einige Menschen mitgerissen haben soll, die das Wasser mit ihrem Blut rot färbten. Die Rumänen lieben solche dramatischen Geschichten und Bezeichnungen, denn der »Mördersee« ist auch der Eingang zum »Höllenschlund«, einem sehr engen und tiefen Tal, durch das sich auf zehn Kilometern Länge die Nationalstraße 12c windet. Die Ausmaße der Bicaz-Klamm sind atemberaubend. Mitunter ist die Schlucht gerade einmal sechs Meter breit und an einigen Stellen steigen die senkrechten Felswände so himmelhoch empor, dass kaum noch Licht auf die Straße dringt. Erstaunlich, was für ein spektakuläres Stück Natur der kleine Bach, der durch die Klamm fließt, in Millionen von Jahren geschaffen hat.

Rumänien, eines der malerischsten und vielseitigsten Länder, die ich in Europa kenne, verabschiedet sich ganz anders von uns, als es uns vor gut 1000 Kilometern noch begrüßt hat. Vor optimistisch bunt gestrichenen Häuschen, die von liebevoll dekorierten Gartenzäunen umgeben werden, stehen in regelmäßigen Abständen in Trachten oder Handwerkskluft gekleidete Menschen, die so wirken, als habe sie der Tourismusverband des Landes dort hingestellt, um uns einen letzten positiven Eindruck mit auf den Weg zu geben. Mehrfach halten wir an und fotografieren die freundlichen Bewohner. Im Gegenzug für

21

22

23

21 Hier soll der berühmte Blutsauger gelebt haben: Dracula-Schloss in Bran.

22 Schäfer in Transsylvanien.

23 Nette Begegnungen am Straßenrand in Rumänien.

24 Unglückliches Opfer eines Helm-diebstahls mit T-Shirt-Provisorium ...

25 ... und die vorläufige Lösung des Problems.

26 Kneipenbedienung in Riga.

27 Der Berg der Kreuze – katholisch und touristisch geprägter Wallfahrtsort in Litauen.

24

25

2

27

28

29

30

28 Wie aus dem Katalog für ein besseres Leben – Ohtakari in Finnland.

29 Traumhafte Streckenführung in Richtung Polarkreis.

30 Weit oben im Norden Europas regiert die Einsamkeit.

31

32

33

31 Sehnsüchtiges Warten auf die letzte Fähre.

32 Leben mit den Naturgewalten – Tornuvik auf den Färöer-Inseln.

33 Offroad auf den Färöer-Inseln.

34 Wenn Lagerplätze kaum noch zu toppen sind: Syðradalur auf den Färöer-Inseln.

35 Entlang des Gletschers Vatnajökull auf Island.

34

35

36

37

38

39

40

36 In der Missetäterwüste versteckten sich einst die Vogelfreien.

37 Knapp zwei Dutzend eisige Flussdurchquerungen an einem Tag ...

38 Eiskalter, aber spektakulärer Lagerplatz.

39 Prost! Auf die hinter uns liegende 28 000 Kilometer!

40 Kostenlose Reinigung für Mensch und Material.

41

42

41 Im Hochland auf Island gibt es keine asphaltierten Wege.

42 Papageientaucher – possierliche Bewohner der Küsten des Nordatlantiks.

43 Geschafft! Ein Feuerwerk der Emotionen brennt ab.

das Versprechen, ihnen Abzüge der Bilder zuzuschicken, werden wir zu Kaffee und Kuchen eingeladen. Eine ganze Seite meines Notizbuches geht dafür drauf, die Adressen der Menschen und deren Fotobestellungen aufzunehmen. Nachdem wir die »Straße der fotogenen Rentner« hinter uns gelassen haben, umrunden wir noch den wunderschönen Bicaz-Stausee und nähern uns allmählich dem ukrainischen Grenzübergang.

Auge um Auge

Gut gelaunt, jedoch völlig erschöpft erreichen wir am späten Nachmittag den ukrainischen Grenzübergang. Nach einer nur oberflächlichen Kontrolle auf rumänischer Seite steht uns unter der blau-gelben Landesflagge eine harte bürokratische Nuss bevor. Dass die ehemaligen Sowjetländer keinen Spaß verstehen, was Stempel, Dokumente und Formalitäten aller Art betrifft, weiß ich spätestens seit meiner letzten Reise. So habe ich doch starke Zweifel, ob wir es noch bei Tageslicht schaffen werden, diese Hürde zu überwinden. Die Tatsache, dass Carsten die Grenze auch noch ohne nationalen Fahrzeugschein übertreten muss, habe ich dabei fast schon ausgeblendet.

Wir sind die Einzigen, die kurze Zeit später vor dem Schlagbaum stehen, was bedeutet, dass die Grenzer keine Eile haben. Neben einer Ansammlung von heruntergekommenen Grenzbaracken sind lediglich ein paar wenige Uniformierte zu erkennen. Bei näherem Hinsehen stellen sich diese als äußerst attraktive Blondinen heraus. Sie alle tragen große Schirmmützen, haben die Haare streng nach hinten gebunden und sind mit akkurat gebügelten Uniformen gekleidet, unter denen sich ihre Brüste so gut abzeichnen, dass nur wenig Spielraum für Fantasien bleibt. Nie zuvor habe ich bei Amtspersonen solch geballte Erotik gesehen. Ich bin verzückt und denke, dass ihnen die Dienstkleidung zwar vorzüglich steht, sie aber in demselben Outfit und mit dem strengen Blick an einer verchromten Stange viel mehr Geld verdienen könnten.

»Puhhh, da hast du ja echt nicht zu viel versprochen«, bedeutet mir Carsten mit hochgezogenen Augenbrauen, als er die Damen von Kopf bis Fuß einem Körperscan unterzieht. Der Blick, der ihnen vermutlich eine Spur zu lüstern erscheint, ist

Auslöser und Auftakt einer Lehrbuchvorstellung in Sachen schikanöse Bürokratie. Meine Hoffnung, uns mittels einer Charmeoffensive über die Grenze mogeln zu können, schwindet, als wir aufs Übelste angeschnauzt werden. »Los, ihr notgeilen Penner – Papiere her!«, so vermutlich die Übersetzung ihrer Verbalattacke. Scheinbar finden die Kolleginnen die Aufforderung sehr lustig, denn der ganze Raum bricht in explosionsartiges Gelächter aus. Als sie sich wieder beruhigt haben, steht schnell fest, dass wir es lieber mit ihren männlichen Kollegen zu tun hätten, denn es ist offensichtlich, dass sie uns mal so richtig zeigen wollen, wer hier die Regeln bestimmt.

Der internationale Fahrzeugschein, der uns bislang jeden Grenzübertritt ermöglicht hat, wird, wie befürchtet, von den Damen nicht anerkannt. Nicht, dass sie mit dem Dokument nichts anzufangen wüssten. Im Gegenteil, auf Anhieb zeigt man uns auf Seite zwei die klein gedruckte Auflistung der Vertragsstaaten, die das Abkommen über den internationalen Kraftfahrzeugverkehr im Jahre 1972 ratifiziert haben. Dumm nur, dass die Ukraine seinerzeit noch nicht existierte und lediglich die Sowjetunion gelistet ist. Nachdem alle Versuche, die Beamtinnen zu einem Umdenken zu bewegen, gescheitert sind, geben wir uns geschlagen.

»You go! – You no!«, so ihre Entscheidung, wobei sie erst mir und dann Carsten den Pass entgegenstrecken. Unsere Wut verbergend schieben wir die Motorräder auf den Seitenstreifen. Ich kann es noch immer nicht fassen, dass mein Freund seinen Fahrzeugschein zu Hause vergessen hat und ich weiß nicht, ob ich deswegen lachen oder weinen soll. Als mir meine Flüche nach einer Weile ausgegangen sind und mein Blutdruck auf ein erträgliches Level gesunken ist, tritt die ranghöchste der Damen nach draußen. Unmissverständlich macht sie uns klar, dass wir eine Entscheidung zu treffen haben. Hier dürften wir jedenfalls nicht länger bleiben. Weniger als fünf Minuten gibt man uns. Wir stehen ratlos vor der Entscheidung, wie es denn nun weitergehen soll. Schnell müssen wir das weitere Vorgehen besprechen.

Doch was sind in solch einer Situation schon fünf Minuten? Es gäbe doch noch so viele Dinge zu klären. Wir hatten uns doch fest vorgenommen, ein paar befreundete Mechaniker aus einer Jetskiwerkstatt zu besuchen, die mir auf einer anderen Reise einmal sehr geholfen haben.

Schweren Herzens beschließen wir, uns vorübergehend zu trennen. Ich werde nach Prüfung der Karte den geplanten Weg durch die Ukraine und Weißrussland nehmen, während Carsten parallel zur Grenze über Ungarn und die Slowakei fahren wird. In Polen dann, nach geschätzten 1500 Kilometern, so unser spontan gefasster Plan, wollen wir uns wieder treffen, um die Reise gemeinsam fortzusetzen. In Windeseile tauschen wir diverse Ausrüstungsgegenstände aus und verteilen das Werkzeug gemäß der jeweiligen Schwachstellen der Kräder. Ich überlasse Carsten das Kartenmaterial, von dem ich noch ein paar hochaufgelöste Fotos für den Notfall mache, sowie die frischen Lebensmittel und nehme im Gegenzug zwei Konserven samt Kocher an mich. Ein beherztes Klopfen auf die staubigen Schultern, eine letzte Umarmung, dann trennen sich unsere Wege.

Obwohl wir beide von der Richtigkeit der Entscheidung überzeugt sind, bereue ich schon nach wenigen Minuten, sie getroffen zu haben. Zu unvermittelt die Trennung. So schmerzt das plötzliche Fehlen meines Freundes und beschert mir überdies ein ungutes Gefühl, das ich nicht näher beschreiben kann. Dabei gab es bislang schon den einen oder anderen Moment, an dem wir beide froh gewesen wären, mal für einen Tag Ruhe vor dem anderen zu haben und alleine zu sein. Über Monate Tag und Nacht ständig mit ein und derselben Person zu verbringen, stellt beim Reisen eine oft unterschätzte Herausforderung dar. Man muss sich schon sehr gut kennen, um es sich verzeihen zu können, dass man in schwierigen Situationen auch mal aneinandergerät. Viele Reisen sind daran schon gescheitert.

Über miserable Straßen arbeite ich mich durch den südwestlichen Teil der Ukraine. Meter für Meter, Schlagloch um Schlagloch begleitet mich plötzlich der Wunsch, meinen Freund so schnell wie möglich wiederzusehen. Ich möchte mit ihm gemeinsam weiterreisen und die Erlebnisse – die positiven wie die negativen – mit jemandem teilen können, statt sie einsam mit nach Hause zu nehmen. Egal, wie ich mir die Sache auch zurechtlege, es will mir einfach nicht gelingen, die Fahrt zu genießen. An einer Tankstelle mache ich nach einer Weile halt, um eine kleine Flasche Wodka zu kaufen, deren Zweck einzig und allein darin besteht, meinen Frust hinunterzuspülen. Noch ahne ich nicht, dass sich mein Glück auch weiterhin auf Talfahrt befindet.

Ausschau haltend nach einem geeigneten Lagerplatz werde ich kurze Zeit später nahe der Ortschaft Petrichanka auf ein verlassenes Fabrikgebäude aufmerksam, das von weiten Raps- und Kornfeldern umgeben ist. Eingeworfene Fensterscheiben und ein verblichenes Firmenlogo im Sowjetstyle lassen vermuten, dass an diesem Ort schon lange keine planwirtschaftlichen Vorgaben mehr erfüllt wurden. Durch Stacheldraht vor unbefugtem Zutritt gesichert, lässt sich das Gelände nur über einen mit Feldblumen überwucherten Kiesweg erreichen. Als ich mir sicher bin, nicht beobachtet zu werden, schalte ich das Abblendlicht aus und rolle langsam in einen vor Blicken geschützten Winkel des Anwesens. Auch wenn mich ein nicht näher zu definierendes Unwohlsein beschleicht, treffe ich die Entscheidung, zu bleiben.

Das Zelt ist schnell aufgebaut und meine wenigen Sachen hineingeräumt. Mit knurrendem Magen packe ich den Kocher aus. Als ich ihn in Gang bringen will, muss ich jedoch feststellen, dass ich weder Feuerzeug noch Streichhölzer habe. Beides fährt Carsten in seinem Tankrucksack spazieren. Die Dose Kohlrouladen schlinge ich also kalt hinunter und greife zur Flasche. »Auf die Ukraine!«, sage ich laut und öffne den Schraubverschluss. Kleine Luftbläschen schießen empor und reagieren mit einem lauten Zischen auf meine Drehbewegung. Fassungslos betrachte ich einige Sekunden lang das in Kyrillisch geschriebene Etikett der Flasche. »Seit wann gibt es kohlesäurehaltigen Wodka?«, frage ich mich, als mir bereits ein Großteil des Mineralwassers über die Hose gesprudelt ist. »Oh, fuck, das gibt's doch alles gar nicht. Heute will ja gar nichts gelingen.« Ich bin stinksauer, auf mich, auf Carsten, die Zöllner – einfach auf alles und jeden. Wutentbrannt nehme ich das »Ein-Euro-Schnäppchen« und lasse es laut klirrend an der Ziegelwand hinter mir zerschellen. Ein Scheißtag geht zu Ende.

Unzufrieden ziehe ich mich in mein Zelt zurück, um schnell Schlaf zu finden. Irgendwann, vielleicht zwei Stunden später, als meine Gedanken gerade in den Traum hinübergleiten, glaube ich, Stimmen zu vernehmen. Schlaftrunken horche ich auf. Ich bin mir unschlüssig, ob ich das Geräusch als Einbildung abtun oder doch besser aus dem molligen Schlafsack steigen sollte. Bequemlichkeit siegt über Wachsamkeit. Ein flüchtiger Blick aus dem Sichtfenster des Zeltes reicht aus und schon versinke ich wieder in einen unruhigen Schlaf. In den frühen Morgenstunden, als die Dunkelheit schon merklich an Schwärze verloren hat, treibt mich meine Blase nach draußen. Unscharf schweift mein verpeilter Blick umher und bleibt an meinem Motorrad hängen. Dort, wo ein schweres Kettenschloss Helm und Ersatzreifen vor Diebstahl schützen sollten, liegt nur noch ein Stück der Textilummantelung des Schlosses.

Es dauert eine Sekunde, bis mein Gehirn diese Information verarbeitet hat. »Verdammt – ich wurde beklaut!«, schießt es mir durch den Kopf. Sofort bin ich hellwach. Mein Herz rast und mein Magen reagiert mit heftigen Krämpfen. Ist das etwa die Quittung für die nächtliche Unaufmerksamkeit? Verzweifelt renne ich zur Straße und suche die Gegend um das Gebäude ab. Wer ein Verbrechen aufklären will, der muss die Spuren lesen können, also halte ich wie ein zweitklassiger Tatortermittler im hohen Gras nach Fußabdrücken, Zigarettenkippen oder sonstigen Indizien Ausschau, um den Tätern auf die Schliche zu kommen. Eine ohnmächtige Wut überkommt mich. Da mir nichts Besseres einfällt, gebe ich einen Urschrei von mir. Ein dröhnendes »Aaaaarrrggghhhhh!« durchbricht die Stille. Vögel flattern aufgeregt aus einem Gebüsch. Ob sie wohl Zeugen des Diebstahls waren?

Als Nächstes beschließe ich, die Tür zu dem verlassenen Gebäude aufzubrechen. Dass einer der Räume mit einem relativ neu wirkenden Schloss versperrt wurde, ist Grund genug für mich, darin mein Eigentum zu vermuten. Vergeblich setze ich ein zur Reifenmontage gedachtes Flacheisen an, um die Tür aus den Angeln zu hebeln. Als mir das nicht gelingt, schreie ich abermals verzweifelt auf. »Aaaaarrrggghhhhh!!« Dann nehme ich ein paar Meter Anlauf und durchbreche in blinder Wut das morsche Holz. Laut krachend springt die Tür aus den Angeln und landet unter mir inmitten des verstaubten Raums. Schnaufend stehe ich wieder auf. Wehe dem, der mir jetzt in die Finger kommt! Doch auch hier drinnen finde ich keinen Anhaltspunkt über den Verbleib meines Helms und der Reifen. Nur ein paar modrig riechende Decken, einen Haufen leere Flaschen und den Rest eines niedergebrannten Wärmefeuers kann ich entdecken. Irgendwann sehe ich ein, dass es keinen Sinn mehr macht, weiterzusuchen. Frustriert mache ich mich daran, meine Habseligkeiten zusammenzuräumen.

Es ist, als ob mein Verstand Karussell fahren würde. Ich will mich einfach nicht damit abfinden, dass ich beklaut worden bin. Doch wie soll es jetzt weitergehen? Ich habe mich ja schon des Öfteren gefragt, was in einer solchen Situation zu tun ist. Doch nun weiß ich mir einfach keinen Rat. Ohne Helm am Arsch der Welt zu sein, fühlt sich verdammt noch mal ziemlich lausig an. Was mache ich denn jetzt, frage ich mich immer wieder und kann mir keine Antwort darauf geben. Als ich meine Ausrüstung zusammengepackt habe, schwinge ich mich auf mein Motorrad und steuere ein paar Häuser an, die etwa 1000 Meter Luftlinie entfernt hinter einem Kornfeld liegen. Ein kleiner Trampelpfad, der durch das Getreide zu der postsowjetischen Industriesiedlung führt, legt die Vermutung nahe, dass dort der oder die Ganoven zu Hause sein könnten.

Bamm, bamm, bamm! Mit der Faust hämmere ich an die Eingangstür eines barackenähnlichen Mehrfamilienhauses. Dabei ist mir völlig wurscht, dass am heutigen Sonntag vermutlich noch alle Bewohner in den Betten liegen. Ich will verdammt noch mal meinen Helm zurück. Doch was soll ich den Leuten ohne Russischkenntnisse überhaupt sagen? Dass ich gekommen bin, um einen der Ihren abzustrafen? Dass ich das ganze Dorf niederbrenne, wenn man die Diebe vor mir versteckt hält? Verdammt, bin ich Clint Eastwood oder was! Was in drei Teufels Namen würde ich wohl denken, wenn mich jemand am heiligen Sonntag um sechs Uhr in der Früh aus dem Bett poltern würde, um mir einen unverständlichen Sachverhalt zu erklären? Ich wäre alles andere als begeistert, so viel ist sicher. Erst beim dritten Gebäude werde ich erhört. Das Anklopfen entfällt, da zwei ältere Bewohner, geweckt durch mein wütendes Klopfen, bereits verwirrt aus dem Fenster blicken. Argwöhnisch hören sie sich an, was ich, der Störenfried, vorzutragen habe. Doch entweder kann oder will man mich nicht verstehen. Mit einem Achselzucken wird das Fenster wieder verschlossen und ich mit meinem Problem allein gelassen. Auch die übrigen Bewohner sind keine große Hilfe und reagieren zusehends aggressiver auf meine lautstarken Versuche der Wahrheitsfindung. Folgerichtig räume ich das Feld. Ohne Helm und ohne richtiges Ziel vor Augen fahre ich los. Entlang endloser Sonnenblumenfelder führt die Straße in Richtung Norden. Große Ratlosigkeit macht sich breit. Wut und Verzweiflung komplettieren das trübe Bild. Ich fühle mich der Illusion beraubt, auf dieser Reise nur guten Menschen zu begegnen.

Es hätte ein so schöner Tag werden können. Die Sonne scheint, der Himmel ist blau und das Motorrad schnurrt zufrieden unter mir. Doch irgendwie fühle ich mich wie ein Fremdkörper in dieser eigentlich so friedlichen Umgebung. Mein Kopf ist mit zu vielen anderen Dingen beschäftigt, als dass ich mir Gedanken über mein Tagesziel und einen schönen Weg dorthin machen könnte. Zunächst will ich einfach nur weg, den Ort und diese schlechte Erfahrung möglichst weit hinter mir lassen. Ohne Helm ist das jedoch gar nicht so einfach. Nicht in einem Land, in dem man die täglichen Polizeikontrollen selten an einer Hand abzählen kann.

Der Tag wird für mich zum absoluten Albtraum. Scheinbar haben sich die staatlich lizenzierten Abzocker untereinander abgesprochen, um mir möglichst effektiv das Leben schwer zu machen. Händereibend wartet man bereits darauf, dass ich ohne Helm auf dem Kopf des Weges komme. Die Aussicht darauf, ein paar Mäuse extra zu verdienen, macht die ukrainischen Ordnungshüter zu den aufmerksamsten, die ich kenne. Kaum bin ich losgefahren, wird meine Fahrt auch schon das erste Mal unterbrochen. Dass es so schnell gehen würde, hätte ich nicht gedacht. Sich Führerschein und Fahrzeugschein vorzeigen zu lassen, gefolgt von der Behauptung, man sei zu schnell gefahren, ist die landesübliche Vorgehensweise.

Bei der ersten Kontrolle scheint es den Polizisten zu meiner großen Verwunderung noch nicht einmal aufzufallen, dass ich keinen Helm trage. Man hat sich offenbar frühzeitig auf einen Geschwindigkeitsverstoß geeinigt und so ist der Rest nur nebensächlich. Ich versuche es mit der bewährten Taktik und stelle mich dumm – so dumm, dass man mich möglichst schnell wieder loswerden will. Als Erstes gebe ich beiden die Hand und grinse. Ich habe irgendwann einmal gelesen, dass diese Geste des Wohlwollens und der Freundschaft so manch eine brenzlige Situation entschärfen kann. Schon dieser Vorstoß scheint sie zu verwirren, denn sie geben mir ebenfalls die Hand und schauen mich fragend an. Dann fange ich an zu singen. Laut, schief und störend. Fassungslos hören sie sich das Lied »Hänschen klein« an, während ich sie immer wieder animiere, mitzusingen. »Der ist total verrückt! Mann, der hat nicht alle Latten am Zaun. Der soll sich bloß verpissen!« – Mit vermutlich diesen Worten einigen sie sich darauf, mir die Papiere zurückzugeben, damit ich wieder Land gewinne. »Dawei, dawei!« – Los, los, zisch ab! – So werde ich auf die miserable Schlaglochpiste entlassen. Ich bin zugegebenerweise überrascht, wie einfach das ging. Ich starte den Motor und eile davon.

Wieder werde ich angehalten. Wortlos deutet einer der Beamten mit dem zur Standardausrüstung gehörenden Gummiknüppel auf meinen Kopf und fordert mich mit einer Drehbewegung der Hand auf, den Motor abzustellen. Mein Gefühl sagt mir, dass ich dieses Mal mit der »Bekloppten-Nummer« nicht weiterkomme. Mit einer dramatischen Schilderung der Geschehnisse versuche ich, meine missliche Lage zu rechtfertigen. Widerwillig vorgetragene Pantomime, die das Entwenden des Helms und den Wunsch, die Täter zu bestrafen, erklärt, bringt die Beamten jedoch auf meine Seite. Immerhin. Mir ist es egal, dass ich wieder wie ein absoluter Volltrottel dastehe. Solange ich nicht zahlen muss, sollen sie ruhig lachen. Dennoch muss mir so langsam etwas einfallen, denn mir gehen allmählich die Ideen aus, wie ich mich verhalten soll. Eine kurzfristige Lösung soll fürs Erste reichen. Irgendetwas, was mich vor den ständigen Kontrollen bewahrt. Mir kommt eine ziemlich simple Idee. Aus mehreren schwarzen T-Shirts binde ich mir einen helmähnlichen Turban auf den Kopf, der in Wirklichkeit so aussieht, als wollte ich zu einem Kostümball. Doch so hat es zumindest von Weitem den Anschein, als würde ich mich an die Verkehrsregeln halten.

Bis zum Nachmittag hat sich die Zahl der Kontrollen bereits verdoppelt. Es hilft alles nichts, ich muss mir so schnell wie möglich einen richtigen Helm besorgen. Doch dies ist in der Ukraine, besonders an einem Wochenende, leichter gesagt als getan. In der Stadt Ternopil frage ich etliche Leute, ob sie mir helfen könnten oder aber wüssten, woher ich einen Motorradhelm bekommen könne. Doch mein Nachfragen bringt lediglich die Erkenntnis, dass die Ukrainer ein schadenfrohes Völkchen sind. Ich solle mich doch nicht so anstellen und einfach ohne Helm weiterfahren, bekomme ich von beinahe jedem als Antwort zu hören. Ich hätte doch einen schönen Helm auf dem Kopf – es folgt Gelächter. Im Übrigen seien solche lapidaren Eigentumsdelikte doch völlig normal. Mir kommt es fast schon so vor, als seien die Schuldzuweisungen an meine Adresse gerichtet. Nur weil ich mit einem hochwertigen Helm unterwegs war, soll ich schuld daran sein, dass der mir geklaut worden ist? Ich bin maßlos enttäuscht von den Reaktionen und davon, so abgefertigt zu werden. Dabei habe ich die Ukrainer doch als so hilfsbereit in Erinnerung. Der letzte Ausweg scheint es mir daher zu sein, dass ich irgendeinem Zweiradfahrer den Helm für teures Geld abkaufen werde. Ich stelle mich an den Straßenrand und warte ab. Es dauert ewig, bis überhaupt ein motorisiertes Zweirad des Weges kommt. Einen Helm tragen die wenigsten. Der Versuch, das Problem mit Geld zu lösen, endet nach weit über einer Stunde, drei konfusen Gesprächen ohne Ergebnis und einem ausgestreckten Mittelfinger. Vielleicht interpretiert man es einfach falsch, wenn ich aufgeregt auf die Straße springe und ein paar Dollarnoten in die Höhe halte. »Es reicht!«, sage ich mir, »so geht es nicht weiter.« Eine Lösung muss her – koste es, was es wolle.

Kurz hinter der Stadt gehe ich in die Vollen. An einer Tankstelle löse ich mein Problem, indem ich straffällig werde. Es ist keine geplante Aktion, kein Vorsatz – eher eine Kurzschlusshandlung im Affekt oder vielleicht einfach nur ein Wink des Schicksals – wer weiß das schon. Ich habe gerade umgerechnet neun Euro für 15 Liter Sprit gezahlt und verlasse das Tankstellengebäude wieder, als mich um ein Haar ein Rollerfahrer über den Haufen fährt und dann vor einer der Zapfsäulen anhält. Während der Fahrer seinen Helm abzieht, sich mit einem Taschentuch den Schweiß von der Stirn wischt und sein Kleinkraftrad betankt, überlege ich mir, was ich am besten sagen und wie viel Geld ich anbieten soll, damit er mir den Helm verkauft. Ich krame gerade zwei zerknäuelte Geldscheine hervor, als er reingeht, um zu bezahlen – ohne Helm.

Der leuchtend rote Kopfschutz liegt auf der Sitzbank. Verlockend nah scheint plötzlich die Lösung des Problems zu sein. Dann geht alles ganz schnell. Verzweiflung macht mich zum Ganoven. Obwohl meine Endurostiefel sich nicht für leichtathletische Wettkämpfe eignen, lege ich einen Spurt hin, der sich sehen lassen kann. Ich knalle die als Entschädigung gedachte Geldsumme auf den Sitz, schnappe mir meine Beute und renne zu meinem Motorrad. Mit einem Satz springe ich auf, klemme mir den Helm zwischen die Beine, stecke den Zündschlüssel mit zittrigen Fingern ins Schloss und eile davon. Im Rückspiegel beobachte ich noch kurz das Tankstellengebäude, während sich mein Drehzahlmesser in den roten Bereich hineinschraubt.

»Scheiße! Scheiße! Scheiße! Mann, was für ein Mist«, fluche ich immer wieder vor mich hin, als ich mit Vollgas aus der Stadt herausfahre. Bloß schnell weg. Mein Adrenalinpegel steigt unaufhörlich. Was, wenn der Typ die Polizei alarmiert? Andererseits: Warum sollte er das tun? Er hat doch ein Bombengeschäft gemacht. Der Helm, so lässt sich auf den ersten Blick erkennen, ist keinen Pfifferling wert. Irgendwo fahre ich in einen Waldweg hinein und halte an. Etwa eine halbe Rolle schwarzen Klebebands geht dafür drauf, dem roten Helm eine schwarze Karbon-Optik zu verpassen. Sicher ist sicher. Wieder muss ich an den Dreckskerl denken, der mir dieses Schlamassel letzte Nacht überhaupt eingebrockt hat.

Mit dem neuen Helm auf dem Kopf, der in etwa so gut passt wie ein großer Suppentopf, geht die Reise weiter. Ich muss es langsam und vorsichtig angehen lassen, denn ab einer Geschwindigkeit von 80 Stundenkilometern droht sich der riemenlose Helm von meinem Kopf zu verabschieden. Ich lasse den Ort hinter mir. Allmählich legt sich meine Anspannung. Zum ersten Mal an diesem Tag kann ich einen genießerischen Blick auf die Landschaft werfen. Sommerwind rauscht über die goldgelben Felder, die vielerorts schon abgeerntet werden. Anstatt computergesteuerter Traktoren stehen oftmals Menschen am Wegesrand, die mit einem Wetzstein in der Hand ihre Sensen schärfen. Auf sie wartet ein unvorstellbar hartes Stück Arbeit.

Wenn man genauer hinsieht, dann kommt es einem so vor, als würde die gesamte Arbeit von Frauen erledigt. Viele von ihnen sind sehr gut gekleidet und legen viel Wert auf ihr Äußeres. Würde man ihnen so in der Stadt begegnen, dann käme man niemals auf die Idee, dass es sich um Bäuerinnen handelt. Man könnte meinen, sie wollten dem grauen Alltag entfliehen. Selbst bei der schmutzigsten Feldarbeit tragen sie hübsche Kleider, so als warteten sie auf den reichen Prinzen, der sie in ein besseres Leben entführt. Bei den Männern ist oft das Gegenteil der Fall. Sie erwecken nicht selten den Eindruck, als hätten sie sich vorgenommen, durch stetig steigenden Alkoholkonsum immer tiefer zu sinken. Männer im Vollrausch gehören in weiten Teilen des Landes ebenso ins Straßenbild wie Frauen, die richtig zupacken.

Mein Plan sah eigentlich vor, Freunden in Mariupol, einer Hafenstadt am Asowschen Meer, einen Besuch abzustatten. Doch die hinter mir liegenden Ereignisse, der gewaltige Umweg dorthin von beinahe 1000 Kilometern, vor allem aber der Wunsch, Carsten wiederzusehen, lassen mich die spontane Entscheidung treffen, unseren verabredeten Treffpunkt in Polen ohne größere Umwege anzusteuern. Lange habe ich zudem über der Entscheidung gebrütet, ob ich aufgrund der Situation auf das vor mir liegende Weißrussland verzichten soll. Ich vermute eine zeitraubende Zollabwicklung an der dortigen Grenze und ziehe in Erwägung, schon viel weiter südlich nach Polen einzureisen. Doch da es im Vorfeld der Reise so schwierig war, ein Visum für Weißrussland zu bekommen, möchte ich dieses nicht ungenutzt verfallen lassen. Außerdem könnte ich mir so einen weiteren Länderaufkleber auf meine Seitenkoffer kleben.

Was meine Freundin als typisches Männergehabe abtun würde, ist für mich mehr als nur ein Sammeln von Andenken. Es ist ein Ritual, das mir sehr viel bedeutet und das auf all meinen Reisen gebührend zelebriert wird. In jedem Land, durch das ich bislang mit dem Motorrad gereist bin, habe ich mir einen solchen Aufkleber gekauft. In Weißrussland wäre ich zwar nur ein paar wenige Kilometer unterwegs, dennoch möchte ich mir das Land nicht entgehen lassen. Da Carsten noch irgendwo in Ungarn unterwegs ist und ich somit einen guten Tag Vorsprung habe, peile ich den Grenzübergang bei Domanove im nordwestlichsten Zipfel der Ukraine an. Das Motorrad springt förmlich über die vielen Schlaglöcher und Risse im Asphalt. Ich bin wieder bester Laune. Nur noch etwa 400 Kilometer bis zur Grenze liegen vor mir.

Die Einreise nach Weißrussland, auch Belarus genannt, stellt sich als weit unproblematischer heraus, als ich angenommen hatte. Ähnlich wie bei dem großen Bruder Russland, muss man jedoch sehr geduldig sein, um den pedantischen Bürokraten gerecht zu werden. Etwa zwei Stunden dauert es, bis ich einreisen darf. Landschaftlich ist auf dem kurzen Stück keinerlei Unterschied zur Ukraine festzustellen. Die Dörfer sind malerisch und verträumt, wenngleich man ihnen ansieht, dass die dort lebenden Menschen wirtschaftlich sehr schlecht gestellt sind. Je näher man den Städten kommt, desto bedrückender wird die Szenerie: Sozialistisches Grau und daneben bunte Propagandatafeln bestimmen das Bild. Noch nicht einmal eine Tankfüllung Sprit verfahre ich auf weißrussischen Straßen. Ich mache zwar ein paar großzügige Schlenker, komme dennoch auf nicht mehr als 200 Kilometer. Weißrussland wird Opfer meiner Eile. Als ich am frühen Abend nach Polen einreise, bereue ich es, die Chance vertan zu haben, mir ein genaueres Bild von der letzten wahren Diktatur Europas zu machen.

Die Freude ist dafür umso größer, als Carsten und ich uns vier Tage nach der Trennung an einer Tankstelle im polnischen Kurort Augustów wiedersehen. Ein Stück Vertrautheit kehrt zurück. Nachdem wir die wichtigsten Neuigkeiten ausgetauscht haben, steuern wir einen zuvor von mir ausgesuchten Lagerplatz am nahe gelegenen Studzieniczna-See an. Es wird eine lange Nacht, in der wir beide uns sehr viel zu erzählen haben. Egal, was passiert, so nehmen wir uns zu später Stunde lallend das Versprechen ab, unsere Wege werden sich bis Köln nicht mehr trennen.

So gut es geht, wollen wir die viel befahrenen Hauptverbindungsstraßen meiden, die das Baltikum mit Polen verbinden, und so rollen wir am kommenden Tag stattdessen über rumpliges Kopfsteinpflaster. Auf einsamen Wegen durchstreifen wir die masurischen Wälder. Noch immer stößt man in diesem schönsten Teil des ehemaligen Ostpreußens auf die Überreste alter deutscher Geschichte. Bis zum großen Krieg gehörte eine Vielzahl reizvoller Landschlösser und stattlicher Gutshöfe über mehrere Jahrhunderte zum ostpreußischen Landschaftsbild. Die meisten von ihnen wurden zwar von den Kampfhandlungen des Krieges verschont, doch nach der Zwangsenteignung und Vertreibung der einstigen Bewohner kamen die neuen Siedler aus Südpolen und der Ukraine und bedienten sich. Zuerst wurden Wertgegenstände und Möbel entfernt. Es folgten die Türen, Bodenbeläge, Kabel, Tapeten und die Dachziegel, bis irgendwann nur noch traurige Ruinen an eine glanzvolle Zeit erinnerten. 80 Prozent der stattlichen Gehöfte und Schlösser von einst, so polnische Denkmalschützer, seien nach dem Krieg unwiederbringlich zerstört worden. Teils aus ideologischen Gründen, hauptsächlich jedoch, weil die neuen Bewohner selbst sehr arm gewesen sind.

Die Adelsgeschlechter hat inzwischen der Wind verweht, doch die Symbole ihrer einstigen Macht findet man noch überall. Auch die vielen Alleen, die heute noch genauso wie früher die Landschaft prägen, erinnern an die alten Zeiten. Hundertjährige Eichen, Buchen und Linden säumen die weite Kornfelder passierenden Straßen von Dorf zu Dorf. Sie dienten als Wegmarkierungen im Winter, als Schutz vor der Sonne im Sommer und waren beliebte Spazier- und Reitwege der Gutsherren. Die Baumkronen, unter denen wir dahinrollen, sind stellenweise so dicht gewachsen, dass man das Gefühl hat, man würde durch endlose grüne Tunnels fahren. Nirgendwo sonst habe ich zuvor solch prachtvolle Straßen gesehen. Stundenlang folgen wir diesen Wegen.

Im ehemaligen Ostpreußen begegnen uns auffällig viele Touristen aus Deutschland. Ein Großteil von ihnen ist mit dem Wohnmobil unterwegs und hat es sich zur Aufgabe gemacht, die Ostsee zu umrunden. Einen weiteren erheblichen Anteil stellen die sogenannten »Nostalgiebesucher«. Sie zieht es zurück an die Orte, an denen sie ihre Kindheit verbracht haben oder wo ihre

Eltern lebten, ehe sie vom Krieg vertrieben wurden. Die überwiegende Mehrzahl der Touristen hat das Rentenalter folglich bereits erreicht. Wir sehen nur sehr wenige junge Reisende. Falsche Vorurteile, lange Anreisewege und fehlende Billigflugverbindungen sind Gründe dafür, dass dieser Teil Europas bei jüngeren Reisenden bislang so wenig populär ist.

Über einen Komplex verwaister Grenzabfertigungsgebäude verlassen wir Polen und betreten unweit des Örtchens Hołny Mejera Litauen – das erste und größte der drei Länder des Baltikums. Seit dem Beitritt der baltischen Staaten in die Europäische Union im Jahre 2004 hat die Grenze keinerlei Bedeutung mehr. Ungehindert und ohne kontrolliert zu werden, rollen wir in das Gebiet der ehemaligen Sowjetunion. Entlang zahlloser Seen durchqueren wir flaches Land und erreichen schon nach weniger als 30 Kilometern die Stadt Druskininkai.

Wie in allen anderen Städten, so standen auch hier noch bis vor wenigen Jahren überall die aus Stein gemeißelten oder aus Beton gegossenen marxistischen Vordenker und Oktoberrevolutionäre. Überall, auf öffentlichen Plätzen, vor Behörden und Verwaltungen einer jeden Stadt, gehörten sie über Jahrzehnte zum Bild einer Stadt wie Plattenbauten und Kleinwagen mit Zweitaktmotor. Als die baltischen Staaten mit ihrer Unabhängigkeitserklärung im März 1990 den Zusammenbruch des wankenden Sowjetregimes endgültig besiegelten, wurden die meisten dieser Statuen unter allgemeinem Jubel abgerissen und ein für alle Mal aus der Öffentlichkeit verbannt. Man wollte endlich mit diesem demütigenden Teil der Geschichte abschließen. Alle waren glücklich über das Verschwinden der einstigen Machtsymbole – fast alle. Ein litauischer Millionär, der sein Vermögen mit dem Verkauf von Pilzen angehäuft hatte, machte sich nach einer Weile auf die Suche nach den Überbleibseln der Besatzungszeit. Insgesamt 80 Statuen konnte er zusammentragen. Er schaffte sie in ein kleines Wäldchen unweit der Stadt, in den Grūtas-Park. Untermalt von Arbeiter- und Bauernsongs, die aus scheppernden Lautsprechern tönen, und platziert inmitten von

Versatzstücken sowjetischer Lagerarchitektur wie Stacheldraht und Wachtürmen, haben Stalin, Lenin, Marx und Engels zwischen Ameisenhaufen und fröhlich trällernden Waldvögeln ihr neues Zuhause gefunden. Der Skulpturenpark, der der Opfer des totalitären Sowjetregimes gedenken soll, wirkt wie eine skurrile Mischung aus Disneyland und Arbeitslager.

Das Baltikum ist ein absolutes Traumziel für Liebhaber melancholisch verträumter Landschaften. Ebenso für all diejenigen, die nicht gerne Kurven fahren. Wer dieses historische Gebiet im Nordosten Europas in seiner ureigensten Form erleben will, der sollte fernab der Fernverbindungsstraßen reisen. Dort findet man, wie in nur wenigen Gegenden Europas, unberührte Natur aus dem Bilderbuch. Endlose Wälder, so weit das Auge reicht. Kleine verschlafene Dörfer, die nicht an das Netz asphaltierter Straßen angebunden sind und durch die, wie hineingemalt, hier und da ein mit Heu beladener Pferdewagen rollt. Auf Windmühlen und Strommasten haben Störche ihre traktorreifengroßen

Grūtas-Park: Wo Fuchs und Hase sich gute Nacht sagen ist Lenin heute zuhause.

Nester gebaut. Auf Nahrungssuche sieht man Meister Adebar anmutig durch sumpfige Wiesen schreiten oder an Bächen lauern. Hat er dann einen unvorsichtigen Frosch, eine Maus oder sonstiges Getier erbeutet, erhebt er sich wieder schwerfällig in die Lüfte, wobei Hals und Beine lang ausgestreckt und unbeholfen nach unten baumeln. Gleich mehrfach kommt es vor, dass wir nur knapp einer Kollision mit einem der Vögel entgehen können. Wenn wir uns nähern und sie verschreckt aufflattern, können wir einen Zusammenprall nur dadurch vermeiden, dass wir reaktionsschnell die Köpfe einziehen.

Vorbei an den Städten Vilnius und Kaunas arbeiten wir uns weiter in Richtung Norden vor. Am späten Nachmittag erreichen wir den Berg der Kreuze – einen der schrillsten Orte des Baltikums, unweit der grenznahen Stadt Šiauliai an der E 77 in Richtung Riga gelegen. Der Hügel gilt sowohl als Symbol des Widerstands gegen die sowjetische Besatzung als auch für die Volksfrömmigkeit der katholischen Litauer. Dicht an dicht, wie mit undurchlässig wucherndem Urwaldgestrüpp, ist der gesamte Hügel von einem wilden Wust aus Abertausenden Kreuzen bedeckt – riesigen, winzigen, schlichten und prachtvollen Kreuzen. Sie wurden geschnitzt, gedrechselt, geschweißt, geschmiedet und sogar gehäkelt oder geflochten. Die Inschriften verraten, dass Menschen aus aller Welt sich hier mittlerweile verewigt haben.

Im Jahre 1831 wurden die ersten Kreuze von Angehörigen getöteter Aufständischer gegen den russischen Zaren aufgestellt. Schnell entwickelte sich der kleine Hügel zum Wallfahrtsort und es kamen immer neue Kreuze hinzu. In den 1960er-Jahren veranlasste Moskau die Zerstörung des Ortes. Mehrfach rückten Planierraupen an und machten ihn dem Erdboden gleich. Doch die Litauer ließen sich nicht unterkriegen und stellten immer wieder neue Kreuze auf. Das wiederholte sich über Jahre. Auch heute kommen täglich noch Hunderte von Menschen, um ihren Glauben zum Ausdruck zu bringen oder um einfach nur zu staunen. Die Anzahl der Kreuze nimmt ständig zu. Wie viele es heute sind, kann keiner genau sagen. Über eine Million sind es allemal. Es dämmert bereits, als wir diesen magischen Ort des Glaubens auf dem einzigen und sehr schmalen Weg durchschreiten. Das leise Klappern der Kreuze im Wind liefert eine schaurig schöne Hintergrundmusik. Auch ich lasse ein Kreuz zurück. Kunstvoll aus alten Zündkerzen und Draht geformt, soll es uns Glück für unsere weitere Reise bescheren.

Wir reisen durch einen weiten und stillen Teil Europas und erleben auch unter den Menschen viel Schweigsamkeit. Balten bestechen durch ihre höfliche Zurückhaltung. Aus südlichen Ländern kommend, fällt einem diese Eigenart besonders auf, denn nur noch selten kommen wir mit den Einheimischen ins Gespräch. Man redet generell sehr wenig und es scheint die Balten fast schon Überwindung zu kosten, wenn sie mehr als einen Satz sprechen müssen. Völlig ausgeschlossen, dass man im Baltikum ein Gespräch aufgezwungen bekommt. Betreten wir ein Geschäft oder eine Tankstelle und grüßen aus anerzogener Höflichkeit, wird unser Gruß von niemandem erwidert. Selbst im Restaurant käme der Kellner beim Abräumen der Teller niemals auf die Idee, zu fragen, ob es uns geschmeckt hat oder ob wir sonst noch etwas wünschen.

Nur einmal, kurz vor Riga, kommen wir mit einem lettischen Rentner ins Gespräch. Ein starker Platzregen lässt uns Zuflucht in einem völlig überfüllten Kafenica suchen. Zusammen mit mehreren anderen Gästen teilen wir uns einen kleinen Stehtisch in dem sonst völlig überfüllten Raum. Es fällt direkt auf, wie still es in dem Laden ist. Wir bestellen zwei Kaffee und wie immer trinke ich meinen schwarz. Als der nette ältere Herr gegenüber das sieht, spricht er mich auf Deutsch an. In Lettland sei es üblich, drei Löffel Zucker in seinen Kaffee zu geben, so sagt er uns. Auf mein Nachfragen holt er weiter aus und erzählt uns eine Geschichte, die meiner Meinung nach typisch ist für die teilweise so sinnlos scheinenden Regularien der Europäischen Union. Über 40 Jahre habe er in der »Cukorfabrika« im nahe gelegenen Jelgava gearbeitet – einer von einst drei sehr traditionsreichen Zuckerfabriken des Landes. Damit keine der drei Fabriken benachteiligt würde, habe der Präsident vor vielen Jahren einmal angeordnet, man solle möglichst drei Löffel Zucker in jede Tasse Kaffee geben – für jede Fabrik einen.

Zwar entspricht diese Betrachtungsweise nicht unbedingt marktwirtschaftlichen Prinzipien, aber irgendwie finde ich diesen Gedanken doch sehr sympathisch. Wie dem auch sei, süßer Kaffee wurde im Laufe der Jahrzehnte zur Gewohnheit. Dann kam der Beitritt Lettlands zur EU. Den Letten wurde schwindelig, als sogenannte Kommissare aus Brüssel die Bücher prüften und das Land auf den Kopf stellten. Am Ende war die Liste der zu erfüllenden Beitrittsbedingungen lang. Einer der Punkte besagte, dass das Land zu viel Zucker für die neue Gemeinschaft produziere. Alle drei Fabriken wurden kurzerhand geschlossen und keiner der über 1000 Arbeitslosen konnte verstehen, wie das geschehen konnte. Schließlich trank man den Kaffee doch süß. Ein paar Jahre sind seitdem vergangen, die Fabriken sind noch immer dicht, doch den Kaffee trinkt man in Lettland nach wie vor gerne mit drei Löffeln Zucker. Dieser kommt heute allerdings nicht mehr aus eigener Produktion. Er wird für teures Geld aus Dänemark importiert.

Riga ist eine schöne, alte und von Touristen aus aller Welt belebte Stadt. Wenn man mit dem eigenen Fahrzeug kommt und nicht wie ein Großteil der Besucher von Bord eines Schiffes spaziert, dann muss man zunächst viel Geduld aufbringen, bis man die Sehenswürdigkeiten erreicht. Von einer mittelalterlichen Hansestadt hätte ich alles erwartet, nicht aber, dass der Verkehr ständig in endlosen Staus kollabiert. Es dauert ewig, bis wir über eine von drei Brücken, die im Zentrum den breiten Fluss Daugava überspannen, den historischen Kern der Stadt erreichen. Ein Sprichwort besagt, dass man in Lettland jeden Punkt des Landes innerhalb von drei Stunden mit dem Auto erreichen kann – es sei denn, man möchte nach Riga.

Wir stellen unsere Motorräder neben einem bewachten Parkplatz ab und lassen uns treiben. Schnell haben wir eine Reisegruppe mit deutschsprachigem Führer gefunden, in dessen Schlepptau wir mehr über die Geschichte der Stadt erfahren. Viel hat sich seit meinem letzten Besuch vor vier Jahren nicht getan. Die Frauen sind immer noch umwerfend schön, es wird mehr Deutsch gesprochen als Lettisch und an dem bekannten Brunnen, der genau die Stadtmitte markiert, steht noch immer derselbe Saxofonist und spielt amerikanische Lieder. Doch wir sind nicht nur wegen der zahlreichen liebevoll restaurierten Jugendstilhäuser oder der verwinkelten Gassen in das »Paris des Nordens« gekommen, wie man Riga einst nannte. Neben dem reizvollen Ambiente interessieren uns vor allem die großen Vertretungen aller gängigen Motorradmarken. Wir müssen ein paar Verschleißteile wie etwa Bremsbeläge organisieren, einen Ölwechsel vornehmen und uns vor allem auch noch um neue Reifen kümmern. Besonders der Hinterreifen meiner Ténéré ist nach etwa 19 000 Kilometern so ziemlich am Ende.

Auch der Weg aus Riga hinaus ist wieder mit zahlreichen Ampeln und Staus verbunden, die an unseren Nerven zerren. Erst zehn Kilometer östlich der Stadt, dort, wo die Staatsstraße A 1 in Richtung Norden abzweigt, löst sich der zähflüssige Verkehr allmählich auf. Endlich geht es wieder flott voran. Viele EU-Millionen sind in den vergangenen Jahren in den Ausbau der Verkehrswege geflossen. Durch die Subventionen sind die Straßen heute vielerorts von bestechender Qualität. Immer wieder kommen wir an Baustellenschildern vorbei, auf denen – als kleines Dankeschön für die großzügigen Geldgeschenke – die blau-gelbe EU-Flagge leuchtet.

Entlang der Ostseeküste führt uns der Weg von Riga in Richtung Estland. Dichte Fichtenwälder, viel Wasser und die ständige Nähe zum Meer prägen den Abschnitt, der nun vor uns liegt. Von einer vergangenen Reise weiß ich noch, dass die Strecke zwar sehr schön, aber alles andere als abwechslungsreich ist. Eine endlos lange Gerade, die sich durch ebenso endlose Wälder zieht, wartet auf uns. Obwohl die A 1 auf der Karte den Eindruck einer klassischen Küstenstraße vermittelt, die pausenlos Blicke aufs Meer zulässt, ist die Ostsee auf den gut 200 Kilometern bis ins estnische Pärnu so gut wie nie zu sehen. Stattdessen Kiefern, Kiefern und nochmals Kiefern – das reinste Paradies für Motorsägen und Borkenkäfer.

Dass das Meer auf beinahe der gesamten Strecke vor unseren Blicken verborgen liegt, obwohl es nur wenige Hundert Meter entfernt seine Wellen an den Strand spült, finden wir beide ziemlich unbefriedigend. Der typische Meergeruch, der sich immer wieder gegen den dominanten Nadelholzgeruch durchsetzen kann, legt eine Duftspur, der wir immer wieder folgen. Dazu müssen wir lediglich nach links auf einen der unbeschrankten Feldwege abbiegen, um nach nur wenigen Metern an unendlich weite Traumstrände zu gelangen. Sand, so rein und unberührt, wie man es sonst nur aus der Werbung kennt. Je weiter wir fahren, desto länger und einsamer werden die Strände. Nördlich des beliebten Badeortes Saulkrasti sehen wir keinen Menschen mehr am Strand. Noch nicht einmal einen menschlichen Fußabdruck. Irgendwann fällt uns bei unseren zahlreichen Abstechern ans Meer ein unscheinbarer, nicht asphaltierter Weg auf, der parallel zwischen Hauptstraße A 1 und dem Strand verläuft. Eigentlich wollen wir nur schauen, wie weit er führt, umso überraschter sind wir, dass wir einen großen Teil der Strecke auf ihm zurücklegen und so die viel befahrene »Via Baltica« umgehen können.

Die Tage werden länger und die Temperaturen halten sich verlässlich auf einem für T-Shirts freundlichen Level. Es ist schon beachtlich, wie viel es doch ausmacht, wenn man sich mit dem Motorrad auf einer längeren Strecke von Süd nach Nord bewegt. Mit jedem Kilometer, den wir fahren, ringen wir der Sonnenscheindauer wertvolle Sekunden ab. Verschwand das Licht am Persischen Golf schon am späten Nachmittag am Horizont, so hat sich die Sonnenscheindauer nun, gut sechs Wochen später, um ganze zehn Stunden erhöht. Es ist nur noch eine Frage von Tagen, bis sich die Sonne gar nicht mehr vor uns verbirgt und wir die berühmten »Weißen Nächte« erleben werden.

Wir passieren die Grenze zu Estland. Die Schilder, die EU-subventionierte Bauprojekte anzeigen, gehören ab jetzt der Vergangenheit an. Stattdessen erwartet uns ein hochmodernes Land mit einer Infrastruktur, von der Deutschland vielerorts nur träumen kann. Hinweisschilder mit einem darauf abgebildeten »@« weisen entlang der Straße in regelmäßigen Abständen auf kostenlosen Internetzugang hin. Jeder, der keinen eigenen Rechner besitzt, kann per Gesetz eines der vielen öffentlichen Terminals in Postämtern, Bibliotheken oder Dorfläden gratis nutzen – eine Regelung, die in Europa einmalig ist. Mit Computer und Handy kennt sich jeder in dem IT-verliebten Land aus, das seinen Namen gern mal in »E-stonia« abwandelt. Obwohl die Esten sehr verschlossen sind, ist eine deutliche Aufbruchsstimmung spürbar. Der Euro wird bald eingeführt, man hat es zu einer soliden Wirtschaftsleistung gebracht und liefert seit dem EU-Beitritt traumhafte Bilanzen ab.

Frohen Mutes erreichen wir am späten Nachmittag das mittelalterliche Tallinn, dessen historischer Name »Reval« mich an einen röchelnden Nachbarn in Köln erinnert. Altdeutsche Ritterorden und die Hanse haben die Stadt vor fast 1000 Jahren entstehen lassen. Eine Stadt, die es verstanden hat, die Vergangenheit zu ihrem Kapital zu machen. Hundertausende kommen alljährlich, um das Gefühl zu haben, einen gigantischen Mittelaltermarkt zu besuchen. Keine andere Stadt aus jener Zeit ist so gut erhalten wie Tallinn. Für mich ist sie die mit Abstand schönste Stadt des Baltikums. Met-Stände, die süßen Honigwein ausschenken und mittelalterliches, nach uralten Rezepten hergestelltes Gebäck sowie diverse andere Gerichte anbieten, findet man in der Stadt fast an jeder Ecke. Dazu ein dichtes Geflecht aus Biergärten und Rittersälen, in denen die Bedienungen ausnahmslos in mittelalterlichen Trachten die Gäste bewirten. Es ist Ferienzeit in Europa und allen voran die Skandinavier und

Finnen fallen in Scharen über Tallinn her, um billig einzukaufen oder um sich gepflegt die Kante zu geben.

Carsten erzählt mir, dass ein paar Bekannte in der Zeit, in der wir getrennt unterwegs waren, seine Wohnung auf den Kopf gestellt haben, um seinen Fahrzeugschein zu suchen. Offenbar hatten sie Erfolg. Der ADAC, so berichtet er, habe ihm die Adresse des estländischen Partnerklubs »Eesti Autoklubi« vermittelt, an die das Dokument per sündhaft teurem Expressbrief gesendet wurde. Angeblich liege er dort nun zur Abholung bereit. Als wir wenig später vor dem schmucklosen Gebäude im Süden der Stadt stehen, scherze ich und sage: »Pass auf, die haben dir versehentlich den Fahrzeugschein deines Autos zugeschickt. Nachdem, was alles schiefgelaufen ist, würde es mich wirklich wundern, wenn ausnahmsweise etwas klappen würde.«

»Warte du hier. Ich hole schnell das Ding«, sagt Carsten und betritt den mehrstöckigen Bürokomplex. Ich sitze derweil vor der Tür, trinke eine Dose Cola und beobachte einen Hund, der sich wie besessen Flöhe aus dem Bauchfell knabbert. Als Carsten nach 15 Minuten immer noch nicht zurück ist, werde ich misstrauisch. Irgendwas stimmt hier nicht, sagt mir mein Gefühl. Den Empfang eines Briefes zu quittieren, dürfte eigentlich nicht so viel Zeit in Anspruch nehmen. Weitere Minuten verstreichen, ehe ich beschließe, nachzuschauen.

Ich zerknülle die leere Dose, werfe sie mit einem gezielten Wurf in einen leeren Mülleimer und öffne die Tür. Der dösende Pförtner kommt seiner Pflicht nicht nach, mich zu kontrollieren, also gehe ich weiter und suche selbst. Am Ende eines langen Gangs im dritten Stock dringen Stimmen aus einer geöffneten Tür. Carstens ist auch dabei. Ich betrete den Raum, in dem nur die sonntägliche Notbesetzung zu arbeiten scheint. Als ich Carsten sehe, springt mir seine gute Laune förmlich entgegen. »Hier«, strahlt er und wedelt mit dem zugesandten Dokument in der Luft herum. Erleichtert spüre ich die Last von meinen Schultern fallen. Ich atme tief durch. Wohltuend der Gedanke, dass der Weiterreise ins russische Sankt Petersburg nichts mehr im Wege steht.

Während ein Teil meines Gehirns mit der Ausschüttung von Glückshormonen beschäftigt ist, sendet mir ein anderer Teil, der, in dem die Spielverderber arbeiten, eine Fehlermeldung. Irgendetwas passt nicht ins Bild. Doch was nur? Mein Blick zoomt an das Schriftstück heran. Urplötzlich friert mein Lachen ein. »Ach du Scheiße!«, sage ich zu Carsten, der sich wieder dem Sachbearbeiter zugewandt hat, um die restlichen Formalitäten zu klären. Ich mache einen Schritt nach vorn und greife nach dem Papier. Es ist die Größe, die mich bei genauerem Hinsehen stutzig gemacht hat. »Das ist der Fahrzeugbrief und nicht der Fahrzeugschein! Guck dir die Scheiße an, das ist DIN-A4! Mein Gott, das darf doch nicht wahr sein! Ich dreh gleich durch!« Ich drücke ihm das Dokument wieder in die Hand und verlasse den Raum. Raus hier, bloß raus. Ich kann es nicht länger ertragen.

Wieder vorbei an dem noch immer schlafenden Pförtner, trete ich nach draußen und setze mich schwerfällig zurück an meinen Platz auf den Bordstein. Verzweifelt lasse ich den Kopf sinken. Der Hund ist immer noch da. »Verpiss dich, du Töle!«, rufe ich ihm zu. Es ist einfach zu viel. Schon wieder haben wir ein völlig überflüssiges Problem. Am liebsten würde ich mich auf mein Motorrad setzen und abhauen – ohne Carsten, von dem ich mich in diesem Moment nicht nur um ein weiteres Land betrogen fühle. Mein tief sitzender Frust lässt sich im Verlauf des Tages nicht verbergen. Mir geht es schlecht, und ich muss erst einmal einen klaren Kopf bekommen. Carsten muss sich an diesem Tag viele böse Dinge anhören, die er kommentarlos zur Kenntnis nimmt.

Erschwingliche Unterkünfte zu finden, ist in Tallin keine Kunst. Problematisch wird es dann, wenn man auch sein Motorrad sicher untergebracht wissen will. Keines der Hotels, die wir finden, bietet neben der Übernachtung gleichzeitig auch eine

Unterstellmöglichkeit für unsere mittlerweile so treuen und geliebten Esel an. Da wir diese aber auf keinen Fall irgendwo unbeobachtet an der Straße abstellen wollen, bleibt uns nur die Option, sie auf einen bewachten Parkplatz zu bringen. Seit dem Vorfall in der Ukraine bin ich sehr vorsichtig geworden und traue nicht mehr jedem über den Weg. Doch da die Parkplätze einige Hundert Meter von den Unterkünften entfernt liegen und die Preise dort für 24 Stunden Rumstehen knapp 30 Euro betragen sollen, machen wir uns auf die Suche nach einer Alternative. Vielleicht gibt es ja einen Campingplatz in der Stadt.

In unserem Reiseführer finden wir zwei, die in »Stadtnähe« gelegen sind. Wir entscheiden uns für den Platz »Tallinn City Camping«, der, obwohl am zentralsten gelegen, noch gut und gerne drei bis vier Kilometer vom Zentrum entfernt ist. Hinter einer Lagerhalle bekommen genügsame Camper das geboten, was meines Erachtens nach nicht viel mit einem Campingplatz zu tun hat: einen Parkplatz mit einer winzigen Rasenfläche und einem Dusch- und Toilettenraum, in dem man sich nicht mit irgendwelchen Krankheiten anstecken möchte. Dreckloch wäre eine noch wohlwollende Beschreibung. Widerwillig zahlen wir die völlig überzogene Gebühr von umgerechnet 28 Euro. Bier trinken, schlafen und möglichst früh wieder abrücken, so unser Plan. Säße der Frust nicht so tief, dann käme eine Übernachtung an diesem Ort definitiv nicht infrage. Zwischen den Wohnmobilen von früh zu Bett gehenden Ostsee-Umrundern bauen wir unzufrieden unsere Zelte auf.

Auch in dieser Nacht versucht man wieder, meines Eigentums habhaft zu werden. Als ich morgens die Seitenkoffer des Motorrades aufschließen möchte, um meine Ausrüstung zu verstauen, stelle ich fest, dass beide Schlösser defekt sind. Offensichtlich hat erneut jemand meinen gesunden Schlaf genutzt und versucht, die Koffer mit einem Schraubenzieher aufzubrechen. Allerdings ohne Erfolg. Dabei habe ich noch großes Glück gehabt, denn wer den Schließmechanismus eines Motorradkoffers kennt, der weiß, dass dieser von jedem Erstklässler im Handumdrehen geöffnet werden könnte. Ich kann also von Glück sagen, dass der trottelige Gauner nicht mit genügend Geschick und krimineller Energie gesegnet war.

Uns fällt es nicht leicht, im Laufe des Vormittages eine Entscheidung zu treffen, wie es denn nun weitergehen soll. Die gemeinsame Einreise nach Russland steht ebenso wenig zur Debatte wie eine erneute Trennung. Wir müssen jedoch schleunigst handeln, denn die schlechte Stimmung hat das erreicht, was man landläufig einen Höhepunkt nennt. Ich fühle mich schäbig, weil wir den ganzen Morgen so gut wie kein Wort miteinander reden. Dabei möchten wir beide doch einfach nur gut gelaunt die Reise genießen und nicht ständig von irgendwelchen vermeidbaren Problemen belästigt werden, die das verhindern. Ich kann die Hilflosigkeit in Carstens Augen lesen und spüre, wie leid ihm alles tut. »Scheiß auf die Russen, die Finnen trinken auch viel Wodka«, sage ich irgendwann. »Wir haben gesagt, dass wir bis Köln zusammenbleiben werden. Also los, lass uns in den Hafen fahren und schauen, wann die nächste Fähre nach Helsinki geht.« Wir schauen uns an, schlagen unsere Hände zusammen und drücken kräftig zu. So wie es Männerfreunde machen, wenn etwas besiegelt wird.

Zwei Stunden dauert es, ehe uns die giftgrüne Hochgeschwindigkeitsfähre MS SUPERSTAR um die Mittagszeit in das nächste Land übersetzt. Auf geht's in Richtung Polarkreis.

Mücken, Leichtbier und Weihnachtslieder

Timo Kaukonen ist der mehrfache Weltmeister im Saunalangzeitsitzen. Ich habe absolut keine Ahnung, warum mir ausgerechnet diese sinnlose Information im Gedächtnis hängen geblieben ist. Doch bei mir war es schon in der Schule so, dass ich mich an die unwichtigsten Dinge und Details eine Ewigkeit erinnern konnte, während mir vermeintlich wichtige Informationen einfach nicht im Gedächtnis bleiben wollten. Warum sonst weiß ich noch immer, dass »Angstschweiß« das deutsche Wort mit den meisten Konsonanten in Folge ist, während ich keine binomische Formel anwenden und auch nicht sagen kann, in welchem Jahr die Weimarer Republik gegründet wurde? Wie dem auch sei, als ich an den krebsroten, blonden Finnen denken muss, den ich irgendwann einmal bei einem gescheiterten Rekordversuch in Günther Jauchs Fernsehmagazin habe schwitzen sehen, frage ich mich, was ich sonst überhaupt noch über das Land weiß, durch das ich gerade reise.

Viele Informationen, so stellt sich schnell heraus, sind es nicht. Dabei hätte ich mich längst schon fragen können, was eigentlich die Nationalspeise der Finnen ist. Was produzieren sie, außer Handys, kratzenden Pullovern und Elchwurst, und wer ist überhaupt das finnische Staatsoberhaupt? Ich habe keinen blassen Schimmer und kann nicht eine dieser Fragen beantworten. Um genau zu sein, weiß ich so gut wie nichts über Finnland. Hätte man mir vor Kurzem noch die Namen Espoo, Vantaa, Turku oder Jyväskylä aufgezählt, dann hätte ich vermutlich auf finnische Rockbands getippt. Dass es sich in Wirklichkeit um die einwohnerstärksten Städte des Landes (mal abgesehen von der Hauptstadt Helsinki) handelt, darauf wäre ich beim besten Willen nicht gekommen. Ist es nicht seltsam, dass man sc wenig über Finnland weiß, obwohl man die finnischen Euromünzen regelmäßig im Zahlungsverkehr verwendet? Selbst jetzt muss ich erst nachschauen, um zu sehen, dass Singschwäne die Ein-Euro-Münze zieren und Moltebeeren das Zwei-Euro-Stück. Hat Finnland nicht mehr zu bieten als eine von Nadelwald und Seen überzogene Einöde, die von einem notorisch wortkargen Völkchen bewohnt wird, dem man nachsagt, dass es gerne in der Sauna sitzt und große Mengen Wodka verdrückt? Doch, es hat mehr zu bieten und zwar eine ganze Menge.

Auf der autobahnähnlichen Schnellstraße E 12 lassen wir Helsinki hinter uns. Mit Vollgas geht es in Richtung finnische Einsamkeit, die schon wenige Meter hinter der Stadt beginnt. Grenzenlose Natur, so weit das Auge reicht – nein, reichen würde, denn die Sicht ist durch hohe Elch-Schutzzäune eingeschränkt. Die stabilen Zäune wurden entlang fast aller großen Straßen des Landes errichtet, um vor einem Zusammenprall mit den bis zu 800 Kilo schweren Nationaltieren zu schützen, da es in der Vergangenheit zu vielen tödlichen Unfällen gekommen ist. Dummerweise sind die Zäune jedoch so hoch und so dicht an den Seitenstreifen gebaut, dass man außer der Schnellstraße kaum etwas von Finnland zu Gesicht bekommt. Nach etwa einer halben Stunde haben wir genug. Wir wollen uns nicht länger eingesperrt vorkommen. Das Risiko, einem Elch zu begegnen, gehe ich allein schon aus fotografischem Interesse gerne ein. Wir verlassen also die elchsichere Zone und weichen auf kleinere Nebenstraßen aus. Mit gemächlicher Geschwindigkeit reisen wir quer durchs Land in Richtung der westfinnischen Hafenstadt Vaasa, von wo wir der Ostseeküste bis zu ihrem nördlichsten Punkt folgen wollen.

Die wenigen Menschen, die, im Verhältnis zur Fläche des Landes, in Finnland leben, verlaufen sich so gut, dass man die meiste Zeit weder Personen noch Autos zu Gesicht bekommt. Nur ab und an kommen wir an scheintoten Käffern, verschlafenen Siedlungen und einzelnen Gehöften vorbei. Die roten

Briefkästen, die landestypisch direkt an der Straße stehen, sind oftmals das einzige Indiz dafür, dass sich Menschen in den dichten Wäldern verstecken.

Die Sonne meint es an diesem wundervollen Tag gut mit uns. Zwischen fahlgelben Gräsern blühen in strahlendem Weiß Sumpfbeeren und anderes Gewächs, dass ich anhand einiger Bilder im neu erworbenen Reiseführer identifizieren kann. Riesige Flächen, speziell die Böden der Nadelwälder, sind mit verschiedenfarbigen Moosen und Flechten überzogen, wie ich es noch aus alten Tagen der Modelleisenbahn kenne. Der Bewuchs ist ein sicheres Indiz dafür, dass dieses Ökosystem noch in Ordnung ist. Wir fahren durch eine friedliche Welt, in der es überall herrlich frisch nach Waldung riecht. Neben den endlos scheinenden Waldflächen gibt es aber auch noch insgesamt weit über 100 000 Seen, für die Finnland gleichermaßen berühmt ist. Gletscher der letzten Eiszeit vor rund 15 000 Jahren haben die vielen Senken, in denen sich das Wasser sammelte, in den Boden gefräst. Wie viele es tatsächlich sind, kann keiner so genau sagen, da sich die finnischen Bürokraten bisher nicht einig darüber werden konnten, ab welcher Größe ein Stillgewässer denn überhaupt groß genug ist, um als »See« bezeichnet zu werden. So kommt es, dass alle offiziellen Zählergebnisse stark voneinander abweichen und viele große »Seen« namenlos sind. An einem dieser namenlosen Gewässer verbringen wir unsere erste Nacht.

Der Umstand, dass man in Finnland nahezu überall ungestört und völlig legal sein Zelt aufbauen darf, gefällt uns ganz besonders gut. Grundlage dafür ist das sogenannte »Jedermannsrecht«, ein Gesetz aus alten Wikingerzeiten, das in den meisten nordischen Ländern bis heute überlebt hat. Es gibt allen Personen das Recht, sich frei in der Natur zu bewegen und diese zu nutzen, unabhängig davon, wer das Stück Land besitzt oder darüber verfügt. Lediglich der unmittelbare Hofbereich unterliegt dem »Hausfrieden« und muss respektiert werden. Das Jedermannsrecht in Verbindung mit der anhaltenden Helligkeit hat die Lagersuche auf unserer Motorradreise geradezu revolutioniert. Ich würde mir wünschen, dass dieses Recht auch in anderen europäischen Ländern gelten würde.

Einen der schönsten Lagerplätze finden wir mehr oder weniger durch Zufall am Strand der verträumten Insel Ohtakari – einem Kleinod der Ruhe, das meiner Meinung nach zu den schönsten Flecken zählt, die wir auf unserem Weg entlang der Ostseeküste bislang gesehen haben. Man könnte glatt meinen, die Ansammlung bunt bemalter Holzhäuser mit blühenden Gärten davor und dem kleinen Hafen seien nur als Kulisse für einen Rosamunde-Pilcher-Film angelegt worden. Die Uhren scheinen stehen geblieben zu sein an diesem Ort, den man nach einer verzwickten Wegführung durch den Wald schließlich über einen etwa 500 Meter langen Deich erreicht. Holzboote liegen auf den Bauch gedreht am Strand und zünftig gekleidete Fischer sitzen auf einer Bank im Hafen und rauchen Pfeife, während andere ihre Netze flicken. Der Katalog für ein besseres Leben würde hier das perfekte Titelbild finden.

Ich frage einen jungen sympathischen Kerl, der uns mit seinem Sohn auf dem Arm entgegenkommt, ob wir irgendwo unser Zelt aufbauen können. Ich weiß zwar, dass dies dank des Jedermannsrechts nicht nötig wäre, doch ich möchte mich nicht als Eindringling fühlen. »Na klar«, sagt er und zeigt uns einen nur etwa 100 Meter entfernt gelegenen wunderbaren Platz. In einem Kiefernwäldchen direkt am Strand verbringen wir den Rest eines nicht enden wollenden Tages. Bei wolkenlosem Himmel haben wir zu später Stunde das Vergnügen, die Sonne noch weit bis Mitternacht genießen zu können. Es ist ein faszinierender Anblick, von dem wir uns nur schwer losreißen können. Wir verharren in stummer Bewunderung, als der letzte Rest des Feuerballs rot glühend ins Meer sinkt und kaum, dass er vollständig verschwunden ist, wieder als leuchtender Strich am Horizont erscheint. Ein neuer Tag beginnt, weniger als eine Zigarettenlänge, nachdem der alte sich verabschiedet hat. Schon seit einigen Tagen ist es hell, wenn wir einschlafen, und auch hell, wenn wir wieder aufwachen. Wenn die Sonne fast rund um die Uhr scheint, kommt man mit erstaunlich wenig Schlaf zurecht. Dabei hatte ich befürchtet, dass die fehlende Dunkelheit meinem Körper zu schaffen machen würde. Das Gegenteil ist der Fall und ich fühle mich so frisch und erholt, wie schon seit Wochen nicht mehr. Bereits nach etwa fünf Stunden Schlaf sendet mir mein Körper Signale, dass er für neue Abenteuer gerüstet ist.

Was uns statt der andauernden Helligkeit wirklich zu schaffen macht, ist klein, hat Flügel und scheint ganz heiß darauf zu sein, uns auf den Sack zu gehen. Die Rede ist von jenen verdammten Plagegeistern, die tagsüber kaum wahrnehmbar sind, jedoch mit tief stehender Sonne so richtig in Fahrt kommen – Mücken, Moskitos oder Hyttysiä, wie der Finne sie nennt. Wenn die Sonne sich langsam dem Horizont nähert, ist es an einigen ungünstigen Stellen nahezu unmöglich, sich außerhalb des Zeltes aufzuhalten. Selbst gegen die angeblich effektivsten Mückenschutzmittel aus Drogerie, Apotheke und Outdoorgeschäft scheinen die Biester mit den langen dünnen Beinen immun zu sein. Wir fahren schwere Geschütze auf: cremen uns ein, tragen Moskitonetz und entfachen rauchende Feuer. Dennoch müht sich das hochtonige Summen am Ohr mit aller Macht, uns wahnsinnig zu machen. Die Flucht ins Zelt ist oft das einzige »Mückenmittel«, das hilft. Es sind mitunter so unglaublich viele Mücken in der Luft, dass man nur in die Hände klatschen muss, um dem tapferen Schneiderlein einmal zu zeigen, wie einfach es ist, »Sieben auf einen Streich« zu erwischen.

Trotz der Mücken lassen wir uns nicht den Spaß verderben. Seit wir Tallinn und den dortigen Streit hinter uns gelassen haben, ist unsere Laune wieder so gut wie zu Beginn der Reise und sie wird mit jedem Tag, den wir auf den Motorrädern sitzen, besser. Schnell haben wir vergessen, dass die momentane Reiseroute eigentlich aus der Not heraus geboren wurde. Wir spüren, dass wir uns dem Ziel unserer Reise nähern und wir sind uns sicher, dass uns ab jetzt nichts und niemand mehr davon abhalten kann, Island zu erreichen.

Dass Finnland ebenso wie Skandinavien ein sehr teures Pflaster sein soll, ist eine der wenigen Informationen, die uns beiden schon lange vor der Reiseplanung bekannt gewesen ist. Zwar sind Restaurantbesuche, Kneipenbesäufnisse und Feinkostgeschäfte ein nahezu unerschwinglicher Luxus in Finnland, doch wenn man gezielt einkauft, muss man nicht unbedingt auf Genuss verzichten. Wir sind auf die Idee gekommen, einen kleinen Einkaufs- und Kochwettbewerb auszutragen. Die Regeln dabei sind einfach: Jeder von uns zahlt täglich fünf Euro in eine gemeinsame Essenskasse und täglich abwechselnd ist einer von uns für die Verpflegung zuständig. Angespornt dadurch, dass immer bessere Gerichte auf die Teller wandern, gibt es Spinat mit Stampfkartoffeln und gegrillter Bratwurst, Pfannkuchen mit frisch gepflückten Waldbeeren oder leckere Hotdogs – es funktioniert so gut, dass wir diese für Finnland eingeführte Regelung bis zum Ende der Reise beibehalten wollen.

Am folgenden Tag erreichen wir Lappland. Ein grimmiger, nackter Mann mit langem Bart, der einen großen Holzknüppel schwingt, ziert das Wappen der Provinz Lappi und lässt darauf schließen, dass die Lappen ein komisches Volk sein müssen. Ich weiß nicht, wer seinerzeit die verschiedenen Wappen des Landes entworfen hat, aber derjenige oder diejenigen, die für die Gestaltung verantwortlich waren, müssen schon ein paar komische Käuze gewesen sein. Sämtliche Wappen, an denen wir in Finnland bislang vorbeigefahren sind, finde ich so sonderbar, dass ich selbst mit viel Fantasie keinen Bezug zur einstigen Geschichte herstellen kann. So sitzt stellvertretend für die Provinz Lapua ein Mann auf einem Bären und drischt mit einer Keule auf ihn ein. Ganz zu schweigen von der Forelle mit Hirschgeweih in Inari oder dem Kranich mit der Zwiebel im Schnabel in Tervola. Die spinnen, die Finnen, wird so mancher denken, der die Schilder passiert. Wer sonst, außer ihnen, würde jährlich stattfindende Weltmeisterschaften im Handy-Weitwurf, im Luftgitarrespielen oder im Ehefrauen-Wetttragen ausrichten? Wo sonst kämen die

Menschen im Winter auf die Idee, mit einem Sauna-Karaoke-Bus über die Lande zu fahren?

Rund 900 finnische Kilometer liegen hinter uns, doch außer einer Fantastilliarde Mücken haben wir noch immer keinen einzigen Elch zu Gesicht bekommen. Und das, obwohl mehr als 200 000 der Tiere frei im Land umherlaufen. Anders als in Alaska oder Kanada, wo man Elche alle naselang zu Gesicht bekommt, scheint das in Finnland eher eine Ausnahme zu sein. Damit ich aber doch noch ein Foto von den Tieren machen kann, beschließen wir, dem Zoo in Ranua einen Besuch abzustatten. Laut Infoteil der ADAC-Reisekarte soll dieser ja sogar mehrstündige Anfahrtswege rechtfertigen. Wenn sich die finnischen Elche in freier Wildbahn schon vor uns verstecken, so will ich doch zumindest im Zoo ein Foto aus nächster Nähe machen. Jeder Fotograf arbeitet schließlich so mit seinen Tricks.

Am nördlichen Ende der Ostsee biegen wir bei Simo von der Küste ab und folgen der Landstraße 924 wieder hinein ins Landesinnere. Nach gut zwei Stunden Fahrt durch endlose Wälder und vorbei an unzähligen Seen erreichen wir die Stadt Ranua in der Provinz Lappland. Die Mückenpopulation an diesem Ort ist ungewöhnlich hoch und stellt alle Plätze am Meer, an denen wir bisher gecampt haben, in den Schatten. Wir entscheiden uns daher dafür, die Nacht in einer der Holzhütten des Campingplatzes »Ranuanjärvi« am Seeufer zu verbringen. Es ist nun schon eine Weile her, dass wir das letzte Mal in einer festen Unterkunft geschlafen haben. Wir freuen uns auf ein weiches Bett, aber ganz besonders darauf, zum ersten Mal in die Sauna zu gehen. Über gleich drei verfügt der Platz und liegt damit noch unter dem Durchschnitt. Saunas sind für einen Finnen gar nicht wegzudenken. Sie werden als Notwendigkeit betrachtet und nicht als Luxus, wie in anderen Ländern üblich. Sogar im finnischen Parlament befindet sich eine Sauna, und wenn finnische UN-Soldaten irgendwo in die Wüste geschickt werden, ist immer ein Saunazelt vor Ort.

Als wir nach ein paar Aufgüssen den holzgetäfelten Raum mit umgeschlungenen Handtüchern verlassen, warten die blutdürstigen Mücken bereits auf uns. Ihr Summen beschleunigt unseren Gang. Nach gut 100 Metern im Laufschritt entlang des Seeufers kommen wir endlich an unserer Hütte an. Doch ich bekomme die Tür nicht auf. Das Türschloss klemmt. »Geh auf, du Sau!«, fluche ich und rüttle mit Gewalt am Griff. Immer wieder werden wir gestochen. »Verdammt, nun mach schon auf«, drängelt auch Carsten. »Ja, ja, ja«, antworte ich und breche bei einem erneuten Versuch prompt den Schlüssel ab. Schweigen. Unsere ungläubigen Gesichter blicken auf den Rest des Metalls, der so ungünstig im Schloss steckt, dass wir keine Chance haben, ihn herauszuziehen. Wie besessen fuchteln wir daran herum und versuchen dabei gleichzeitig, die Mücken zu verscheuchen, ohne dass unsere Handtücher rutschen.

Wir rennen zur Rezeption, doch auch dort ist die Tür verschlossen. Das Einzige, was wir finden, ist eine Telefonnummer für Notfälle, die auf der Innenseite der Scheibe klebt. So weit, so gut, die Notfallkriterien sind unserer Meinung nach definitiv erfüllt, doch unsere Handys liegen natürlich da, wo wir nicht hinkommen – in der Hütte. Wir müssen einige Wohnmobile abklappern, bis wir schließlich jemanden gefunden haben, der so freundlich ist, uns sein Telefon für einen Hilferuf zu überlassen. Nachdem wir dem Platzbetreiber unser Problem geschildert haben, bittet dieser uns, im Gemeinschaftsraum auf ihn zu warten. In besagtem Raum sind wir leider nicht allein. Eine finnische Familie feiert einen Kindergeburtstag. Ich kann gar nicht sagen, wie entwürdigend es ist, halb nackt in einem Raum zu sitzen, in dem eine Horde energiegeladener Kinder Topfschlagen spielt. Nach über einer Stunde kommt endlich der Platzbetreiber und befreit uns aus unserer Not. Er öffnet die Tür mit einem Stiefeltritt.

Mit juckenden Stellen übersät, machen wir uns am nächsten Morgen auf den Weg zum nahe gelegenen Zoo. Wir überholen gelangweilte Teenager im Klingelton-Abo-Alter, die es uncool finden, mit den Eltern einen Tierpark zu besuchen, und kommen an einer grauhaarigen Reisegruppe aus der Pfalz vorbei, die sich gegenseitig damit übertrumpft, Tierstimmen zu imitieren. Der Ort scheint dank des ADAC-Reisetipps fest in deutscher Hand zu sein. Als wir den gesamten Zoo in der streng vorgeschriebenen Laufrichtung durchschritten haben und endlich vor dem Gehege von »Sälli«, dem Elchbullen, stehen, müssen wir entsetzt zur Kenntnis nehmen, dass dieser wegen einer Hufentzündung in ärztlicher Behandlung ist.

In den 1920er-Jahren legte der finnische Radiomoderator Markus Rautio den Grundstein für den touristischen Höhenflug eines wirklich ungewöhnlichen Ortes, der als Nächstes auf unserer Reiseroute liegt. In seinem Weihnachtsmärchen fantasierte »Onkel Markus« damals, dass der Weihnachtsmann im Korvatunturi wohne, einem Berg in Lappland, der die Form eines Ohres habe. In diesem Berg, so erzählte er den Zuhörern, könne der Weihnachtsmann die Kinderwünsche aus aller Welt hören und er arbeite in seiner Werkstatt zusammen mit seinen Helfern, den Wichteln, das ganze Jahr über daran, jeden einzelnen Wunsch zu erfüllen. Aufgrund der rasant ansteigenden Popularität des Ortes ernannte ein finnischer Parlamentsabgeordneter Lappland im Jahre 1972 offiziell zur Heimat des Weihnachtsmanns. Ein finnischer Kinderbuchautor verschaffte der Geschichte mit seinem international erfolgreichen Bilderbuch »Wo der Weihnachtsmann wohnt« wenige Jahre später erneut Popularität. Seitdem kann die Konkurrenz aus Kanada, Alaska und dem niedersächsischen Himmelpforten einpacken. Selbst bis Japan und China hat es sich inzwischen herumgesprochen, dass der »echte« Santa Claus in Lappland wohnt.

Ein großer Themenpark wurde in den 1980er-Jahren geplant, um die Touristen in die Heimat des Weihnachtsmanns zu locken. Da der besagte Berg jedoch touristisch ungünstig in einem Naturschutzgebiet an der russischen Grenze gelegen ist, siedelte man den Weihnachtsmann kurzerhand um. Man verfrachtete ihn in ein Ausweichquartier am Polarkreis, nahe der Stadt Rovaniemi, wo man ihm ein eigenes Dorf errichtete. Jährlich strömen heute über 400 000 Touristen in das »Santa Claus Village«, wo ihnen zwischen Souvenirläden und Restaurants alles geboten wird, was das Weihnachtsmann-Klischee hergibt. Unterhosen mit Weihnachtsmännern darauf, kunterbunte Christbaumkugeln oder Briefbeschwerer in Form eines Rentierschlittens – jeder nur erdenkliche Krempel, der auch nur ansatzweise mit Weihnachten zu tun hat, wird an den Mann gebracht. Menschen, die sich im Sommer schon darauf freuen, dass »Last Christmas« wieder permanent im Radio gedudelt wird, werden an diesem Ort ihre wahre Freunde haben. Im Sommer wie im Winter wird das gesamte Gelände mit Weihnachtsliedern beschallt. Ohne sich einen freien Tag zu gönnen, gibt der Weihnachtsmann täglich neun Stunden lang Privataudienz und Kinder können sich gegen eine stolze Gebühr von 17 Euro mit dem rauschebärtigen Mann ablichten lassen. Für immerhin noch zehn Euro kann man auf einem echten Rentierschlitten eine dreiminütige Runde über den Parkplatz drehen. Der Ort ist so schrecklich, dass ich ihn irgendwie schon wieder gut finde.

Kernstück der Anlage ist das Postamt des Weihnachtsmanns, eine reguläre Außenstelle der finnischen Post. Im Zeitalter von E-Mail und SMS erreichen Jahr für Jahr Abertausende handschriftliche Briefe, die vornehmlich von Kinderhand verfasst wurden, den Weihnachtsmann. Über 13 Millionen sind es nun seit der Eröffnung des Postamtes im Jahre 1985. Die zehn Angestellten haben alle Hände voll zu tun, um die etwa 600 000 Briefe, die alljährlich aus nahezu allen Ländern der Erde kommen, zu beantworten, berichtet mir Heidi, eine liebenswürdige Angestellte, die schon seit mehreren Jahren im Dienst der Post arbeitet und hier ihren Traumjob gefunden hat. Sie ist die Leiterin des Postamtes und damit sozusagen die direkte Stellvertreterin des Santa Claus. Um die Berge an Papier bearbeiten zu können, werden in den Spitzenzeiten kurz vor Weihnachten ehrenamtliche Helfer eingestellt.

Ich habe das Vergnügen, noch weiter durch die heiligen Hallen des »Joulupukki«, wie man den Weihnachtsmann hier oben in Finnisch-Lappland nennt, geführt zu werden, und entdecke dabei nur Angestellte, denen man ansieht, dass sie gern zur Arbeit kommen. Wünsche an den Weihnachtsmann zu übermitteln ist übrigens ganz leicht. Egal, von wo auf der Welt man einen Brief an ihn verschickt, es reicht völlig aus, wenn als Empfänger »An den Weihnachtsmann – Finnland« angegeben wird. Alle Briefe, ob an Santa Claus, Papa Noël, Babbo Natale, Joulupukki oder eben den Weihnachtsmann, landen auf Heidis Tisch am Polarkreis im finnischen Rovaniemi. Sie garantiert mir, dass jeder einzelne beantwortet wird.

Eine weitere Attraktion im Weihnachtsmanndorf ist von geografischer Natur, denn mitten durch das Postamt verläuft der nördliche Polarkreis. Mittels einer dicken weißen Linie wurde er für jedermann sichtbar gemacht. Für all diejenigen, die nicht so genau wissen, was es mit dem Polarkreis auf sich hat, hängt eine mehrsprachige Erklärung aus: Als Polarkreis bezeichnet man den geografischen Breitenkreis, auf dessen nördlicher Seite die Sonne im Sommer mindestens einen Tag ununterbrochen über dem Horizont steht. Entsprechend geht sie dort im Winter an mindestens einem Tag nicht auf.

Wir haben den nördlichsten Punkt unserer Reise erreicht. Ein genauer Blick auf mein GPS-Gerät verrät mir, dass Island, von dem ich eigentlich dachte, es befinde sich weiter nördlich, etwa 40 Kilometer unterhalb des Polarkreises liegt. Zum ersten Mal seit langen Wochen fahren wir kurz nach unserem Besuch wieder in Richtung Süden. Am obersten Zipfel der Ostsee bauen wir unsere Zelte auf und feiern mit ein paar Dosen Leichtbier die Sommersonnenwende. Es ist der längste Tag des Jahres. Noch ein paar Monate wird die Mitternachtssonne nun die Welt des hohen Nordens mit Licht durchfluten. Dann kommt die lange Dunkelheit. Am kommenden Morgen lassen wir Finnland hinter uns. Das Erste, was wir von Schweden zu Gesicht bekommen – man mag es kaum glauben –, ist das gelb-blaue Logo eines IKEA-Möbelhauses. Keine 200 Meter hinter der Grenze rotiert das beleuchtete Kunststoffgebilde weithin sichtbar über dem Gelände des multinationalen Einrichtungskonzerns. Entlang der Europastraße E 4 folgen wir der westlichen Küste des Bottnischen Meerbusens. An der »Höga Kusten«, der »Hohen Küste«, wie die Landschaft genannt wird, wechseln sich steile Klippen, enge Täler, ruhige Seen und tiefe Buchten ab. Lange Abschnitte der felsigen Küste werden von einer Vielzahl von Inseln und Schären gesäumt, von denen viele üppig grün bewachsen, andere wiederum felsig und karg sind. Die Hohe Küste wurde von der UNESCO in die Liste der Natur- und Kulturphänomene aufgenommen. Das Besondere an der Landschaft ist, dass sie jedes Jahr um einen knappen Zentimeter emporwächst und es sich somit um die höchste Landhebung handelt, die auf der Erde beobachtet werden kann. Grund dafür ist die letzte Eiszeit, während der Skandinavien von einem drei Kilometer dicken Eispanzer bedeckt war. Ein gewaltiges Gewicht drückte das Land nach unten. Das Eis ist inzwischen wieder zurückgewichen und so fehlt dieser Druck. Skandinavien steigt langsam wieder auf. Der alte Hafen von Luleå Gammelstad, der im 16. Jahrhundert noch ein bedeutender Handelshafen war, liegt heute bereits einige Kilometer vom Meer entfernt.

Während es in Finnland noch einfach war, schöne Zeltplätze am Meer zu finden, haben wir es an der immer wieder von Fjorden durchbrochenen Küste Schwedens nicht mehr ganz so leicht. Ein Großteil der Strandabschnitte, an denen man das Zelt aufschlagen könnte, ist in Privatbesitz wohlhabender Großstädter, die dort ihr Ferien- und Wochenenddomizil errichtet haben. Nahe der Stadt Jävre finden wir einen besonders schönen Platz. Die schmucken Holzhäuser und Blockhütten, die am Ufer stehen, und die vereinzelten vor Anker liegenden Segelyachten lassen erkennen, dass hier das Geld zu Hause ist. Rein theoretisch könnten wir ja auf das Jedermannsrecht verweisen und einfach unsere Zelte aufschlagen. Doch wir würden uns nicht wohl dabei fühlen, hier einfach so einzudringen. Wir gehen also zu einem der Häuser, aus dessen Kamin Rauch aufsteigt, und klopfen an die Tür. Fragen kostet ja nichts und lohnt sich immer wieder. Wir sind überrascht, wie freundlich man uns begrüßt. Selbstverständlich sei es kein Problem, so die sympathischen Bewohner, wenn zwei Reisende ihre Zelte bei ihnen aufschlagen würden. Sie freuen sich geradezu, uns als Gäste begrüßen zu dürfen. Wir können uns einen Platz am Ufer aussuchen und werden später sogar noch zum Barbecue eingeladen.

Die Bereitschaft, auf andere Menschen zuzugehen oder einfach nur das Gespräch zu suchen, scheint in Schweden generell höher zu sein als beim finnischen Nachbarn. Immer wieder treffen wir Leute, die mit uns plaudern und uns so manch wertvollen Tipp geben können.

Vier Tage nehmen wir uns Zeit für die etwa 1000 Kilometer entlang der schwedischen Küste, ehe wir bei der Stadt Gävle ins Landesinnere abbiegen. Schon bald erhebt sich im schwedischen Hinterland eine wilde Hügellandschaft. Nur noch selten begegnen uns andere Fahrzeuge. Ganz anders als in der Küstenregion, spüren wir die Weite und Einsamkeit des Landes. Auf dem Weg durch das Landesinnere haben wir dafür kein Glück mit dem Wetter. Seit wir die Küste verlassen haben, regnet es fast in einem durch. Nach zwei Tagen ist alles so durchnässt, dass wir kaum noch ein trockenes Kleidungsstück in unserem Gepäck finden können. Wir beschließen also, ausnahmsweise einen Campingplatz anzusteuern, wo wir ein paar unserer Sachen waschen und zum Trocknen aufhängen können. Wie zwei begossene Pudel erreichen wir am Abend endlich unser Ziel: einen Platz am Siljansee, der über eine gute Infrastruktur verfügt.

Was wir allerdings nicht wissen, ist, dass man, wenn man auf einem schwedischen Campingplatz übernachten möchte, im Besitz einer sogenannten »Camping Card« sein muss. Wir sind bereit, uns, wenn auch nur für eine einzige Nacht, die 15 Euro teure Karte ausstellen zu lassen. Doch der Computer an der Rezeption ist defekt und die Betreiber sind nicht in der Lage, das Antragsformular ohne elektronische Hilfe auszufüllen. Die Frage, ob sie nicht eine Ausnahme machen und uns ohne Karte auf den Platz lassen könnten, wird verneint. Obwohl wir den regulären Betrag zahlen wollen und die 15 Euro in die Kaffeekasse spenden möchten, dürfen wir nicht ohne diese dämliche Camping-Karte auf den Platz. »Sorry, but that's not possible«, so die Antwort. Es ist das erste Mal seit langer Zeit, dass wir wieder verbohrte und uneinsichtige Menschen treffen. In unserer Not machen wir Gebrauch vom Jedermannsrecht – eine wirklich prima Erfindung. Keine 50 Meter vom Eingang des Campingplatzes entfernt schlagen wir unsere Zelte auf und machen ein riesiges Feuer, um unsere Wäsche zu trocknen. Zwar riechen wir am kommenden Tag wie die Köhler nach Qualm, dafür können wir aber trockene T-Shirts tragen.

Vorbei an den Städten Vansbro und Torsby erreichen wir nach weiteren 450 Kilometern die Grenze. Schweden geht erstaunlich übergangslos in Norwegen über. Einzig die Farbe der Verkehrsschilder ändert sich und der Fahrbahnbelag wird dunkler. Man bekommt gar nicht mit, wo genau die Grenze verläuft, da es keine sichtbare Linie oder irgendein Schild gibt, das einen, wie sonst üblich, begrüßt oder verabschiedet. Nur auf dem Display meines GPS kann ich verfolgen, dass wir nun ein weiteres Land erreicht haben.

Tags darauf kommen wir in Oslo an. Eine kühle, typisch skandinavische Stadt, in der es keinen Stress zu geben scheint. Die Einzigen, die es eilig haben, sind wir. Drei Stunden suchen wir nun schon wieder verzweifelt einen Campingplatz. Wir fahren den Oslofjord rauf und runter. Es ist erstaunlich, wie spärlich das Angebot an Übernachtungsmöglichkeiten für Reisende mit Zelt ist. Die wenigen Campingplätze, die wir ausfindig machen können, sind entweder schweineteuer oder völlig überfüllt. Meistens sogar beides. Wir wünschten, wir wären in diesem Fall auch mit dem Wohnmobil unterwegs, denn für die zweispurigen Reisemobile steht eine Vielzahl von attraktiven Stellplätzen zur Verfügung. Wir verabschieden uns also von dem Gedanken, direkt am Oslofjord zu campen und fahren etwas weiter ins Hinterland. Am Tyrifjord, einem der größten Seen Norwegens, finden wir etwa 25 Kilometer vom Osloer Stadtzentrum entfernt gleich mehrere Plätze in traumhafter Lage, auf denen nur ein paar wenige Touristen Urlaub machen. Wir entscheiden uns für »Utvika Camping«, einen Campingplatz direkt am Wasser, wie er schöner kaum sein könnte.

Carsten und ich hatten vor Beginn der Reise eigentlich geplant, dass wir uns irgendwo unterwegs mit unseren Freundinnen treffen wollten. Oslo schien uns eine gute Wahl zu sein, da wir die Stadt noch nicht kannten und sie günstig von Köln aus mit dem Billigflieger zu erreichen ist. Die SMS, die mein Freund in der Türkei erhielt, kam unserer Planung in die Quere. Ich habe seitdem lange überlegt, ob es fair wäre, als Einziger von uns beiden Besuch zu bekommen. Doch da meine Freundin den Flug bereits gebucht und Carsten schnell Kontakt zu einer einsamen Camperin aufgenommen hat, muss ich auch kein schlechtes Gewissen haben. Zudem ist Carsten auch der Ansicht, dass es an der Zeit ist, noch mal ein Weilchen an einem Ort zu bleiben. Der viertägige Besuch meiner Freundin kommt daher auch ihm ganz gelegen. Am nächsten Morgen mache ich mich mit dem Motorrad auf den Weg zurück in die nahe gelegene Stadt.

Nervös wie ein Teenager vor seinem ersten Date stehe ich auf Gleis 4 des Bahnhofs von Sandvika, einem Osloer Vorort. Ich schaue auf die Uhr. Genau vier Minuten sind es noch, bis der »Flytoget«, der Expresszug, vom Flughafen Oslo eintreffen wird. Ungeduldig gehe ich auf und ab und bereue zum ersten Mal seit Jahren, das Rauchen aufgegeben zu haben. Fast auf den Tag genau ein Vierteljahr ist es nun her, dass ich meine Freundin das letzte Mal gesehen habe. Als der Zug mit einem lang gezogenen Quietschen endlich zum Stehen kommt, ist mein Herzschlag vermutlich auch für die umstehenden Reisenden hörbar. Nach einer gefühlten Ewigkeit öffnen sich die Türen mit einem pneumatischen Zischen und aus dem letzten Waggon sehe ich den liebsten Menschen in meinem Leben steigen. Erst gehe ich auf sie zu, doch dann verselbstständigen sich meine Beine und wechseln in einen schnellen und unkontrollierten Laufschritt. Es ist, als würde ich die ganze Welt umarmen, als ich endlich wieder die vertraute Nähe spüre. Für Sekunden halten wir uns nur ganz fest, küssen uns, bevor wir beide von einem freudigen Schluchzen überwältigt werden. Die Gefühle platzen nur so aus uns heraus. Wasser marsch! Was folgt, sind vier romantische Tage, die leider wie im Flug vergehen. Kaum angekommen, muss ich mich auch schon wieder von meiner Freundin verabschieden.

Außer ein paar persönlichen Dingen und Büchern hatte meine Freundin noch ein weiteres, großartiges Geschenk dabei. Ein neuer Helm hat die alte stinkende Schale aus der Ukraine abgelöst. An einer Tankstelle wechselt das Provisorium wieder den Besitzer. Ich schenke ihn einem jungen Mofafahrer, der mich mit fragenden Augen anschaut, als ich ihm das Ding in die Hand drücke wie einen Pokal. Vielleicht kann der Helm ja noch einmal irgendjemanden glücklich machen.

Eigentlich hatten Carsten und ich geplant, von der norwegischen Stadt Bergen aus nach Island überzusetzen. Aus Gründen der Wirtschaftlichkeit wurde die Fährverbindung jedoch in diesem Jahr eingestellt, wovon wir erst kurz vor der Abfahrt erfahren haben. Uns bleibt also nichts anderes übrig, als in die norddänische Stadt Hanstholm weiterzureisen, da die »MS Norröna«, das einzige Schiff auf dieser Route, inzwischen nur noch zwischen Dänemark und Island verkehrt.

Bester Laune sitzen Carsten und ich kurze Zeit später wieder im Sattel. Wir könnten zwar einige Kilometer sparen, wenn wir ein Schiff nach Dänemark nehmen würden, doch da die Motorräder in den vergangenen vier Tagen nur eine untergeordnete Rolle gespielt haben, brennen wir beide darauf, den Landweg zu nehmen. Wir verlassen Oslo bei strahlendem Sonnenschein und fahren in zwei Tagen über Göteborg nach Malmö, etwas mehr als 600 Kilometer entlang der schwedischen Westküste. Unsere Motorräder laufen mittlerweile wieder so gut, dass wir beinahe vergessen haben, dass sie uns je Sorgen bereitet haben. Doch man darf sich bei älteren Motorrädern nie in Sicherheit wiegen. Besonders dann nicht, wenn sie jeden Tag harte Arbeit leisten müssen.

Auf der Stadtautobahn von Malmö fährt Carsten etwa 30 Meter vor mir, als er abrupt langsamer wird. Ratlos schaut er nach unten und zuckt die Schultern. Da wir erst vor wenigen Kilometern getankt haben, kann es nicht sein, dass er sein Motorrad trocken gefahren hat. Immer langsamer werdend, lässt er das Motorrad auf dem kaum vorhandenen Randstreifen ausrollen. Maximal ein Meter zwischen Leitplanke und Fahrbahn steht uns zur Verfügung, um die Kräder abzustellen. Hektisch machen wir uns auf die fieberhafte Suche nach dem Fehler, doch egal, welchen Schalter wir betätigen, es tut sich einfach nichts. Alles deutet auf einen Elektrikschaden hin – der absolute Albtraum für uns beide.

Während sich langsam ein Stau hinter uns bildet und einige Autofahrer erbost auf die Hupe drücken, versuchen wir fieberhaft, den Fehler zu finden. Wir gehen jedes Kabel durch und kontrollieren Polklemmen, Sicherungen, Kabelschuhe und jeden einzelnen Stecker, die mittlerweile fast alle von weißen, pulverartigen Korrosionsspuren überzogen sind. Wir wackeln, rütteln und drücken. Schnell haben wir den Übeltäter gefunden. Die Hauptsicherung und ein Batteriepol scheinen durch die Korrosion keinen Kontakt mehr zu haben. Mit einem Stück Schmirgelpapier und ein paar Spritzern Kontaktspray beheben wir das Problem und können weiterfahren.

Über zwei der größten Brücken Europas überqueren wir den Öresund und den Großen Belt, zwei breite Meerengen, die die Ostsee mit dem Kattegat verbinden. Hätte ich gewusst, wie heftig der Wind über diese Brücken fegen kann und wie sehr mir die Höhenangst hoch über dem Meer zusetzen würde, dann hätte ich mich sicherlich für eine Fähre entschieden. Es ist physische und psychische Schwerstarbeit für mich, das Motorrad bei orkanartigen Windböen über die Brücken zu steuern. Ich mache drei Kreuze, als wir endlich das dänische Jütland erreichen. Weitere 700 Kilometer fahren wir durch Dänemark. Nachdem wir das Landesinnere durchquert haben, folgen wir der Nordseeküste. Entlang riesiger Sanddünen zu unserer Linken sowie ausgedehnter Strandhaferfelder, in denen reizvolle Reetdachhäuser stehen, zu unserer Rechten fahren wir durch Nordjütland. Schließlich erreichen wir Hanstholm, die Hafenstadt, von der aus die einzige Fähre nach Island fährt.

»Wie, Sie haben nicht reserviert?«, fragt uns die für den Ticketverkauf zuständige Dame im Büro der Fährgesellschaft »Smyril Line«. Es folgt ein ungläubiges Kopfschütteln, ehe ihre Finger über die Tastatur des Computers tänzeln. »Mal sehen, was ich tun kann. Ich denke aber, das können Sie vergessen.« Es sind Worte, die wie ein Fausthieb in die Magengrube wirken. Nicht auszudenken, wenn sie recht hätte und es uns nicht gelingen sollte, unser Ziel zu erreichen. Die Reise kann zu diesem Zeitpunkt ja aus vielen Gründen scheitern – an einer sinkenden Fähre, einer verheerenden Naturkatastrophe oder an schweren Seuchen, nie und nimmer jedoch an einer fehlenden Reservierung. Wie dumm wäre das denn? Ich würde eher mit einem selbst gebauten Boot durch den gesamten Nordatlantik rudern als nach Hause zurückzukehren, ohne Island gesehen zu haben. So viel ist sicher.

Da wir nicht genau vorhersehen konnten, wann wir die Fähre überhaupt erreichen würden, blieb uns nichts anderes übrig, als es kurzfristig vor Ort zu versuchen. Ein Mitarbeiter der Gesellschaft, den ich vor Wochen telefonisch kontaktiert hatte, sagte mir, dass es im Sommer zwar eng werden könnte, ich mir aber keine Sorgen machen solle. Es würde schon irgendwie klappen. »Irgendwie klappen« ist gut, denke ich jetzt. Was, wenn der Kerl am Telefon nur irgendein Lehrling war, der nichts zu melden hat. Ich habe mir ja noch nicht einmal den Namen gemerkt, auf den ich mich jetzt berufen könnte.

Nach einigen »Ahas« und »Ohos« scheint eine Lösung in Sicht. »Jawohl!«, ich mache die Beckerfaust, als die Dame uns mitteilt, dass in drei Tagen das Schiff ablegt und noch vier Restplätze übrig seien. Mit der eigentlich geplanten Aufenthaltsdauer von vier Wochen sähe es hingegen schlecht aus. Alles, was sie uns anbieten kann, sind entweder drei oder fünf Wochen. »Okay, machen wir fünf daraus«, sage ich voreilig, als Carsten mir dazwischenfunkt. Er verweist auf seine bald endende Freistellung von der Arbeit. »Wenn wir so lange bleiben, muss ich direkt nach der Ankunft wieder ran. Ich habe so schon das Gefühl, als ob ich vergessen hätte, wie man eine Lok fährt. Ich brauche definitiv mehr als nur ein, zwei Tage Zeit, um mich wieder an alles zu gewöhnen.« Ein nachvollziehbares Argument. Ich gebe schließlich nach und so buchen wir die dreiwöchige Variante. Unter lautem Jubel verlassen wir das Büro. Immer wieder wedeln wir mit den Tickets euphorisch in der Luft herum, als wären es Lottoscheine mit Hauptgewinn. Wir haben es geschafft – fast.

Die verbleibende Zeit bis zur Abfahrt verbringen wir außerhalb der Stadt am Meer. In einem dänischen Aldi-Markt kaufen wir ein, um freie Stauraumkapazitäten mit Proviant aufzufüllen. Spaghetti, diverse Soßen und Suppen wandern neben zwei PET-Flaschen mit abgefülltem Hochprozentigem in unsere Seitenkoffer. Dann ist der große Tag gekommen. Mit kindlicher Vorfreude haben wir dem Moment entgegengefiebert, endlich an der Fähre zu stehen.

Wir sind die Ersten im Hafen. Bevor all die geduldig wartenden Islandreisenden auf das Schiff dürfen, müssen zunächst alle Passagiere von Bord. Ein nicht enden wollender Lindwurm, bestehend aus Wohnmobilen, Geländewagen, Fahrrädern und Motorrädern, kommt aus dem Bauch der großen Fähre gerollt. Durch Zufall erkennen wir im Gedränge einen Bekannten von mir, der gerade vier Wochen mit dem Motorrad auf der Insel war. »Und?«, frage ich ihn, »wie war's?«

»Der absolute Hammer«, so seine Reaktion, »es ist unglaublich billig da oben. Einfach nur der Wahnsinn. Die Finanzkrise zeigt endlich mal ihre guten Seiten. Der Sprit kostet gerade mal einen Euro und in Reykjavik kann man spottbillig im Restaurant essen gehen.« Es sind Informationen über das ehemals sündhaft teure Land, die man gerne hört. Besonders dann, wenn die Reisekasse so arg strapaziert ist wie in unserem Fall.

Die Zeit an Bord entpuppt sich schon bald als quälend langweilige Zeittotschlägerei. Selbst das Meer sorgt nicht für Abwechselung. Wie ein Ententeich liegt der Nordatlantik vor uns. Mehr als sonst irgendwo ist Kurzweil an Bord einzig und allein eine Frage des Geldbeutels. Nur wer bereit ist, tief in die Tasche zu greifen, kann sich etwas Abwechselung verschaffen, die in erster Linie darin besteht, für Nahrungsaufnahme zu sorgen. Ob am Seafoodbuffet, in der Lounge oder an der Pianobar – die Preise sind gesalzen. Den Betrag, der für uns beide sonst eine Woche lang ausreicht, um gutes Essen aufzutischen, in ein einziges Mahl mit einer Flasche Wein zu investieren, kommt für uns nicht in Frage. Wir sind entsetzt, was so manche Restaurantbesucher wieder zurück in die Küche gehen lassen. Es ist für uns nahezu unfassbar und dekadent, dass man hochwertige Nahrungsmittel wegschmeißen kann. »Wir können uns ja als Kellner verkleiden und die Teller abräumen«, so Carstens Vorschlag, den ich für eine ausgezeichnete Idee halte, über die ich ein paar Sekunden nachdenken muss.

Als Gott die Welt erschuf

Als Gott die Welt erschuf, säuberte er nach getaner Arbeit seine Fingernägel. Die Schmutzreste, die er dabei fand, fielen hinab in den Atlantik. Aus ihnen entstanden die Färöer-Inseln. So zumindest ist es gewesen, wenn man einer nordmännischen Legende über die Schöpfungsgeschichte Glauben schenkt. In Wirklichkeit ist der Ursprung der Inselgruppe nicht in überirdischen Kräften, sondern in unterseeischen Vulkanen zu suchen, die vor rund 60 Millionen Jahren ihre Lavamassen mit titanischer Macht auftürmten und als neue Landmasse aus dem sturmgepeitschten Nordatlantik emporhoben.

Dichter, undurchdringlicher Nebel verhüllt die 18 schroffen Hauptinseln und der abflachende Wind zeichnet immer neue Wellenmuster, als wir zu später Stunde in die Bucht von Tórshavn einlaufen. Ein tiefes, markerschütterndes Aufbrüllen des Nebelhorns verkündet selbst dem letzten Passagier an Bord, dass wir unser Ziel erreicht haben. Wir sind ein wenig enttäuscht, dass ausgerechnet jetzt, pünktlich zur Ankunft, nichts von der geheimnisvollen Fjordlandschaft zu sehen ist. Dabei hatte die Sonne seit unserer Abfahrt vor 35 Stunden ohne Unterlass von einem wolkenlosen Himmel geschienen. Einer Halluzination gleich, drängte sich noch vor gut zwei Stunden der Eindruck auf, als führen wir auf etwas zu, das, weit voraus liegend und von einem Schleier verhüllt, ein Geheimnis unter sich verbirgt. Läge nicht dieser unverwechselbare Geruch von Salz und Tang in der Luft und würden nicht Hunderte von lauten Seevögeln zur Begrüßung das Schiff umkreisen, dann könnte man meinen, noch immer weit draußen auf hoher See zu sein.

Als nach einem aufwendigen Anlegemanöver die dicken Taue von den Hafenarbeitern um die rostroten Poller geschlungen werden, gibt eine leichte Brise für einen Moment ein schemenhaftes Bild der Hauptstadt Tórshavn frei. Das Bild einer bunten Stadt, die ohne die sonst so allgegenwärtigen und überdimensionierten Werbetafeln auskommt. Viele der überwiegend aus Holz gezimmerten Häuser sind in grellen Farben gestrichen. Gelb, hellblau, rosa und natürlich in Falunrot, der charakteristischen Farbe Skandinaviens. Auf einer kleinen Landzunge im Hafen, nur einen Steinwurf entfernt, liegen die Häuser der färingischen Regierung. Genau an der Stelle, an der schon vor Jahrhunderten die Wikinger zu Rate saßen, steht heute der Schreibtisch des Ministerpräsidenten, von dem aus er hinaus aufs Meer blicken kann. Ich weiß nicht, ob es auf der Welt noch andere Regierungschefs mit vergleichbaren Regierungssitzen gibt. Einen spektakuläreren als diesen hat sicherlich keiner zu bieten.

Gut 20 Minuten, nachdem die Schiffsschrauben zur Ruhe gekommen sind, haben wir endlich wieder festen Boden unter den Füßen. Unschlüssig, wo wir die bereits angebrochene Nacht verbringen sollen, machen wir uns auf den Weg. Ein Zimmer für rund 100 Euro pro Person, so wie ein Großteil der Mitreisenden es gebucht hat, kommt für uns nicht infrage. Zugegebenermaßen gibt es manchmal Momente, da wäre es nicht das Schlechteste, über einen dicken Geldbeutel zu verfügen. Besonders an einem Tag wie diesem wäre es schön, wenn man in einem weichen Bett schlafen und bei einem Frühstück mit Rührei und Speck in den nächsten Tag starten könnte. Trotz des nasskalten Wetters und obwohl unsere Knochen nach einer weichen Matratze lechzen, sind für uns Schlafsack und Isomatte wieder die erste Wahl.

Nur wenige Kilometer hinter dem Hafen, unmittelbar an der Küstenstraße, ist der einzige Campingplatz der Hauptstadt gelegen. Das trostlose Gelände und die lange Schlange der Wohnmobile, die es vor uns von Bord geschafft hat und die nun dort wartet, bieten jedoch wenig Anreiz, zu bleiben. Wir ziehen es ohnehin vor, das Zelt abseits anderer Menschen in der Natur aufzuschlagen. Wir überholen die Wartenden und halten wie gehabt auf eigene Faust Ausschau. Doch die Suche nach einem kostenlosen Nachtlager gestaltet sich aufgrund der schlechten Sicht recht mühsam. Meter für Meter müssen wir uns förmlich vorantasten. So ist es bereits zwei Uhr in der Nacht, als wir ein paar Kilometer nördlich der Stadt an einem Fjord fündig werden.

Da wir die sprichwörtliche Hand vor Augen nicht sehen, ist die wilde Natur ausschließlich akustisch wahrnehmbar. Sie ist laut. Der Wind, die Brandung und das Schreien der Möwen klingen nach Freiheit und Abenteuer. Es wäre die perfekte Untermalung für den Werbeclip eines markanten Rasierwassers. Wir sind so aufgeregt, dass wir beinahe vergessen, dass wir eben noch glaubten, vor Müdigkeit umzufallen. Als wir dann doch in unseren Schlafsäcken liegen, macht uns dieser Platz so glücklich, dass wir ihn um nichts auf der Welt gegen ein Hotelbett tauschen würden. So schnell können sich die Bedürfnisse ändern.

Am nächsten Morgen, der Nebel hat sich binnen weniger Minuten verzogen, werden die kreischende Vogelwelt und die tosende Brandung endlich durch die dazugehörigen Bilder ergänzt. Es ist Liebe auf den ersten Blick. Ein kaum zu definierendes Gefühl verbindet mich mit den grünen Inseln. So sehr ich andere Landschaftsformen wie Wüste oder Regenwald auch mag, dies hier ist mein Platz. Mein ganz persönlicher Ort, an dem ich mich so wohl wie sonst kaum irgendwo fühle. Vielleicht trage ich nicht umsonst einen nordischen Vornamen und mein Bart tendiert, wenn er erst einmal wuchert, ins Rötliche.

Nachdem wir lange damit verbracht haben, unsere Ausrüstung zusammenzupacken, und wir reichlich starken Kaffee getrunken haben, fahren wir los. Wir wollen uns zunächst ein etwas genaueres Bild von der Insel machen. Unendlich weite Grasflächen verleihen der nahezu baumlosen Inselgruppe ihr charakteristisches Äußeres. Fast schon unnatürlich leuchtet das Gras – die Farbe Grün in allen nur erdenklichen Schattierungen, wohin das Auge auch blickt. Selbst auf den Dächern der Häuser wächst

Rasen. Das viele Gras ist auch die Hauptnahrung der rund 200 000 Schafe, die auf den Inseln umherlaufen. Gut viermal so viele wie Menschen. Damit die Tiere ihre festgelegten Weidegründe nicht verlassen, sind alle paar Hundert Meter Eisenrohre im handbreiten Abstand in die Fahrbahn eingelassen. Da Schafe mit ihren Hufen nicht sicher auf den Viehgittern stehen können, scheuen sie sich, diese zu überqueren. Neben dem Fischfang sichern die halbwilden Schafe die eigene Versorgung der Färinger. Hammelfleischgerichte dominieren die Speisekarte und es wird so ziemlich alles von Kopf bis Fuß verwertet, was man sich vorstellen kann.

Nach den zotteligen Vierbeinern wurde die Inselgruppe übrigens auch benannt: Färöer bedeutet zu Deutsch »Schafinseln«. Irische Mönche waren es vermutlich, die sie im 7. Jahrhundert auf die Inseln brachten. Bis heute sind die Schafe die einzigen Säugetiere, die die Inselgruppe bevölkern. Abgesehen von einer üppigen Vogelwelt, die aufgrund des fischreichen Gewässers an den schroffen Küsten nistet, ist es um andere Tierarten eher dürftig bestellt. Selbst die in Skandinavien allgegenwärtige Stechmücke hat ihren Weg bislang noch nicht auf die Inselgruppe gefunden.

Die Hauptstadt Tórshavn ist eine quirlige und schöne Stadt. Gleichzeitig aber auch die Stadt, in der weltweit am wenigsten die Sonne scheint. Ein Ort, wo Frauen Gummistiefel und Schafwollpullis tragen und dabei trotzdem sexy sind. Wo die Kellner der Kneipen und Restaurants selbst beim kleinsten Anzeichen von Sonnenschein die Stühle nach draußen räumen und die Lehrer an den Schulen die Kinder hinaus zum Spielen schicken. Wir haben also Glück, dass wir einen Tag erwischt haben, der bei herrlichem Wetter und Temperaturen von gut 20 °C die Menschen aus den Häusern lockt. Im Schnitt erwarten einen nämlich an zwei von drei Tagen regnerische Niederschläge. Selbst im Juni, dem statistisch gesehen trockensten Monat des Jahres, liegt die Niederschlagswahrscheinlichkeit bei über 50 Prozent. Sicherlich gehören die nordatlantischen Inseln nicht zu den Urlaubsdestinationen, die man mit braun gebrannten Bikinischönheiten oder dem Geruch von Sonnencreme assoziiert. Man muss das raue Klima schon lieben, wenn man sich für eine Reise auf die Färöer-Inseln entscheidet.

Die Fischindustrie macht heute noch mehr als 90 Prozent der Exportwirtschaft des Landes aus. Bei einem Spaziergang durch die 12 000 Einwohner zählende Stadt ist neben den vielen Fischerbooten und Fischfabriken aber auch zu erkennen, dass die Färinger ein Volk sind, das schon seit Jahrhunderten Walfang betreibt. Etliche der liebevoll gepflegten Vorgärten sind mit Erinnerungen an die Zeiten geschmückt, als die Grindwale noch das Überleben der Menschen sicherten. Wir sehen alte verrostete Walharpunen von imposanter Größe oder baumstammgroße Walkiefer und Rippen, die über Kreuz gestellt als Gartentore und Zäune dienen. Heute ist der Walfang mehr denn je ein sehr strittiges Thema. Die barbarische, aber zugleich uralte Tradition des »Grindadráp«, des Fangs der Grindwale für den Eigenbedarf, scheint bei genauerem Hinsehen nur schwer vereinbar mit dem freundlichen Charakter der Menschen zu sein.

Abseits asphaltierter Wege auf den »Schafinseln«.

»Was für ein Glück, dass wir uns in Dänemark mit Lebensmitteln eingedeckt haben«, sage ich zu Carsten, als wir in einem Supermarkt auf die verschiedenen Preisschilder starren. Wir sind fassungslos und können nur hoffen, dass sich das Preisniveau in Island ändern wird. Umgerechnet sechs Euro für eine Flasche Cola und knapp zehn für eine Tiefkühlpizza sind wirklich saftig und lassen nur erahnen, wie unerschwinglich ein Essen im Restaurant erst sein muss.

Ein überraschend gut ausgebautes Straßennetz, bestehend aus insgesamt 463 Kilometern asphaltierter Straßen, wartet darauf, von uns entdeckt zu werden. Über Brücken und Tunnels sind die Hauptinseln Streymoy, Eysturoy, Vágar und Borðoy miteinander verbunden. Die meisten anderen der 18 Inseln werden von kleinen Fähren angelaufen. Als Erstes steuern wir das im Norden von Streymoy gelegene Dorf Saksun an. An Bord der Fähre hat mich ein großes Foto im Treppenaufgang derart gefesselt, dass ich die Crew so lange befragt habe, bis mir jemand sagen konnte, wo es aufgenommen wurde. Eine kleine weiße Holzkirche, die auf einer Wiese oberhalb des Meeres thront, umgeben von hohen grünen Bergen, aus denen ein Wasserfall mehrere Hundert Meter in die Tiefe stürzt, ist vermutlich eines der typischsten Motive, das man auf der Insel finden kann. Als wir nach etwa einer Stunde Fahrt an diesem faszinierend schönen Ort ankommen, stelle ich mein Motorrad genau an der Stelle ab, wo der Fotograf, von dem das Foto an Bord stammte, gestanden haben muss, und sauge das Bild in mich auf.

Begleitet von atemberaubenden Ausblicken auf die vorgelagerte Inselwelt und deren steile Küsten, geht es über eine Passstraße an dem mit 882 Meter höchsten Berg der Färöer vorbei. Wir genießen jeden einzelnen Meter, jede Kehre, die wir fahren, und können es so manches Mal gar nicht fassen, wie schön es ist. Am nordöstlichen Zipfel der zweitgrößten Insel Eysturoy erreichen wir einen der bislang schönsten Orte der gesamten Reise. In der 49 Seelen zählenden Gemeinde Gjógv wollen wir unsere zweite Nacht verbringen und den einzigartigen Charme dieses Dorfes erleben. Der im Reiseführer empfohlene Campingplatz, so stellt sich heraus, wurde bereits vor Jahren dichtgemacht. Nur ein Hotel und ein Wohnmobilstellplatz sind seit der Umbaumaßnahme übrig geblieben. Nach einer mühsamen Konversation mit einem knurrigen Schafzüchter bekommen wir einen Platz oberhalb der Kirche zugewiesen, wo wir die Zelte auf einer seiner Weideflächen aufstellen können.

Kaum mehr als drei Dutzend farbenfrohe Häuser stehen in dem Dorf, das sich zwischen grasbewachsenen Bergen in die raue und faszinierende Landschaft schmiegt. Frischer Wind jagt Wolkenschatten dahin. Dort, wo die Sonne durchblitzt, taucht sie die Landschaft in ein magisches Licht. In der Mitte des kleinen Dorfes ist ein klarer Dorfteich angelegt, der das Wasser aus den Bergen aufstaut. Einige Kinder nutzen das vergleichsweise hochsommerliche Wetter. Zwei Mädchen machen Schwimmübungen in dem eiskalten Wasser und ein grimmig dreinblickender Junge, mit Badehose und einem Spiderman-T-Shirt bekleidet, macht mit mehreren Keschern bewaffnet Jagd auf kleine Fische und Krebse.

Ein Stück weiter, in einer 200 Meter tiefen Felsspalte, ist der Naturhafen gelegen. Über einen Seilzug können dort die Boote ins Wasser gelassen werden. Unzählige Seevögel fliegen durch die Luft und sorgen für ohrenbetäubenden Lärm. Hier treffen wir Petur, einen pensionierten Hochseekapitän, der auf der untersten Stufe der in den Naturhafen führenden Treppe sitzt und sein über 100 Jahre altes Ruderboot mit einem neuen Anstrich versieht. Wie viele Menschen, ist auch der alte Färinger davon überzeugt, dass er an dem schönsten Ort der Welt zu Hause ist. Er liebe die Inseln, sagt er stolz und betont, dass er nirgendwo anders auf der Welt seinen Lebensabend verbringen möchte. Lediglich im Winter, so gibt er zu, wenn die aus Norden heranrollenden Stürme die Wassermassen mit ozeanischer Kraft in den Hafen drücken und der ganze Ort dem Untergang geweiht zu sein scheint, lebe er mittlerweile in Tórshavn. Da das

Klima auf dieser windgeschützten Seite der Insel etwas besser für seine von 50 Jahren Seefahrt geschundenen Knochen ist, hat er sich dort eine kleine Wohnung gekauft. Wir lauschen gebannt, als er uns mit funkelnden Augen von den Walfängern und auch den modernen Containerschiffen erzählt, auf denen er viele Jahre zur See gefahren ist. Einen Großteil seines Lebens war das Meer sein Zuhause. Er deutet auf mein T-Shirt mit dem Aufdruck »Punkrock St. Pauli«. Die Reeperbahn habe ihm früher besonders gut gefallen, betont er und zieht mit dem Pinsel einen sauberen Strich auf sein Boot. Ein schelmisches Grinsen verrät uns, dass es eine gute Zeit gewesen sein muss.

Am darauffolgenden Morgen, kurz nach Sonnenaufgang, werden wir Zeugen eines Naturspektakels, das die Besucher der Färöer-Inseln mit fast schon präziser Regelmäßigkeit in seinen Bann zieht. Dichte Nebelschwaden haben die bizarr grünen Inseln verschleiert. Wir klettern direkt oberhalb des Naturhafens den Berg hinauf. Es ist ein mühsamer Aufstieg. Beachtlich steil fallen die Klippen mehrere Hundert Meter tief hinunter ins Meer. Wie ein bei schlechtem Wetter startendes Flugzeug durchbrechen wir, kurz bevor wir den etwa 400 Meter hohen Gipfel erreichen, die dichte Nebeldecke. Urplötzlich strahlt ein azurblauer Sommerhimmel über uns und es bietet sich ein grandioser Anblick. Wie im Zeitraffertempo verschieben sich die unter uns liegenden Nebelschwaden. Vergleichbar mit einem umherflirrenden Nordlicht, verändert der Nebel seine Form und Dichte. Mal ist der Blick auf die grünen Graslandschaften frei und nur wenige Sekunden später verbergen sie sich wieder unter einer dichten weißen Wand.

Für das Wort Nebel gibt es in der färingischen Sprache gleich mehrere Übersetzungen. Sie alle beschreiben die unterschiedliche Art und Weise, mit der der Wasserdunst das Land verschleiert. Wir sitzen lange an diesem Ort, der zu den spektakulärsten gehört, die ich je gesehen habe. Genau hier machen wir auch zum ersten Mal Bekanntschaft mit den Papageientauchern – den wohl bekanntesten Vögeln, die im Nordatlantik zu Hause sind. Im Sturzflug gleiten die tollpatschig wirkenden Tiere mit den auffällig orange leuchtenden Schnäbeln und Füßen von ihren ins Erdreich gegrabenen Bruthöhlen in den Nebel hinab, um kurze Zeit später mit ein paar kleinen Fischen im Schnabel zurückzukehren.

Von Gjógv aus folgen wir der Serpentinenstraße weiter über die Straße 662 und kommen in Funningur, wo im Jahre 825 die ersten Einwohner gesiedelt haben sollen, an der alten Wikingerkirche vorbei. Wie die meisten anderen Kirchen und Wohnhäuser, ist auch dieses Bauwerk wie schon zu Wikingerzeiten mit Stechtorfstücken gedeckt, auf denen hoch das Gras wächst. Diente es früher in erster Linie als Kälteschutz, so werden die Dächer heute vorrangig aus Traditionsverbundenheit auf diese Weise gedeckt.

Da wir unter keinen Umständen das Schiff verpassen dürfen, haben wir uns für einen hafennahen Ort entschieden, an dem wir die letzte Nacht verbringen. Falls eines unserer Motorräder doch noch streiken sollte, können wir unser Schiff notfalls mit dem Abschleppseil erreichen. Nur etwa zehn Minuten Fahrzeit vom Hafen entfernt, genau dort, wo die Straße nahe der winzigen Siedlung Syðradalur an der südlichen Westküste endet, bauen wir, in lotrecht ansteigende Felswände gebettet, unsere Zelte ein letztes Mal auf. Ganze drei Autos kommen bis zum Abend vorbei. Eine Gruppe neugieriger Gänse, jede Menge Schafe und ein paar streitsüchtige Austernfischer, die mit unserer Anwesenheit nicht einverstanden sind, teilen als Einzige den paradiesisch schönen Ort mit uns.

Ich hatte erwartet, dass wir bei dem Zwangsaufenthalt auf den Färöern nicht sonderlich viel würden unternehmen können. Mehrere Leute rieten mir vor der Reise dazu, die direkte Fähre nach Island zu nehmen – ohne den dreitägigen Zwischenstopp. Warum sie das taten, kann ich beim besten Willen nicht nachvollziehen. Als wir nach drei unvergesslichen Tagen wieder an der Fähre ankommen, sind wir uns einig, dass dieses Land ein absolutes Highlight ist. Nicht umsonst wurden die Färöer von der Zeitschrift »National Geographic Traveler« unlängst zu dem lohnenswertesten Insel-Reiseziel der Welt gewählt und verwiesen dabei so klangvolle Namen wie Bora Bora, die Lofoten, Hawaii und die Seychellen auf die hinteren Plätze.

Beinahe 500 Kilometer sind auf dem Tacho hinzugekommen. Wir sind selbst in die entlegensten Winkel der Hauptinseln vorgedrungen und haben Orte entdeckt, von denen einer schöner als der andere war. Der Zauber, den die Inselgruppe nach dem Kurzbesuch auf uns ausübt, ist schwer zu beschreiben. Vielleicht liegt es an dem dichten Grasteppich, der die Inseln mit einem satten Grün überzieht. Oder es sind die Lichtstrahlen, die sich durch die Wolken brechend auf die tiefblauen Fjorde legen. Es kann aber auch sein, dass es das Versprechen des Tourismusverbandes ist, das auf den ausliegenden Prospekten an Bord des Schiffes prangt: »Hier wird Stille spürbar!«

Zurück im Hafen, treffen wir wieder die bekannten Gesichter der anderen Reisenden. Geduldig in einer langen Schlange stehend warten alle darauf, dass es weitergeht. Sie alle teilen unsere Meinung, dass dies ein perfekter Einstieg für die weitere Reise nach Island war. Nach einer Weile gehen wir wieder an Bord und vertäuen unsere Motorräder mit schweren Zurrgurten. Lange fahren wir zwischen den Inseln der Färöer-Gruppe hindurch, bis uns die offene See wiederhat.

Das Beste kommt oft zum Schluss

Wir sitzen nutzlos herum und spielen die x-te Partie eines anspruchslosen Kartenspiels. Schon seit geraumer Zeit halten wir zwei der begehrten Polstersessel am Fenster in Beschlag und warten darauf, endlich anzukommen. Immer wieder fällt unser Blick hinaus auf die leicht bewegte See mit den weißen Schaumkronen. An Bord eines Schiffes können sich Minuten wie Stunden in die Länge ziehen und man wünscht sich nichts sehnlicher, als die lausige Zeit der eigentlich nur 24-stündigen Überfahrt irgendwie vorantreiben zu können. Es ist so unvorstellbar langweilig, dass man binnen Kurzem jede einzelne Schraube, jeden Rostfleck und jedes Gesicht an Bord zu kennen glaubt. Bislang gab es ja Dinge, von denen ich dachte, sie müssten auf meiner persönlichen »To-do-Liste« des Lebens stehen – eine Kreuzfahrt gehört ab sofort nicht mehr dazu.

Irgendwann am Morgen, als die Lethargie selbst die hyperaktivsten Kinder lähmt, kommt wie aus heiterem Himmel das Leben zurück an Bord. Land in Sicht! Die Nachricht hat sich in Windeseile herumgesprochen. Zusammen mit dem Großteil der Mitreisenden drängen auch wir hinaus aufs Oberdeck. Die Luft ist klar und frisch. Mit gedrosselter Kraft nähert sich unser weißes Schiff dem Hafen von Seyðisfjörður. Mehrere in grellem Orange gestrichene Leuchttürme geben uns sicheres Geleit entlang der steil aufragenden Berge.

Von tiefer Dankbarkeit erfüllt sauge ich die Bilder auf. 25 000 hart erarbeitete Kilometer stecken uns nun bereits in den Knochen. Jeder einzelne potenziert die Freude, es nach über einem Vierteljahr mit dem Motorrad ans Ziel unserer Reise geschafft zu haben. Die ganze Anspannung der letzten Wochen, der Streit, die Zweifel, die Probleme und auch der Frust sind vergessen, als wir die stählerne Laderampe hinunter auf isländischen Boden rollen. Eigentlich würde ich in diesem Moment am liebsten auf die Knie sinken und den staubigen Boden küssen. Von mir aus würde ich sogar jedem einzelnen Zöllner die Hand schütteln und ihm sagen, wie froh ich bin, ihn zu sehen. Doch da niemand außer uns weiß, was in diesem Moment in uns vorgeht, verzichten wir auf emotionale Gesten. Dafür schreie ich meine Freude so laut in meinen Helm hinein, dass einige Leute irritiert in meine Richtung schauen. Ich kann gar nicht beschreiben, wie stolz und wie glücklich ich in diesem Moment bin.

Bevor wir einreisen dürfen, müssen wir zunächst durch den Zoll. Mit einem großen transportablen Röntgengerät, das die Größe einer Doppelgarage hat, werden die Fahrzeuge der Neuankömmlinge von den isländischen Grenzern stichprobenartig durchleuchtet. Neben dem üblichem Schmuggel von Alkohol, dessen auch wir uns schuldig machen, soll verhindert werden, dass Krankheiten und Seuchen auf die Insel gelangen. Nicht nur die Einfuhr von Haustieren ist streng verboten, selbst wenn man die eigene Reit- oder Angelausrüstung mitbringen möchte, muss man belegen können, dass diese fachgerecht desinfiziert wurde. Uns fragt man nur, wie lange wir im Land bleiben möchten. Weder Ausweis noch Fahrzeugschein werden kontrolliert, womit Carsten seine letzte große Sorge los wäre. Zu guter Letzt bekommen wir einen Aufkleber mit dem Einreisedatum auf die Windschilder unserer Motorräder geklebt, dann dürfen wir passieren.

Direkt hinter dem Örtchen Seyðisfjörður mit seiner himmelblauen Holzkirche und den schmucken alten Häuschen steigen die Berge, die den Fjord schützend umgeben, steil in die Höhe. Zunächst müssen alle die nahe gelegene Hochebene Fjarðarheiði überqueren. So manch einem Neuankömmling hat dieses erste Teilstück der Reise schon einen gewaltigen Strich durch die Rechnung gemacht. Bis in den Sommer hinein kann es dort zu heftigem Schneefall kommen, der die Straße F 93 für die meisten Fahrzeuge unpassierbar macht. Die von Bord kommenden Geländefahrzeuge und Reisemobile stauen sich schnell in den steilen Kehren des zur Hochebene führenden Passes. Nur im Schritttempo geht es voran. Wir rauschen mit unseren Super Ténérés an der Schlange vorbei. Schon nach etwa 30 Kilometern machen wir, genau wie die meisten anderen Touristen auch, unseren ersten Halt. Egilsstaðir, die mit knapp 2000 Einwohnern größte Stadt im Osten der Insel, hat sich perfekt auf die Bedürfnisse der einmal wöchentlich ankommenden Touristen eingerichtet. Man stellt schnell fest, dass die Preise für alles, was man so zum Leben braucht, deutlich niedriger sind, als im noch vor der Krise gedruckten Reiseführer angegeben. Die Zeiten, als Islandreisende für eine Flasche Cola so viel berappen mussten, wie ein guter Rotwein in Deutschland kostet, sind vorbei. Island, einst das teuerste Land der Welt, ist aufgrund der desolaten Wirtschaftslage zu einem echten Schnäppchenparadies avanciert.

Wir tauschen unsere verbliebenen Euroreserven in isländische Kronen um. An einer Tankstelle kaufe ich mir das letzte Souvenir dieser Reise: Einen Aufkleber in Form der isländischen Flagge – rot-weißes Kreuz auf blauem Grund. Fast schon zärtlich klebe ich ihn zu den anderen Erinnerungen auf meinem linken Seitenkoffer. 23 Aufkleber sind es nun; in jedem Land, in dem wir waren, ist ein weiterer hinzugekommen. Nachdem wir uns in einem Restaurant für kleines Geld den Bauch vollgeschlagen haben, brettern wir über die staubige F 939 in Richtung Berufjörður, einem etwa 20 Kilometer langen Fjord an der Südostküste. Nur wenige Kilometer, bevor wir ihn erreichen, kommen wir an einem Fluss vorbei, der sich über mehrere Basalttreppen seinen Weg zum Meer sucht. Ein immerwährender Tröpfchennebel schwebt über dem Fluss und legt sich wie ein Nebel ins Tal. Durch das viele aufgewirbelte Wasser wächst dichtes Moos auf dem pechschwarzen Gestein.

Für Island eher unbedeutend, symbolisiert der Ort für uns beide jedoch das Erreichen unseres Ziels – genau das, wovon wir an so manchem Tag vor und vor allem auch während der Reise geträumt haben. Wir stellen die Motorräder am Straßenrand ab, lassen Gepäck und Helme zurück, ja sogar die Zündschlüssel stecken noch, als wir johlend die etwa 300 Meter hinab zu der Stelle rennen, wo die Wassermassen tosend in die Tiefe stürzen. Es ist so laut, dass wir schreien müssen, um gegen das Donnern des Wassers anzukommen. Obwohl das Wasser lausig kalt ist, reißen wir uns die Klamotten vom Leib und machen einen Kopfsprung hinein. Uns stört es noch nicht einmal, dass sich unsere Körper bläulich verfärben und eine anhaltende Schnappatmung einsetzt. Es ist ein Augenblick, der nur uns gehört.

Das letzte Land unserer Reise begrüßt uns mit einem Paukenschlag. Wir fahren durch eine von Vulkanausbrüchen zerfurchte Landschaft, von der ich dachte, es gibt sie nur in meiner Fantasie. »Warum, zum Teufel, habe ich mir dieses Land bisher entgehen lassen?« ist einer von vielen Gedanken, die mir durch den Kopf gehen, als wir die ersten Eindrücke sammeln. Eis, Berge, Meer, Vulkane, Wasserfälle, Lavagestein – Island schafft es mit spektakulären Bildern, uns augenblicklich in seinen Bann zu ziehen. Auf den ersten Kilometern müssen wir ständig anhalten, um in Ruhe zu staunen. Mir fällt nichts in Europa ein, was vergleichbar wäre, und es ist um Längen grandioser, als ich es erhofft habe. Wieder muss ich an den alten Reiseführer denken, der mich letztlich hierher gebracht hat und der nun in meinem Bücherregal steht.

Auf der Hauptstraße 1, die auch als »Ringstraße« bezeichnet wird, fahren wir nach Westen. Auf dieser 1339 Kilometer langen, größtenteils asphaltierten Hauptverkehrsader des Landes, die einmal rund um die Insel verläuft, sind auch die meisten Reisenden unterwegs. Dennoch hat man zu keiner Zeit das Gefühl, es sei überlaufen. Die Route entlang der Südküste ist eine einzige Augenweide. Steil ragen schwarze Basaltberge empor und der Atlantik schmettert seine blaugrauen Brecher gegen die schroffen Felsen. Dazwischen erstrecken sich immer wieder Abschnitte mit ausgedehnten Wiesen, die von lilafarbenen Lupinen übersät sind, während zur Rechten Wasserfälle die steilen Felsen hinabstürzen. Die Streckenführung ist so aufregend und abwechslungsreich, dass wir einige Male umdrehen und ein Stück zurückfahren, nur um die Abschnitte noch einmal zu fahren.

An einem Strand, der wie geschaffen für uns scheint, verbringen wir auch unsere erste Nacht. Obwohl die Ringstraße nur wenige Hundert Meter entfernt verläuft, fühlt es sich so an, als seien wir die ersten Menschen, die diesen Ort je betreten haben. Nachdem wir in aufwendiger Suche ein wenig brennbares Treibholz beschafft haben, machen wir ein kleines Lagerfeuer, an dem wir lange Stunden sitzen und aufs Meer hinaus schauen. Ab und an taucht eine neugierige Kegelrobbe aus dem Wasser auf und blickt zu uns herüber. Wir fragen uns, wer hier wohl wen beobachtet.

Wie ein gewaltiges Gebirge aus Eis ist der Vatnajökull nicht nur von Weitem zu sehen, sondern vor allem auch zu spüren. Wegen der enormen Kälte, die der Gletscher abstrahlt, müssen wir eine weitere Schicht Kleidung unterziehen. Binnen weniger Kilometer fällt das Thermometer um sage und schreibe 15 °C. An der Südküste, die in der Nähe des Gletschers einem gewaltigen Kühlhaus gleicht, bekommt der Name »Eisland«, so die Übersetzung von Island, seine wahre Bedeutung. Mit einer Fläche zehnmal so groß wie das Bundesland Berlin, ist der Gletscher Vatnajökull die weltweit größte Eismasse außerhalb der Polargebiete. Knapp einen Meter schiebt sich der 1000 Meter dicke Eisriese pro Tag vorwärts und spuckt dabei Abertausende Tonnen Eis in die verschiedenen, bis zu 250 Meter tiefen Gletscherseen. Der bekannteste und größte dieser Seen ist der Jökulsárlón. Das gewaltige Naturspektakel, das sich dort abspielt, ist einer der Höhepunkte jeder Islandreise. Hunderttausende von Besuchern lockt der Ort alljährlich an. Unzählige Fotoapparate klicken und konkurrieren um den besten Bildausschnitt, obwohl hier selbst der schlechteste Fotograf fantastische Bilder machen kann.

Die Formenvielfalt der von der Sonne bearbeiteten und zum Teil bizarren Eisberge ist immens. Bis zu 15 Meter ragen die Eisklötze aus dem Wasser. Wenn man bedenkt, dass sich 90 Prozent eines Eisberges unter Wasser befinden, dann kann man sich ausmalen, wie groß sie tatsächlich sind. Das Eis ist unterschiedlich gefärbt. Frisch abgebrochene Blöcke leuchten blau, da sie praktisch frei von Lufteinschlüssen sind und so den kurzwelligen blauen Anteil des Lichts reflektieren. Erst nach ein paar Tagen, wenn Luft in das Eis eingedrungen ist, wird der gesamte Spektralbereich des Lichtes reflektiert, und das Eis leuchtet weiß. Wie in einem Stück Marmor, sind in dem Eis tiefschwarze Aschelinien eingeschlossen, anhand derer sich die Vulkanausbrüche der vergangenen Jahrhunderte sehr genau datieren lassen. Ob James Bond, Lara Croft oder Batman – viele Hollywoodfiguren haben sich vor dieser spektakulären Kulisse ausgetobt. Für den James-Bond-Film »Stirb an einem anderen Tag« wurde sogar extra der Zufluss des Gletschers, der bei Flut Salzwasser in die Lagune spült, für mehrere Wochen zugeschüttet. Durch den niedrigeren Salzgehalt gefror der ganze See und so konnte die berühmte Autoverfolgungsjagd am Ende des Films auf dem Eis gedreht werden.

Wir gönnen uns mehrere Stunden am Gletscherrand und machen eine 40-minütige Bootstour mit einem Amphibienfahrzeug. Auf Anfrage bei dem Anbieter dieser viertelstündlich ins Eis aufbrechenden Rundfahrten bekommen wir die Erlaubnis, mit dem Motorrad ein Stück entlang des Seeufers zu fahren, bis wir nur noch wenige Hundert Meter entfernt von der Abbruchkante stehen. Leider ist es nicht möglich, die Nacht an diesem unbeschreiblich schönen Ort zu verbringen. Überall stehen Verbotsschilder, die wildes Campen um den Gletscher untersagen.

Über eine Brücke, die den Gletscherabfluss überspannt, führt die Ringstraße weiter in Richtung Süden. Nach etwa zehn Kilometern fällt uns der kaum sichtbare Abzweig einer alten Straße auf, die laut meinem GPS-Gerät direkt zu der versteckt gelegenen Gletscherlagune Breiðárlón führt – einem vergleichsweise unbekannten See, der jedoch ein ähnlich grandioses Naturerlebnis bietet wie sein großer Bruder Jökulsárlón. Auf den Fußrasten stehend, umkurven wir ein paar Felsbrocken, die scheinbar nur abgelegt wurden, um Autos fernzuhalten. So ist es uns möglich, mit den Motorrädern direkt an den Rand der Lagune zu fahren. Etwa 300 Meter von den haushohen Eiswänden des Gletschers entfernt, finden wir auf einer kleinen Anhöhe den perfekten Platz für die Nacht. Während wir glückselig unsere Zelte aufbauen, stößt der Gletscher unter lautem Grollen und Donnern immer wieder seine tonnenschwere Eislast ab. Gischtfontänen schießen in die Höhe und durch die entstandenen Wellen wackeln die im See schwimmenden Eisberge wie in einem riesigen Cocktailglas. Lange sitzen wir in der hellen Nacht da, trinken Wodka »on the rocks« mit echtem Gletschereis und genießen diesen kostbaren Augenblick. Es ist ein gewaltiges Spektakel! Wir sind noch keine 24 Stunden im Land und haben schon Probleme, die vielen Bilder und Emotionen zu verarbeiten.

Ein klarer Morgen weckt uns zeitig. Bei Temperaturen um den Gefrierpunkt packen wir unsere Ausrüstung wieder zusammen. Nach einer Katzenwäsche, für die ich meine gefrorene Zahncreme erst in der Unterhose antauen muss, machen wir uns auf den Weg. Noch etliche Kilometer begleiten uns die Gletscherarme, bis wir die Eismassen und die Kälte hinter uns lassen. Auf etwa 20 Kilometern durchqueren wir nun das ausgedehnte Lavafeld Eldhraun, das durch den Ausbruch des Vulkans Laki vor über 200 Jahren entstanden ist. Auf der erstarrten Lava wuchert ein dichter Teppich graugrünen Zackenmützenmooses. Es ist weich wie ein Federbett und teilweise so dick, dass man den ganzen Arm darin versenken kann, am liebsten würde man ein Nickerchen darauf machen.

Am Ende des Lavafeldes kommen wir an einem unscheinbaren Hinweisschild vorbei, das in Richtung der 70 Kilometer entfernten Gegend von Landmannalaugar weist. Nach bislang rund 400 Kilometern auf der Ringstraße verlassen wir den asphaltierten Untergrund wieder und folgen der unbefestigten F 208 zu den im südwestlichen Zentralhochland gelegenen »warmen Quellen der Landmänner«. Es wäre zwar auch möglich, den Ort über die einfachere, von Norden kommende Straße zu erreichen, doch wir sind abenteuerhungrig und entscheiden uns für die berüchtigte Südroute. Dieser als landschaftlich äußerst reizvoll beschriebene Weg führt durch die wasserreichen Gletschertäler Jökuldalur, eine Strecke, die es wirklich in sich hat. Nicht umsonst ist die Weiterfahrt schon nach wenigen Metern für Autos ohne Allradantrieb untersagt.

Mit der Teerdecke hat sich auch das gute Wetter verabschiedet. Als hätte der germanische Donnergott Thor persönlich seine Finger im Spiel, ziehen binnen weniger Minuten dunkle Wolken am Himmel auf und ein fast undurchdringlicher Nebel erschwert uns die Sicht. Wir erleben hautnah die Geburt eines Islandtiefs, das in wenigen Tagen mit viel Regen den Grillspaß in Deutschland verderben wird. Doch zunächst bleibt es noch trocken – zumindest von oben.

Eingeschüchtert stehen wir vor einem reißenden, etwa 30 Meter breiten Fluss, den wir durchqueren müssen. Wir diskutieren hitzig, wo wohl die Ideallinie verläuft, schätzen die Tiefe und versuchen, die Fließgeschwindigkeit zu ermitteln. Vorsichtshalber durchwaten wir das Wasser, um nach tückischen Stellen zu suchen, die sich auf dem Weg verbergen, den wir als den besten befunden haben. Genau dabei rutsche ich auf einem glitschigen Stein aus und lege mich der Länge nach hin. Eiskaltes Wasser läuft mir in den Kragen und sucht sich zielsicher seinen Weg zu den letzten verbliebenen warmen Körperstellen. Es fühlt sich schrecklich ungemütlich an. Schließlich kommen wir zu dem Ergebnis, dass es eigentlich unmöglich ist, ein Gewässer wie dieses mit dem Motorrad zu durchqueren. Umkehren kommt aber auch nicht infrage, obwohl Carsten dies immer wieder vorschlägt.

»Jeder, der nach Island reist, der ist auch im Hochland unterwegs. Die Ringstraße, so sagen viele, ist doch nur Pillepalle.

Wir müssen verdammt noch mal hier durch«, beschwöre ich Carsten. Es sind Worte, mit denen ich versuche, das Hindernis kleinzureden. »Was andere schaffen, das schaffen wir auch. Los jetzt!« Als ich sehe, dass ich Carsten nicht überzeugen kann, mache ich den Anfang. Ich bringe meine Super Ténéré in Position und fahre mit so viel Gas wie möglich in den Fluss hinein. Und es geht irgendwie. Eiskaltes Wasser umspült mich und ich hoffe, dass wenigstens die Zündkerzen trocken bleiben, damit mein Motorrad nicht verreckt. Durch den gewaltigen seitlichen Wasserdruck gelange ich bestimmt zehn Meter neben der Stelle ans Ufer, die ich angepeilt hatte. Nur mit Mühe und durchdrehendem Hinterreifen gelingt es mir, wieder aus dem steinigen Flussbett herauszukommen. Dann ist Carsten an der Reihe. Obwohl er nie zuvor mit dem Motorrad durch etwas anderes als eine Pfütze gefahren ist, rauscht er los. »Du musst gegen die Strömung lenken!«, rufe ich ihm noch zu. »Mehr links! Nach links! Liiinks! Liiiiiiiiiiinks!« Dann ist es auch schon passiert. Er hat die Kontrolle über sein Motorrad verloren, trudelt und kippt um. Sofort eile ich ihm zu Hilfe. Mit vereinten Kräften schaffen wir es, das Motorrad aus dem Fluss zu schieben. »Mein lieber Herr Gesangsverein! Ist das geil!«, schreie ich adrenalindurchflutet gegen das laute Rauschen des Wasser an und muss laut lachen.

Wir sind gerade dabei, zu kontrollieren, ob die zuvor wasserdicht verpackte Ausrüstung nass geworden ist, da sehen wir aus dem Nebel zwei helle Scheinwerfer auftauchen. Neben uns hält ein überdimensionierter Geländewagen der »Björgunarsveit«, einer isländischen Rettungsorganisation, die auf den Hochlandpisten patrouilliert, um in Schwierigkeiten gekommenen Touristen zu helfen. Der Fahrer kurbelt das Fenster herunter und fragt, ob alles in Ordnung sei. Anschaulich erklärt er uns, dass die Abflüsse der Gletscher durch das vergleichsweise milde Klima der letzten Wochen derzeit viel Wasser führen. Uns stehe ein wirklich schwieriger Abschnitt bevor, unterstreicht er mehrmals. »Wie viele Flüsse müssen wir denn durchqueren?«, fragt

Carsten und bekommt eine Antwort, die er nicht hören wollte. »O Gott, o Gott, o Gott«, stöhnt er leise, als er erfährt, dass es so an die 20 sein sollen. Der nette Isländer wünscht uns viel Glück und lässt uns wissen, dass er nun wieder zurück nach Landmannalaugar fahre. Dort würde man auf uns warten. Wenn wir gegen Mitternacht den dortigen Zeltplatz nicht erreicht hätten, dann käme irgendjemand zurück, um uns zu suchen. Mit einem Hupen verabschiedet er sich. Dann sind wir wieder mutterseelenallein.

Nur mit viel Überzeugungsarbeit bringe ich Carsten dazu, den Weg weiter fortzusetzen. Wie erwartet, sind die verbleibenden Kilometer ein einziger Kampf. Das endlose Begutachten der Ideallinie kostet uns viel Zeit. Als uns klar wird, dass wir so ewig lange bräuchten, um das Camp zu erreichen, verzichten wir darauf, uns vor jedem Fluss verrückt zu machen. Stattdessen fahren wir einfach drauflos. Eine Strategie, die sich als die richtige erweist.

Wir sind triefend nass und völlig durchgefroren, als wir den Campingplatz von Landmannalaugar endlich erreichen. Obwohl im Hals ein leichtes Kratzen darauf aufmerksam macht, dass es nicht besonders gesund ist, bei Temperaturen nahe dem Gefrierpunkt durch Flüsse zu fahren, sind wir überglücklich, trotz der Strapazen genau diesen Weg gewählt zu haben. Allein die Landschaft war es wert. Als Carsten seine Socken auswringt, kann ich erkennen, wie froh und erleichtert auch er ist, diese Aufgabe gemeistert zu haben. Wie versprochen, melden wir uns bei den Jungs von der Rettungswacht und versuchen, auf dem völlig überfüllten Platz ein freies Fleckchen zu finden. Den Rest des Abends sitzen wir mit Badehosen bekleidet in einer riesigen natürlichen Badewanne, in der sich kaltes Gletscherwasser mit siedend heißem Quellwasser zu einer wohlig warmen Temperatur vermischt. Mit einem Sixpack Viking Bier lassen wir es uns gut gehen und freuen uns auf den nächsten Tag.

Am nächsten Morgen scheint die Sonne wieder. Eigentlich hatten wir geplant, einen weiteren Tag zu bleiben, doch da es in der vergangenen Nacht auf dem Gelände zuging wie in der Bahnhofshalle, beschließen wir, die Zelte vorzeitig wieder abzubauen. Zuvor machen wir jedoch noch eine Wanderung in die bunten Rhyolith-Berge, für die Landmannalaugar so bekannt ist und die den Ort zu einem der beliebtesten Wanderziele Europas machen. Der etwa 15 Kilometer lange Weg, den wir wählen, führt durch eine Landschaft, in der ein Naturschauspiel das nächste überbietet. Die Bergrücken, an denen wir entlanglaufen, leuchten ockerfarben, rot, grün bis hin zu blau und schwarz im Sonnenlicht. Es ist ein wahres Feuerwerk der Farben. Besonders der Kontrast zwischen dem neongrellen Grün des Mooses und dem tiefdunklen Schwarz des Vulkangesteins ist so stark, dass der Bildsensor der Digitalkamera an seine Grenzen stößt. Wir laufen durch die reinste Hexenküche, die durch jahrzehntelange vulkanische Aktivitäten entstanden ist. Nicht allzu weit entfernt schlummert der Eyjafjallajökull, jener Vulkan, dessen Aschewolke in Kürze den europäischen Flugverkehr lahmlegen wird.

Zusammen mit einigen anderen Touristen stehen wir am nächsten Tag um ein etwa zwei Meter breites Loch im Boden und beobachten gebannt eine glockenförmige Wasserblase, die sich auf- und abbewegt. Es scheint, als ob die Erde atmen würde. Tief unter unseren Füßen brodelt es. Schwefelgeruch strömt stechend in die Nase und der Boden strahlt fühlbar Wärme ab. Man erlebt förmlich, dass Island eine Vulkaninsel ist. Nach nur wenigen Minuten ist es wieder so weit und die Erde lässt unter allgemeinem Jubel Dampf ab. Explosionsartig schießt eine blaue, siedend heiße Wasserdampffontäne etwa 30 Meter in den Himmel empor. Genauso plötzlich ist der Spuk wieder vorbei, bis der Geysir Strokkur, auch »Butterfass« genannt, wieder genug Puste für eine weitere Eruption gesammelt hat. Noch größer als der Strokkur ist auf Island nur der sogenannte »Große Geysir«, der gleichzeitig Namensgeber für alle anderen Springquellen auf der Welt ist. Er liegt ebenfalls im Hochtemperaturgebiet Haukadalur, nur einen Steinwurf entfernt.

Der Große Geysir hatte seine Aktivität über mehrere Jahrzehnte eingestellt, bis er nach einem Erdbeben im Jahre 2000 plötzlich und unerwartet wieder anfing, Wasserdampf in den Himmel zu spucken. Dies tut er heute jedoch sehr selten und unregelmäßig. Zwischen zwei Aktivitäten können Tage vergehen. Sein Eruptionskanal ist 14 Meter breit und beängstigende 120 Meter tief. Die Geysire und eine Vielzahl kleinerer heißer Quellen sind eine von drei Attraktionen, die Bestandteil des »Golden Circle« sind, der bekanntesten und populärsten touristischen Runde auf der Insel. All diejenigen, die nicht mit dem eigenen oder einen geliehenen Fahrzeug unterwegs sind, können so an nur einem Tag ein repräsentatives Bild von Island bekommen.

Nur wenige Kilometer von den Geysiren entfernt, zieht der Gullfoss, das zweite Highlight auf der Golden-Circle-Tour, die Touristen in Scharen an. Es herrscht ein so großer Besucherandrang, dass die Autos Schlange stehen, um eine freie Lücke auf dem riesigen Schotterplatz zu finden. Auch auf dem etwa 400 Meter langen Pfad hinab in die Schlucht herrscht Gedränge. Der Anblick, der uns dafür geboten wird, macht aber verständlich, warum der Ort so populär ist. Ein prächtiger Regenbogen überspannt die zwei rechtwinklig versetzten Kaskaden, über die der milchig-grüne Fluss Hvítá insgesamt 32 Meter dröhnend in die Tiefe stürzt. Große Mengen Gischt werden aufgewirbelt und man muss sich beeilen, wenn man Fotos machen will. Im Handumdrehen haben sich viele störende Wassertröpfchen auf die Linse gesetzt.

Sie waren die Nomaden der Meere. Mit wendigen Langschiffen tauchten sie vor über 1000 Jahren erstmalig an den Ufern des mitteleuropäischen Festlandes auf. Bis an die Zähne bewaffnet und martialisch mit Fellen und Lederrüstungen gekleidet, eroberten die Wikinger Dorf um Dorf, versklavten die Bewohner und brannten alles nieder, was sie nicht mitnehmen konnten. Aus ihren »Viken« (daher der Name), den Buchten an den eisigen Küsten der Nordmeere, stachen die »Vikinger« immer wieder in See, um neue Lebensräume zu erschließen. Von Paris über Kiew bis nach Jerusalem und Bagdad hinterließen sie eine Spur der Verwüstung und sorgten für Angst und Schrecken. Doch die Wikinger waren nicht nur in kriegerischer Absicht unterwegs. Sie zogen auch als Entdecker und Händler aus. In der zweiten Hälfte des ersten Jahrtausends errichteten die Nordmänner ein dichtes Handelsnetz in Europa und im Orient. Sie tauschten Bernstein, Felle, Honig und Waffen gegen Edelmetalle, Seide, Gewürze und Rüstungen.

Verglichen mit anderen Völkern, machte das kriegerische Seefahrervolk jedoch nur kurz auf sich aufmerksam. Nur etwa 300 Jahre dauerten ihre brutalen Eroberungszüge. Diese Zeit endete relativ unspektakulär im 11. Jahrhundert. In Island, einem Land, das so rau und wild war wie sie selbst, wurden sie sesshaft. Aus Kriegern wurden Bauern und Poeten. In Þingvellir, einem heutigen Nationalpark im Südwesten des Landes, gründeten sie das älteste, noch heute existierende Parlament der Welt: das Althing. Jedes Jahr zur Sommersonnenwende kamen alle freien Männer der Insel für zwei Wochen zusammen, um Gesetze zu beschließen und Recht zu sprechen. In Almannagjá, der »Allmännerschlucht«, trafen sie sich, weil die steilen Felswände dort die Stimmen der Redner verstärkten und eine ideale Akustik für die etwa 4000 Zuhörer boten.

Þingvellir ist aber nicht nur aus geschichtlicher, sondern auch aus geologischer Sicht eine Besonderheit. Hier driften die eurasische und die nordamerikanische Erdplatte auseinander. Durch die tektonischen Verschiebungen ziehen sich kilometerlange Spalten durch das Naturschutzgebiet. An vielen Stellen kann man mit ein wenig Mut von der Alten in die Neue Welt springen. Der Ort komplettiert unsere »Golden-Circle-Tour«, die ich jedem, der nur wenig Zeit hat und per Flieger ins Land kommt, trotz all der Touristen ans Herz legen kann. Nach einer Nacht auf dem Campingplatz am Eingang zu der alten Parlamentsstätte brechen wir in die nahe gelegene Hauptstadt auf, die ebenfalls von den Wikingern gegründet wurde.

Eine Blutfehde zwang den Wikinger Ingólfur Arnarson im Jahre 874 dazu, seine Heimat Norwegen zu verlassen. Er riss seine Hütte nieder, lud deren Eckpfeiler auf sein Schiff und stach in See. Vor der Küste Islands warf Ingólfur die Pfeiler ins Wasser, um sich, wie es bei den Wikingern üblich war, dort niederzulassen, wo sie an Land gespült wurden. Diesen Ort fand er in einer Bucht in Südwestisland, die er wegen des aufsteigenden Dampfes der Thermalquellen »Rauchbucht« oder »Reykjavík« nannte. Er war der erste Siedler auf der Insel, dem schon bald weitere folgen sollten. Mit ihnen begann die Landnahme Islands. Im Stadtzentrum der isländischen Hauptstadt hat man dem Gründer ein prachtvolles Denkmal gesetzt.

Da die 100 000 Einwohner zählende Hauptstadt arm an klassischen Sehenswürdigkeiten ist, interessiert uns vor allem eines: die isländische Küche, die ja nicht gerade durch kulinarische Köstlichkeiten auf sich aufmerksam macht. Was will man auch von einem Land erwarten, das sonnengereiftes Gemüse importieren muss und in saurer Molke eingelegte Widderhoden als Nationalspeise deklariert? Die Natur hat den Tisch der Isländer nun mal nicht sonderlich reich gedeckt. Man kann also durchaus nachvollziehen, dass Dinge gegessen werden, die andernorts in Europa eher in der Abfalltonne landen. Eine dieser »Spezialitäten« ist Hákarl, verrottetes Haifischfleisch, besser bekannt unter dem Namen »Gammelhai«. Es dauert eine ganze Weile, bis wir überhaupt in Erfahrung bringen, wo man Hákarl kaufen oder probieren kann. Jeder, den wir befragen, verzieht entweder angewidert das Gesicht oder hebt ratlos die Schultern. Selbst die Angestellten des Touristeninformationscenters können uns auf unsere Frage keine Antwort geben. Erst in einem Restaurant kann uns der dort arbeitende Küchenchef den entscheidenden Hinweis geben. Er notiert uns einen Namen und zeigt mir auf der Landkarte einen kleinen Ort auf der Halbinsel Snæfellsness. Mit nüchternem Magen machen wir uns auf den Weg dorthin.

Zwei Tage und 327 gemütlich gefahrene Kilometer später erreichen wir den Ort. Ein Schild in Form eines aus Holz ausgesägten Haifisches weist auf das abgelegene Gehöft »Bjarnarhöfn« hin. Wir verlassen die asphaltierte Straße 57 und folgen einem geschotterten Sträßchen, das sich durch ein zerklüftetes Lavafeld windet. Mit jedem Meter, den wir uns unserem Ziel nähern, wird der stechende Geruch intensiver. Wir treffen Hildibrandur Bjarnason bei der Arbeit. Der große, stämmige Mann um die 70 führt mit der Herstellung des fermentierten Hais eine alte Tradition fort, mit der schon sein Großvater und Urgroßvater ihr Geld verdienten. Er selbst hat sie auch an seinen Sohn weitergegeben, denn nur noch wenige Menschen auf Island verstehen das Handwerk, aus einem stinkenden Kadaver eine teure Delikatesse zu machen.

Pro Jahr, so sagt uns Hildibrandur, würden etwa 80 bis 100 Grönlandhaie, auch »Eishaie« genannt, bei ihm verarbeitet. Vor allem während des Mittwinterfestes »þorrablót« im Februar, einer Schlemmerorgie, die schon die Wikinger feierten und dabei ihre Speisekammern leer aßen, sei die Nachfrage besonders hoch. Im Gegensatz zu früher, als er selbst noch aufs Meer hinausfuhr, um die Haie zu fangen, verarbeite man heute nur noch Tiere, die als Beifang in den Netzen der Fischer landeten. Er würde von ihnen angerufen, um das bis zu 600 Kilogramm schwere Tier dann mit seinem Anhänger abzuholen.

Grönlandhai wurde früher nur wegen des Lebertrans gejagt. Der Rest des Fisches wurde im Meer entsorgt. Da der Hai keine Nieren hat und seine Stoffwechselgifte im Körper einlagert, kann der Verzehr, egal, ob gebraten, gekocht oder roh, für den Menschen lebensbedrohlich sein. Der einzige Weg, das Fleisch genießbar zu machen, besteht darin, es verwesen zu lassen. Erst durch diesen zeitaufwendigen Prozess des Fermentierens wird das Ammoniak unschädlich gemacht. Zunächst wird der tote Hai in mehrere, etwa schinkengroße Stücke zerlegt, in Holzkisten gepackt und knapp zwei Monate am Strand gelagert. Hat der vergammelte Hai den optimalen Reifegrad erreicht, wird er für mehrere Wochen an die Decke einer offenen Hütte gehängt, bis er die gewünschte braune Färbung erreicht.

Mit einem Küchenmesser schneidet Hildibrandur mir einen gelblichen Streifen von einem an der Decke hängenden Klumpen ab. Als ich zögere, steckt er ihn sich selbst in den Mund und grinst genießerisch. Man will ja nicht als Memme dastehen, also schneide ich mir selbst ein Stück ab, wenn auch ein nicht ganz so großes. Ich bin zugegebenermaßen überrascht, als ich auf dem Gammelhai herumkaue, denn der Geschmack ist längst nicht so schlimm, wie es der Pissoir-Gestank vermuten lässt. Ich würde ihn als fischig und käsig beschreiben, mit einer Konsistenz, die vergleichbar ist mit weißem Speck.

Den penetranten Nachgeschmack spült man übrigens mit einem hochprozentigen »Brennivin« runter, einem Branntwein mit Kümmelaroma, den Hildibrandur uns in nicht gerade homöopathischer Dosis verabreicht. Fazit: Selbst in Deutschland gibt es Speisen, die ich ekliger finde.

Wir bedanken uns bei dem isländischen Urgestein für diese kulinarische Entdeckungsreise und verlassen den Hof – gut angeheitert und ohne ein Andenken zu kaufen. Kurz nachdem wir aufgebrochen sind, kommen wir an dem Ort vorbei, an dem einst der bekannteste aller Wikinger gelebt haben soll.

Erik »der Rote« Thorvaldsson, der seinen Beinamen aufgrund seiner roten Haare trug, galt als jähzorniger Hitzkopf. Auch er musste, ähnlich wie der Entdecker Reykjavíks Ingólfur Arnarson, aus seiner alten Heimat Norwegen fliehen und kam nach Island. Weil er dort im Streit zwei Nachbarn erschlug, wurde er für drei Jahre von der Insel verbannt. Er riss seine Hütte ab, lud sie, seine Familie und ein paar Sklaven auf sein Boot und segelte nach Norden. Als er drei Jahre später nach Island zurückkehrte, um neue Siedler anzuwerben, berichtete er von dem Land, das er entdeckt hatte und in dem er nun lebte. Anstatt zu sagen, dass es in Wirklichkeit nur einen schmalen Küstenstreifen gab, wo die Lebensbedingungen sehr hart waren, behauptete er werbewirksam, er habe eine riesige, fruchtbare grüne Insel entdeckt – Grünland.

Das Entdecken neuer Länder schien der Familie in die Wiege gelegt zu sein. Eriks Sohn, Leif Eriksson (noch heute stehen die Nachnamen im Bezug zu dem Vornamen des Vaters), entdeckte kurz darauf, fast 500 Jahre vor Christoph Kolumbus, Amerika.

Für eine Spende in eine Blechdose kann man sich die rekonstruierte Siedlung anschauen, die von Historikern mit denselben Werkzeugen und Materialien gebaut wurde, wie man sie damals verwendete. So bekommt man einen Einblick in das umtriebige Leben meines Namensvetters, der von hier aus aufgebrochen sein soll, als er Grönland entdeckte.

Uns hat es inzwischen in die Westfjorde verschlagen. Genau um Mitternacht sitzen wir weitere zwei Tage später an der Steilküste von Látrabjarg, dem westlichsten Punkt Europas. Der 110. Motorradreisetag geht in einem wundervollen Glanz zu Ende. Eine Handbreit steht die Sonne über dem Horizont und es hat den Anschein, als wolle sie einfach nicht untergehen. Ein paar Fotografen, einige Ornithologen und wir teilen uns den Ort zu dieser späten Stunde mit Abertausenden Vögeln, die einen solchen Lärm von sich geben, als würden sie die hohen Felsen für sich beanspruchen. Neben Seeschwalben, Eissturmvögeln und Trottellummen nisten vor allem auch die orangefüßigen Papageientaucher in der Felswand. Dank der Tatsache, dass die gefiederten Freunde wenig Angst vor uns haben, ist es möglich, auf dem Bauch kriechend in unmittelbare Nähe ihrer Bruthöhlen zu gelangen. Obwohl der Atlantik rund 450 Meter senkrecht unter mir an die Felsen kracht, nehme ich all meinen Mut zusammen und bewege mich wie eine Raupe bis an die Kante der Klippe heran. Ich bin den kreischenden Vögeln nun so nah, dass ich problemlos mit der Hand in ihre Nester oder Bruthöhlen greifen könnte, um die Eier zu stehlen. Doch ich bin nicht auf Suche nach Nahrung, sondern nach guten Bildmotiven. Davon bietet mir die Natur an diesem Ort unerschöpflich viele. Eine ganze Speicherkarte knipse ich voll und amüsiere mich dabei köstlich über die tollpatschig wirkenden Papageientaucher, die schnatternd vor meiner Kamera posieren.

Von Látrabjark aus folgen wir weiter der Nordküste. Fjord reiht sich an Fjord in dieser Landschaft, deren hohe Tafelberge auf mich wirken, als hätte man Teile des Monument Valley in den USA hierher ans Meer verfrachtet. Über Hunderte von Kilometern hat man auf den staubigen Routen 60, 61 und 62 gleichzeitig die hohen Berge und das offene Meer vor Augen. Immer wieder machen wir Halt und begeben uns an die traumhaften Strände, die durch den fein geschliffenen Kalk der Muscheln und das tiefblaue Wasser beinahe schon Karibikatmosphäre aufkommen lassen. Wenn man jedoch die Füße ins Wasser hält, dann vergeht einem die Lust daran, baden zu gehen – nur 300 Kilometer entfernt liegt die Küste Grönlands. Dementsprechend eisig ist auch das Wasser.

Wie durch Zufall finden wir auf der Suche nach einem Lagerplatz eine alte Hofwüstung am Ufer des Skálmar-Fjords. Die aufgegebene Stallung ist von einem riesigen Feld mit blühenden Margeriten und Wollgras umgeben und wurde vermutlich vor langen Jahren von Schafzüchtern sich selbst überlassen. Ebenso lange scheint kein Mensch mehr dort gewesen zu sein. Mit ein paar Handgriffen lässt sich ein eingefallener Unterstand mittels einiger Zurrriemen und einer wasserdichten Plane wieder herrichten, sodass wir zum ersten Mal seit Wochen unter einem festen Dach übernachten können. Auch ein richtig gutes Lagerfeuer ist endlich wieder möglich, was auf Island mangels Baumbestand eher die Ausnahme ist. Es liegen unzählige grau verwitterte Bretter herum, die so einen letzten guten Zweck erfüllen. Wir polstern unsere Isomatten zusätzlich mit einem Berg Blumen und Gras und genießen einen weiteren Lagerplatz, der seinesgleichen sucht.

Nach knapp 1000 Kilometern, die wir allein in den Westfjorden gefahren sind, erreichen wir am südlichen Zipfel des langgestreckten Hruta-Fjords wieder die Ringstraße. Kurz bevor diese südlich der Gemeinde Blönduós einen scharfen Haken schlägt, biegen wir auf die F 724 ab. Zuvor kaufen wir jedoch in dem Ort mit dem unaussprechlichen Namen »Hvammstangi« Lebensmittel ein und füllen unsere Biervorräte auf. Nicht zu vergessen, eine große Menge der mit Lakritz gefüllten Schokoriegel, die ich bislang nur auf Island gegessen habe und nach denen ich mittlerweile süchtig bin.

Über eine gut verdichtete Schotterstraße fahren wir wieder ins Landesinnere. Es ist deutlich wärmer und verglichen mit der rauen und wilden Südküste würde ich den niederschlagsärmeren Norden fast schon als »lieblich« beschreiben. Wie auf den Färöer-Inseln ist die Landschaft dort von weiten Grasflächen überzogen. Vorbei an dem See Svinavatn erreichen wir über immer wieder abzweigende Pisten schließlich bei Stafn die Gebirgskette Reykjafjall. Dort verbringen wir eine weitere Nacht.

Irgendwo in der malerischen Landschaft der Region Norðurland vestra machen wir eine Pause. Wir kochen uns gerade einen Kaffee aus Gletscherwasser, als plötzlich an die 50 Landrover auftauchen. Auch sie halten an, um auf dem kleinen Plateau zu pausieren. Zunächst sind wir genervt, da die vielen Leute durch lautes Lachen und Schreien die entspannte Ruhe stören. Als wir jedoch mit einem der Mitglieder des »Landrover Club Iceland« ins Gespräch kommen, ist der Ärger schnell verflogen. Wir lernen einen Isländer kennen, besser gesagt einen Schweizer, der seit 20 Jahren auf der Insel lebt und sogar seine Schweizer Staatsbürgerschaft gegen die isländische eingetauscht hat. Er berichtet uns von seiner Liebe zum Land. Als Austauschschüler sei er vor 20 Jahren auf die Insel gekommen und habe festgestellt, dass es der Ort war, an dem er leben wollte. Wenige Jahre später verließ er die Alpenrepublik und kam zurück. Er zog nach Reykjavik, fand Arbeit als Großhandelskaufmann und gründete eine glückliche Familie.

Es sei Wahnsinn, so sagt er, was sich in den letzten Monaten im Land abgespielt habe. All die Jahre habe er sich schon gefragt, wie lange das alles gut gehen könne. Wie lange er und die anderen noch derart über ihre Verhältnisse leben könnten. Die Banken, so sagt er mit einem noch immer ausgeprägten Schweizer Akzent, waren sehr spendierfreudig, wenn es um die Kreditvergabe ging, und für die Isländer war es völlig normal, ein Leben auf Pump zu führen. »Du musstest einfach nur hingehen, nach Geld fragen und du hast es einfach so bekommen. Sicherheiten hatte keiner vorzuweisen. Alle, die ich kenne, egal, welcher Beruf, nahmen Kredite für neue Häuser und teure Autos auf, und jeder wollte so clever sein, die Kredite auf Fremdwährungen wie Yen, Dollar und Pfund zu verteilen. Bauarbeiter und Friseure studierten plötzlich den Wirtschaftsteil der Zeitung. Alle wollten mitfeiern auf dieser großen Party.«

Dann kam die Krise, deren Auswirkungen wir auf dieser Reise in so vielen Ländern am eigenen Leib erfahren haben. Innerhalb eines Zeitraums von weniger als einem Jahr verlor die isländische Krone knapp drei Viertel ihres Wertes und die Raten der Kredite waren plötzlich dreimal so hoch. »Ich habe verdammt viel verloren«, gibt er erstaunlich offen zu. »So viel, dass ich noch nicht mal mehr genug Geld zusammenbekomme, um meine Eltern in der Schweiz zu besuchen, wie ich es bislang jedes Jahr gemacht habe. Schaut euch meinen alten Wagen an«, sagt er, als er auf einen in die Jahre gekommenen 4 x 4 Geländewagen deutet. »So eine Kiste wäre vor Kurzem noch undenkbar gewesen. So was hat man verschenkt. Ich bin auch immer Motorrad gefahren«, verkündet er mit einem Hauch von Wehmut in der Stimme, »doch Anfang des Jahres musste ich es leider, wie so vieles, verkaufen.«

Wir nutzen diese Überleitung, kommen auf die isländische Natur und das Straßennetz zu sprechen. Neugierig frage ich ihn nach der aufregendsten und anspruchsvollsten Strecke, die er kennt. Während er überlegt und seinen Beifahrer befragt, steigen die übrigen Fahrer bereits wieder in ihre Autos ein. Mit Kugelschreiber zeichnet er uns noch eine dünne Linie in die Landkarte und schreibt ein paar Notizen darauf. Dann gibt der Konvoiführer wieder das Signal zur Weiterfahrt. Genauso schnell wie sie gekommen sind, sind sie auch wieder weg. Wir ahnen ja noch nicht, was er uns da für eine Route empfohlen hat.

Vom Goðafoss-Wasserfall zu unserem nächsten Tagesziel, dem mächtigen Dettifoss-Wasserfall, sind es gerade einmal 120 Kilometer. Wir wollen deshalb noch ein zusätzliches Stück Strecke fahren und machen einen großzügigen Schlenker entlang der Küste. Am nordwestlichen Zipfel einer Landzunge, kurz hinter dem Örtchen Hallbjarnarstadir, kommen wir auf der Route 85 an einem typischen, orangefarbenen Leuchtturm vorbei, der sich perfekt für ein Foto aus der Nähe eignet. Zudem habe ich erfahren, dass in dieser Region die meisten Papageientaucher brüten sollen, was ich mir ebenfalls anschauen möchte.

Wir stellen die Motorräder auf einer Wiese ab. Während Carsten die Kette nachspannt, mache ich mich zu Fuß auf den Weg. Als ich mich dem Leuchtturm nähere, fällt mir ein Pkw mit geöffnetem Kofferraum auf, der so ungünstig geparkt ist, dass kein gutes Bild vom Leuchtturm möglich ist. Daher interessieren mich in erster Linie die Papageientaucher, von denen es hier mehr gibt, als an allen Orten, an denen wir bislang waren, zusammengerechnet. Zehnmal, ach, was rede ich, hundertmal oder gar tausendmal so viele müssen es sein. Im Meer sieht man Unmengen von ihnen auf den Wellen schwimmen und auf weiten Abschnitten sitzen so viele im Gras, dass dieses kaum zu sehen ist. Ein riesiger Schwarm segelt im Tiefflug zwischen dem nährstoffreichen Atlantik und den ins Erdreich gegrabenen Brutplätzen hin und her, um die Jungen mit frischem Fisch zu versorgen. Ich bin überwältigt von dem Anblick und erinnere mich nicht, wann ich das letzte Mal so viele Vögel auf einem Haufen gesehen habe.

Während ich fasziniert die »Lundis« beobachte, wie die Isländer Papageientaucher nennen, fällt mir im Augenwinkel eine Gestalt auf, die etwa 30 Meter entfernt kaum sichtbar im Gras kauert. Hinter dem Mann, der mit grünem Ölzeug bekleidet ist, liegt ein Haufen toter Vögel. Erst als der Isländer, den ich auf über 70 Jahre schätze, eine lange Stange hebt, an deren Ende ein Netz gespannt ist, verstehe ich, was hier vor sich geht. Mit geschmeidigen Bewegungen fischt er die Tiere im Minutenrhythmus aus der Luft. Nach jedem Treffer lässt er den Kescher zu Boden gleiten, greift in das Netz hinein und zieht den hilflos darin flatternden Vogel unsanft aus den Maschen. Mit einem Schrei, der durch Mark und Bein geht, hauchen die Papageientaucher ihr Leben aus, als er seine Hände um ihren Hals legt und ihnen das Genick bricht. Ein letztes Geräusch, dann erschlafft der Vogel. Es ist ein Anblick, der mich traurig und wütend macht. Ich habe diese Tiere doch so in mein Herz geschlossen. Angeblich werden auf Island nur Vögel ohne Nachwuchs gefangen, was daran zu erkennen sein soll, ob sie kleine Fische im Schnabel haben oder nicht. Doch der Mann macht auf mich den Eindruck, als schere er sich einen Dreck darum, ob nun Küken auf ihre Mutter warten oder nicht. Es sind ja genug Vögel da. Und das alles nur, damit die Papageientaucher mit Rosinen im Bauch und einem Zweig im Schnabel in Lammdung geräuchert werden und auf den Tellern der Feinschmecker landen können. Bis zu 600 Vögel, so erfahre ich später, kann ein guter Fänger pro Tag schaffen.

Erst nach ein paar Minuten bemerkt mich der Alte. Mit finsterer Mine und wild gestikulierenden Handzeichen gibt er mir zu verstehen, dass ich augenblicklich verschwinden soll. Als er dann noch meine Kamera bemerkt, steht er aus seiner Lauerposition auf und kommt auf mich zu. Die Art und Weise, wie er plötzlich den langen Holzstiel in den Händen hält, macht mir sofort klar, dass ich aufpassen muss. Vorsichtshalber hänge ich mir die Kamera um den Hals und rede freundlich auf ihn ein. Doch er ist eher auf Krawall gebürstet. Mit einer weiten Ausholbewegung drischt er den Knüppel auf mich ein. Kein schlechter Schlag, muss ich gestehen, denn er trifft mich voll am Arm. Ein Glück, dass an der Stelle ein Protektor der Motorradjacke die Wucht abfangen konnte. Erst will ich auf ihn los, kann mich aber gerade noch zurückhalten. »Du dummer Arsch«, denke ich, »wenn du ein paar Jahre jünger wärst, dann könntest du jetzt was erleben.« So bleibt mir nur, einen Schritt zurück zu machen und weiter beschwichtigend auf ihn einzureden. Irgendwann gibt er nach und macht sich wieder schimpfend ans Werk. Nachdem ich noch einige grausige Bilder geschossen habe, trete ich den Rückweg an.

Anhand der Notizen, die uns der Ex-Eidgenosse vor ein paar Tagen gab, planen wir den letzten Abschnitt unserer Reise. Er soll uns in einen schwer zugänglichen Teil des Hochlandes führen, in das Ódáðahraun. Ein Gebiet, doppelt so groß wie Luxemburg, bedeckt mit Lava und Sand. Da sich dort vor langer Zeit die Vogelfreien vor der Gerichtsbarkeit verbargen, wird der Ort auch »Missetäterwüste« genannt. Weder unsere beiden Landkarten noch der Reiseführer liefern detaillierte Informationen über die Route, die vom See Mývatn durch besagte Wüste zum Vulkankrater Askia im Dyngjufjöll-Massiv, nördlich des Vatnajökull-Gletschers, führt. Alles, was wir wissen, ist, dass uns eine ordentliche Herausforderung bevorsteht, die selbst einheimische Geländewagenfahrer auf eine harte Probe stellen soll.

Vom Mývatn geht es zunächst in südliche Richtung. Nach etwa zehn Kilometern biegen wir am südlichen Ufer des Sees bei Grænavatn von der Ringstraße ab. Über loses Geröll folgen wir ein paar Reifenspuren und steuern auf den Sellandafjall zu, der sich wie eine gewaltige Erdwölbung über die weite Ebene erhebt. Wir fahren und fahren und fahren. Bereits auf den ersten 20 Kilometern haben wir das Gefühl, als ob der vor uns liegende Berg nicht näher käme und die Strecke, auf der wir nur mühsam vorwärts kommen, niemals enden würde. Es dauert Stunden, bis wir endlich auf Höhe des Berges sind und ihn schließlich hinter uns lassen. Von Kilometer zu Kilometer wird die Strecke nun anspruchsvoller, bis sich irgendwann die verwischten Reste des Wegs im Geröll verlieren. Wir stehen vor dem größten Lavafeld der Welt. Über 100 Kilometer nur scharfkantiges Gestein. Alles sieht plötzlich gleich aus. Nur noch dieses unglaublich große Feld, bestehend aus erkalteter Lava. Die Landschaft wirkt wie von einem anderen Planeten. Vermutlich sind diese Bedingungen auch der Grund dafür, dass die Apollo-Astronauten der

NASA hier für die Mondlandung trainierten, und es gibt sogar Gerüchte der Verschwörungstheoretiker, dass die Bilder von der Mondoberfläche hier aufgenommen wurden.

Uns drängt sich das Gefühl auf, dass unsere schweren Motorräder eigentlich nicht für diesen Untergrund geeignet sind. Mit Motorradfahren hat unser Vorwärtskommen auf den nächsten 300 Kilometern denn auch nicht mehr viel zu tun. Eher mit Trialfahren oder einem Geschicklichkeitswettbewerb, bei dem es darum geht, sich so lange wie möglich im Sattel zu halten, ohne das Gleichgewicht zu verlieren und zu stürzen. Ständig fallen wir mit den Kisten um und immer neue Teile der Verkleidung werden durch das scharfe Lavagestein zerstört. Schnell gibt es keine Anhaltspunkte mehr. Wenn überhaupt, dann wird der Weg nun nur noch anhand von »Steinmännchen« (kleine aufgeschichtete Steintürme) ausgewiesen. Ich bin froh, dass ich mithilfe des GPS-Gerätes erkennen kann, wo wir bisher entlanggefahren sind. Die albtraumhafte Piste scheint kein Ende zu nehmen. Als ich auf einem dicken Lavabrocken aufsetze, fliegt die Werkzeugrolle, die ich am Motorschutz angebracht habe, in 1000 Fetzen. Ich fluche wie ein Bierkutscher, als ich anschließend sämtliches im Sand weit verstreutes Werkzeug ausbuddeln muss und nur etwa die Hälfte wiederfinde. Wir hoffen einmal mehr, dass uns keine weitere Panne mehr ereilt.

Etwa auf halber Strecke schlägt das Wetter um. In kürzester Zeit zieht der Himmel zu und das Thermometer sinkt auf 7 °C. Es beginnt gerade leicht zu regnen, als wir die Dyngjufell-Schutzhütte erreichen, wo wir auch die Nacht verbringen wollen. Sie ist eine von zahlreichen Schutzhütten, die es auf Island gibt. Bislang sind wir an einigen vorbeigefahren, ohne ihnen Aufmerksamkeit zu schenken. Hätten wir gewusst, wie gemütlich sie sind, dann wären wir in den vergangenen zwei Wochen sicherlich in der einen oder anderen hängen geblieben. Der Ölofen verbreitet eine wohlige Wärme, als wir den Tag Revue passieren lassen und aus dem Fenster in die unwirklich wirkende Landschaft hinausschauen.

Am nächsten Tag will nicht so recht Stimmung aufkommen. Wortkarg bereiten wir den Aufbruch vor. Wir ahnen, dass uns ein weiterer anstrengender Tag bevorsteht.

Die Lavabrocken werden im Verlauf der Strecke, die wir am Vormittag zurücklegen, kleiner und gehen nach und nach in eine grauschwarze Sandwüste über. Der Schwierigkeitsgrad nimmt zu. Meter für Meter quälen wir uns weiter vorwärts. Da ich mittlerweile gelernt habe, dass es eine reine Kopfsache ist, mit dem Motorrad durch tiefen Sand zu fahren, und man einfach nur viel Gas geben muss, macht mir dieser Abschnitt sogar irgendwann Spaß. Ganz anders Carsten. Für ihn ist es die übelste Schinderei. Nur mit maximal Schrittgeschwindigkeit kann er sein Motorrad durch den Sand bewegen. Zu groß seine Angst, bei höherem Tempo die Kontrolle zu verlieren. Wie auf einem Laufrad bewegen sich seine Beine, damit er irgendwie das Gleichgewicht halten kann. Die Kupplung leistet dabei ebenso Schwerstarbeit wie er. Dennoch fällt er immer wieder um und verbraucht eine Menge zusätzliche Energie dafür, sein Motorrad wieder aufzurichten. Etwas Anstrengenderes, so sagt Carsten mit verzweifelter Stimme, habe er in seinem ganzen Leben noch nicht erlebt. Doch er kämpft tapfer, obwohl die Strecke ihm furchtbar zu schaffen macht. Bei jeder Pause, die wir machen, sieht er aus, als hätte er gerade einen Marathonlauf hinter sich gebracht. Immer wieder steigt er vom Motorrad ab und lässt sich wie ein nasser Sack in den Sand sinken, wo er minutenlang reglos liegen bleibt.

Wir fahren nun schon wieder den halben Tag und noch sind keinerlei Farbakzente in der Landschaft zu finden. Keine Pflanzen und keine Tiere. Dafür unendliche Schattierungen der Farbe Grau. Selbst der Himmel ist nicht blau. Die farbliche Eintönigkeit wirkt unwirklich und faszinierend zugleich. Man fühlt sich wie in einer jener Landschaften, die man von alten Schwarz-Weiß-Fotos kennt, von denen ich als Kind immer glaubte, sie seien in einer Zeit entstanden, als es keine Farben gab.

Mitten im grauen Nichts kommen uns irgendwann vier bunt

gekleidete spanische Radfahrer entgegen, die in der grauen Welt, an die sich unsere Augen bereits gewöhnt haben, wie ein paar Außerirdische wirken. Erschöpft schieben sie ihre Mountainbikes durch den tiefen Sand und wischen sich Schweiß von der Stirn und Speichelreste vom Mund. Als ich mit ihnen ins Gespräch komme, sind zunächst nicht viele Informationen von ihnen zu bekommen. Auch sie sind völlig am Ende und ebenso verzweifelt wie Carsten, der seit heute Morgen am laufenden Band böse Flüche von sich gibt. Ich frage die Spanier nach dem Zustand der Piste, die hinter ihnen und vor uns liegt. Ein Glück, dass Carsten kein Spanisch spricht, denn so kann er auch nicht verstehen, was sie sagen. Grauenvoll sei es, so berichtet einer von ihnen, worauf ein anderer sagt, das sei doch völlig untertrieben. Wie bei einem Wutausbruch platzt es aus ihm hinaus: »Que pinche mierda aquí. Ya llevamos dos pudos dias, chinga aquí no se puede andar en bici.« Besorgt fragt mich Carsten nach der Übersetzung. »Und, was hat der Kerl gesagt? Wie weit ist es noch bis zu der verdammten Straße?« Ich überlege, was ich darauf antworten soll. »Nun los, Erik, sag schon! Und komm mir jetzt nicht mit der falschen Antwort!« »Ach, soll halb so wild sein, hat er gesagt. Irgendwo gleich dahinten soll die Straße kommen«, lüge ich und zeige in die Richtung, in die wir fahren müssen. Aus pädagogischen Gründen verschweige ich zunächst, dass sie nun schon seit zwei Tagen ihre Fahrräder schieben und der Weg die absolute Katastrophe sein soll.

Als Carsten eine geschlagene Stunde später merkt, dass es doch weiter ist und keine Straße kommt, ist er am Boden zerstört. Wir verständigen uns nach einer Weile darauf, dass ich ihn vorfahren lasse, bis er nur noch als Punkt am Horizont zu erkennen ist. Wenn er zwischenzeitlich nicht stürzt und meine Hilfe benötigt, setze ich mich auf mein Motorrad und schließe zu ihm auf. Nachdem wir diesen Ablauf mehrfach wiederholt haben, erreichen wir schließlich den Vulkankrater Askia, ein Ziel, das unter Islandabenteurern als eine Art Mekka angesehen wird.

Wir verzichten darauf, den Krater zu erwandern, sondern beschließen, auch noch das letzte Stück zur Ringstraße zu fahren. Die Vorstellung, den Abend mit Bier bis zum Abwinken zu verbringen, weckt in Carsten ungeahnte Kräfte. Nach einer kurzen Pause setzen wir uns wieder auf unsere Super Ténérés und geben Gas. Die Hochlandpiste F 88, der »klassische« Weg bis zur Ringstraße, ist vergleichsweise einfach zu meistern und die zwei Furten, die wir durchqueren müssen, sorgen sogar für zusätzlichen Spaß. Wir bewältigen weitere 93 Kilometer über losen, sandigen Untergrund und eine Wellblechpiste mit tiefen Querrillen, bis wir wieder auf die asphaltierte Ringstraße kommen. Wir sind völlig erschöpft und auch unser Material ist müde, als wir am frühen Abend wieder den Campingplatz am Mývatn erreichen. Traumhafte 3281 Kilometer, die wir auf Island gefahren sind, ergänzen nun die bislang gefahrene Gesamtstrecke auf etwas mehr als 28 000 Kilometer. Dass letzten Endes doch alles so gut gelaufen ist, betrachten wir allemal als einen Grund zum Feiern.

Es ist nun an der Zeit, sich allmählich von dieser Reise zu verabschieden. In weniger als 48 Stunden werden wir wieder auf der Fähre sein, die uns zurück ans europäische Festland bringt. Ein Katzensprung ist es dann nur noch, bis wir wieder in Deutschland sind, wo das ganze Spiel von vorne losgehen wird: ankommen, feststellen, dass einen der Alltag schnell wieder im Würgegriff hat, Schnauze voll von allem haben und schließlich wieder neue Reisepläne schmieden.

Ende

Leinen los! Eine traumhafte Reise endet an einem wundervollen Tag, so, wie sie auch begonnen hat. Mit einem lang gezogenen Tuten verabschiedet sich das Schiff von der Insel. Es geht jetzt zurück in Richtung Heimat. In Richtung Alltag, aber auch in Richtung Freundin. Das Vibrieren des Dieselaggregats breitet sich dumpf durch die metallene Haut des Schiffes aus. Über die Schrauben und Nieten scheint es auf direktem Weg in meinen Körper zu kriechen. Mit all meinem Geraffel unter dem Arm bahne ich mir einen Weg durch die nervös umherlaufende Menschenmenge – Passagiere, die mit Bordkarte in der Hand auf der Suche nach ihrer Kabine sind. Mir ist in diesem Moment noch völlig egal, wo ich die Nacht verbringen werde. Jetzt will ich in Ruhe einen letzten Blick auf die Insel werfen. Ich steige ein paar steile Treppen empor und öffne eine Schwingtür am Heck des Schiffes. Langsam gleiten wir an der schwarzen Küste vorbei. Ich kann einige Orte wiedererkennen, an denen ich unlängst noch stand und mich fühlte wie der König der Welt.

Obwohl wir beide auf dieser Reise viele Enttäuschungen haben hinnehmen müssen und zeitweise nicht daran geglaubt haben, unser Ziel zu erreichen, hatten wir doch eine unvergesslich gute Zeit, die wir für den Rest unseres Lebens auf der Habenseite verbuchen können. Die Reise hat uns vor allem auch gelehrt, wie eine Freundschaft unter schwierigen Umständen weiter wachsen kann. Wir haben uns unterwegs so manches Mal gegenseitig verflucht. Haben uns angeschrien und sind an der einen oder anderen Charaktereigenschaft des anderen verzweifelt. Wie sehr werde ich es morgens vermissen, dass Carsten, nachdem wir all unser Gepäck zusammengepackt haben, auf den Motorrädern sitzen und losfahren wollen, einfällt, dass er den Zündschlüssel

Der Svartifoss (»schwarzer Wasserfall«) im Skaftafell-Nationalpark auf Island.

im Zelt hat liegen lassen. Ob er es vermissen wird, dass ich ihn deswegen wieder anschnauze, wage ich zu bezweifeln.

Die Drehzahl des Motors steigt und die Schiffsschraube pflügt einen schaumig weißen Strich ins dunkle Wasser. Bei nur mäßigem Wellengang bewegen wir uns in Richtung offene See. Ein böiger Wind bläst mir ein letztes Mal den unverwechselbaren Geruch der Insel ins Gesicht. Den Kopf und das Herz prall gefüllt mit Bildern und Erinnerungen, genieße ich diese letzten Augenblicke. Mit den Kopfhörern meines MP3-Players in den Ohren höre ich mein ganz persönliches Reiselied von Amy Macdonald, das mich an jedem Tag begleitet hat. Ich bekomme feuchte Augen, als der Song all die wundervollen und unvergesslichen Erinnerungen in mir weckt und die Insel langsam im nebligen Nichts verschwindet.

Ich höre das Lied wieder und wieder. »This is the Life« heißt es. Verdammt recht hat sie.

Anhang

Reisetipps und Ausrüstungsliste

Motorräder: Die Frage nach dem optimalen Motorrad ist vermutlich so alt wie das Motorradreisen selbst. Für mich ist das optimale Motorrad ganz einfach jenes, mit dem man sich auf den Weg macht. Wir haben für die Reise zwei gebrauchte Yamaha XTZ 750 Super Ténéré, Baujahr 1994, für rund 1500 Euro im Internet ersteigert. Derzeit gibt es in Sachen Preis-Leistungs-Verhältnis sicherlich keine bessere Wahl auf dem Gebrauchtmarkt.
Technische Veränderungen: Die sogenannte »Schweizer Bedüsung« des Vergasers und ein höher gelegter »Front Fender« haben sich als sinnvoll erwiesen. Die superstabile Werkzeugrolle ist eigentlich ein Abflussrohr und der Lampenschutz ein Farbabstreifgitter. Beides stammt aus dem Baumarkt meines Vertrauens. Auf mehr als 28 000 Kilometern, unter zum Teil extremen Bedingungen, hatte ich keinerlei signifikante Probleme und einen Kraftstoffverbrauch von etwa 5,5 Litern (bei diesem Motorrad ein traumhafter Wert). Der Ölverbrauch tendierte gen null. Ich habe den »Non-Shock-Endurance«-Lenker von SW-Motech montiert, der dazu beigetragen hat, dass meine Hände nicht mehr, wie sonst so oft, eingeschlafen sind. Eine 12-V-Bordsteckdose für den nötigen Ladestrom für Kamera und Handy habe ich am Cockpit montiert.
Benzinverbrauch: Was an Benzinkosten letzten Endes zusammenkommen würde, habe ich im Vorfeld ausgerechnet. Im Internet findet man unter www.benzinpreis.de die aktuellen Benzinpreise der jeweiligen Länder, die man mit den geplanten Entfernungen und dem Verbrauch des Motorrades kombiniert.

Bei einem durchschnittlichen Spritpreis (Türkei 2 Euro – Iran 7 Cent) von rund 75 Cent pro Liter waren Benzinkosten von etwa 1000–1200 Euro zu erwarten.

Klima/Reisezeit: Sicher sind die Wintermonate für Reisen in den Oman und die Vereinigten Arabischen Emirate (VAE) am besten geeignet. Wer jedoch die »eigene Anreise« plant, der muss die hohen Berge Anatoliens und des Irans berücksichtigen, wo es auch im Frühjahr noch empfindlich kalt werden kann (wir bewegten uns auf über 4000 Kilometern auf einer Höhe von 1500–2500 Metern). Im Iran erlebten wir zwischen dem Norden und dem Süden Temperaturunterschiede von 50 °C. Für Island und die Färöer-Inseln sind die niederschlagsärmeren Sommermonate die optimale Reisezeit. Trotzdem bleibt das Wetter dort Glücksache. Ein Freund, der kurz nach uns auf der Insel war, litt drei Wochen am Stück unter Dauerregen und einstelligen Temperaturen.

Übernachten: Wir haben fast ausschließlich wild gecampt, was nie ein Problem war (sieht man mal von dem Diebstahl in der Ukraine ab). Lediglich in den sehenswerten Städten und wenn wir eingeladen wurden – was in der islamischen Welt häufig vorkommt – hatten wir ein festes Dach über dem Kopf.

Fähren: Wir haben auf dieser Reise diverse Fähren auf unterschiedlich langen Strecken nehmen müssen. Je nach Fährgesellschaften und Reisezeit können die Preise stark schwanken. Wer mit dem iranischen Monopolisten »Oasis Freight Agency« die Straße von Hormuz überqueren möchte, der sollte viel Zeit, starke Nerven und genug Geld mitbringen.

Geld: Im Iran unbedingt ausreichend Bargeldreserven mitnehmen. Kreditkarten werden nirgends akzeptiert und auch Geldautomaten stehen Touristen nicht zur Verfügung. Ansonsten kommt man überall mit der normalen EC-Karte klar. Eine Kreditkarte (z. B. »Mastercard«) kann überdies vielerorts sehr hilfreich sein.

Verständigung: In allen Ländern ist es nahezu problemlos möglich, sich auf Englisch zu verständigen. In der Türkei ist sogar

Deutsch die mit Abstand am weitesten verbreitete Fremdsprache.
Kosten: Die ganze Reise hat uns in etwa 4000 Euro gekostet. Den Löwenanteil der Kosten verschlangen die beiden Fähren über den Persischen Golf und den Nordatlantik.

Campingausrüstung

- **Zelt:** North Face »Tadpole« (kleines Tunnelzelt mit großer Apside, das auch ohne das Außenzelt aufgebaut werden kann und so Blicke aus dem Schlafsack in den Sternenhimmel zulässt). Gerade beim Zelt sollte man nicht auf irgendwelche Billigware zurückgreifen.
- **Daunenschlafsack:** »Yeti Ultralight« und Kunstfaserschlafsack »Ajungilak Kompakt«. Bei sehr niedrigen Temperaturen habe ich beide miteinander kombiniert. Ein einziger dicker Schlafsack wäre in den meisten Ländern zu warm gewesen.
- **Isomatte:** Therm-a-Rest »Prolite«
- **Stabile Bau-Abdeckplane** 4 x 5m mit Abspannösen als zusätzlicher Schutz vor Regen, als Zeltunterlage auf steinigem Terrain, vor allem aber als Unterlage bei Reparaturarbeiten, damit im Sand, auf einem Acker oder einer Wiese kein filigranes Teil verloren geht.
- **Kocher:** MSR-Benzinkocher Dragonfly (laut wie ein Düsenjäger, aber unverwüstlich).
- **diverse Gewürze,** Plastikgeschirr und Tasse, Alutopf, Geschirrtuch, Wäscheleine, Wäscheklammern, BW-Besteck. Inspiriert durch die Angler auf der Galatabrücke in Istanbul sogar eine spartanische Angelausrüstung. Leider haben wir keinen einzigen Fisch gefangen …
- **Leatherman Multitool** »Wave«, LED-Taschenlampe und Stirnlampe vom Discounter.
- **Erste-Hilfe-Kasten**

Kameraausrüstung

- **Spiegelreflexkamera:** Sony Alpha 700 plus Objektive (10–20 mm Sigma, 28–70 mm Sigma, 70–300 mm Sigma), Akkus, Speicherkarten, Ladegerät mit 12-Volt-Anschluss.
- **Kleinbildkamera:** Panasonic Lumix LX3 (für Schnappschüsse stets griffbereit in der Brusttasche).
- Ausreichend SD- und CompactFlash-Speicherkarten (lieber zu viele als zu wenig mitnehmen).
- Cullmann Reisestativ und Gorillapod für die Kleinbildkamera.
- Netbook von Asus mit einer zusätzlichen externen Festplatte zur Datensicherung und um die Homepage *www.oman-island.de* von unterwegs mit Reiseberichten und Bildern zu versorgen.
- Funk-Fernauslöser Phottix Cleon (nur so lassen sich gute Bilder machen, auf denen beide Reisende während der Fahrt zu sehen sind).
- Halterung zur Befestigung einer Kamera am Sturzbügel, für bewegte Aufnahmen. Scheinbar wollen höhere Mächte aber verhindern, dass ich bewegte Bilder von meinen Reisen mitbringe: Die angeblich wasserdichte Kamera SDR-SW21 von Panasonic streckte die Waffen beim ersten Wasserkontakt.

Motorradhelm und Bekleidung

- **Helm:** Shoei Hornet-DS (ein toller Helm – zeitweise unfreiwillig ersetzt durch einen ukrainischen Flohzirkus).
- **Stiefel:** Alpinestars Tech7 (auch auf langen Strecken zu Fuß sehr bequem, aber leider so wasserdicht wie ein Sieb).
- **Rallye-Jacke:** Polo Pharao III (besonders zu empfehlen, auch bei kaltem und nassem Wetter).
- **Tourenhose:** Polo Pharao (unverwüstliche Hose mit bequemem Sitz – aber etwas zu warm für die Wüste; auf Island ideal).

- **Handschuhe:** Polo Pharao Crossover PX-1 (ich schwärme von den Dingern, weil sie nicht nur wie angegossen sitzen, sondern sogar schildkrötenbissfest sind).
- **Ansonsten:** Regenhose, Nierengurt, Strickmütze, Trekkinghose (lang/kurz), Badehose, Fleecepullover, Kapuzenpulli, Lieblings-T-Shirts, Socken, Zunfthose (ein unverwüstliches und saumäßig bequemes Stück deutscher Berufsbekleidungsgeschichte aus Bielefeld), Outdoorschuhe von Salomon, Crocs (fand ich früher doof, gehören nun aber immer ins Reisegepäck), Geldgürtel und Brustbeutel für die Wertsachen.
- **Sonnenbrille** vom Discounter (da ich meine Sonnenbrillen ständig verliere, greife ich nicht auf hochwertige Modelle zurück).

Landkarten und Reiseführer

- Ich bin bislang mit den Karten von Reise Know-How gut gefahren, auch in diesem Fall (Mittlerer Osten, Island & Faröer-Inseln, Oman, Iran, Türkei). Alle anderen Karten haben wir unterwegs an Tankstellen gekauft.
- »Off-Road in the Sultanate of Oman« von Jenny Walker – unverzichtbare Hilfe, um auch die schönsten Routen abseits der Touristenströme im Oman erkunden zu können. In Dubai und im Oman in jedem Buchladen erhältlich.
- »Island, Färöer-Inseln: Vulkaninseln unter dem Polarkreis – der komplette Reiseführer für Island und die Färöer-Inseln« von Reise Know-How
- Iran-Reiseführer von Lonely Planet
- Oman, UAE and Arabian Peninsula von Lonely Planet
- Turkey von Lonely Planet
- Dazu einige kostenlose Übersichtskarten des ADAC, für Mitglieder in jeder ADAC-Geschäftsstelle erhältlich. Sie helfen bei der Routenplanung und enthalten wertvolle Tipps.

Dokumente

- **Reisepass** und Ersatzreisepass (Was viele nicht wissen: Man kann problemlos mehrere Reisepässe beantragen!)
- **Carnet de Passages** – ein Zolldokument für das Fahrzeug. In vielen Ländern der Welt Pflicht! Auf dieser Reise nur im Iran vorgeschrieben. Ausgestellt durch den ADAC. Wir mussten 160 Euro Bearbeitungsgebühr bezahlen und 3000 Euro »Bürgschaft« hinterlegen. Bei der Wiedereinfuhr nach Deutschland muss das Fahrzeug beim Zoll vorgeführt werden und man bekommt die 3000 Euro zurück. Bei höherem Fahrzeugwert entsprechend mehr Geld.
- **Führerschein** + **Internationaler Führerschein** (im Einwohnermeldeamt erhältlich)
- **Fahrzeugschein** (unbedingt dran denken …)
- **Internationaler Fahrzeugschein** (stellt das Straßenverkehrsamt aus)
- **Grüne Versicherungskarte**
- **Auslandskrankenversicherung** von der UKV (Kostet 8,18 Euro pro Jahr bei Reisen bis 56 Tage. Jeder weitere Tag wird für 1,50 Euro versichert.)
- **ADAC-Karte** (Plusmitgliedschaft hat unterwegs immense Vorteile)
- **EC- und Kreditkarte**
- Die Kopien aller Papiere haben wir als PDF-Dateien an die eigene Emailadresse gesandt.

Ausrüstung fürs Motorrad

- **Ersatzschlüssel** für die Motorräder am Schlüsselbund des anderen.
- **Reparaturanleitung** »Yamaha XTZ 750 Ténéré / TDM 850«, Bucheli-Verlag
- **Werkzeug:** entsprechende Inbusschlüssel, Maul-Ringschlüssel, Ratschenschlüssel, Engländer, Wasserpumpenzange, Ketten-

nietdrücker, Schraubendreher, Batteriespannungsprüfer, Reifenmontierhebel, Flickzeug, Handpumpe.

- **Ersatzteile:** Schlauch für Vorder- und Hinterrad, Lichtmaschinenregler, Reparaturset für Bowdenzüge, Kupplungsbeläge, Bremsbeläge, Ölfilter, Luftfilter, Zündkerzen, Ersatzspeichen, Ventilausdreher, Ersatzventile, Luftdruckprüfer, jeweils ein Motorritzel, Kettenblatt und Kette mit Kettenschloss (unsere Ketten haben wir nach etwa 20 000 Kilometern gewechselt), Ersatzstecksicherungen 3-20A, Kettenöl, Kabelbinder, Spanngurte, Panzerband, Schraubenkleber, Sprühöl (WD 40).
- Carsten hatte einen 5-Liter-Benzinkanister für Benzin dabei, ich einen 2-Liter-Ölkanister.

Motorradumbauten und Gepäcktransport

- **Seitenkoffer:** Trax von SW-Motech. Zusätzlich wurde ein Winkel aus dem Baumarkt festgenietet und mit Silikon abgedichtet, um den Ölkanister außen aufzunehmen. Auf den Innenseiten der Koffer persönliche Fotos, Umrechnungstabellen der Währungen und Spritpreise. Auf den Koffern habe ich sogenannte »Expansionbags« von SW-Motech festgeschnallt, die bei Bedarf zusätzliche 28 Liter Stauvolumen bieten.
- **Sitzbank** in Polsterei neu gepolstert.
- **Tankrucksack:** Enduro von SW-Motech (Riemenbefestigung)
- **Hecktasche:** Drybag von SW-Motech
- **GPS:** Garmin »60CX«, mit Halterung von Touratech am Lenker befestigt.

Danksagung

Mein Dank gilt all den Personen, die mich vor, während und nach der Reise unterstützt haben und mir den Ansporn gaben, meine Erlebnisse wieder zu Papier zu bringen. Im Besonderen möchte ich Carsten Jung, Julia Schira, Katrin Scholtyssek, Frank Panthöfer, Andreas Schauerte, Henning Günzler und meine Eltern erwähnen.

Ein ganz besonderes Dankeschön gilt meiner Freundin Heike, die mich immer wieder in die Welt hinaus ziehen lässt, um all diese wundervollen Erfahrungen zu sammeln. Ich ahne, wie schwer es für denjenigen ist, der zu Hause warten muss.

Island
Färöer Inseln
Rovaniemi
(Polarkreis)
Oslo
Göte-
borg
Tallinn
Riga
Hanstholm
Köln
Masuren
EUROPA
Toskana
Siebenbürgen
Ancona
Meteora-
Klöster
Istanbul
MITTELMEER
AFRIKA